カーラ・コルネホ・ヴィラヴィセンシオ
池田年穂 訳

# わたしは、不法移民

## ヒスパニックのアメリカ

The Undocumented Americans

Karla Cornejo Villavicencio

慶應義塾大学出版会

国境警備局員なんかクソくらえだ《チンガ・ラ・ミーグラ》†

場所というものは永久に、そこにいちばん執着し、ものに憑《つ》かれたようにそこの歴史を語り、場所そのものから何かを奪いとり、じぶんなりに痛烈に作り変え、解釈を加え、愛着をいだいてやまないので、じぶんのイメージに合わせてその場所を作り直してしまう。

——ジョーン・ディディオン『ザ・ホワイト・アルバム』より††

クラウディア・ゴメス・ゴンサレスを偲んで†††

---

† 英訳すれば Fuck the Border Patrol!

†† 訳文はディディオン著、越智通雄訳『60年代の過ぎた朝』から。

††† ゴンサレスは二〇一八年に税関・国境警備局（ＩＣＥ）の係官によって射殺された二〇歳のグアテマラ人女性。

# 目次

# 凡例

1　本書は、Karla Cornejo Villavicencio, *The Undocumented Americans*, 2020の全訳である。なお、訳者により、適宜補いや修正を施してある。原著者名については、自身の朗読やさまざまなメディアで発音されるのに合わせて、最も近いものとしてカーラ・コルネホ・ヴィラヴィセンシオとした。カーラはアメリカ社会において新たな移住者がファーストネームをAnglicizeする慣例に則ったものであろう（ただし、本文中で一ヶ所、カルラという表記にしてある。本文五五頁）。transliterationについては凡例の5を参照。ちなみに、第一姓（コルネホ）が父方の姓で、第二姓（ヴィラヴィセンシオ）は母方の姓である。

2　エピグラフの頁を含めて、†は訳者による註である。

3　本文中に出てくるラティネックス（Latinx）は近年使われるようになった、中南米にルーツを持ち現在はアメリカ合衆国（本書ではたんにアメリカ）で暮らす人びとを指すジェンダーニュートラルな呼称である。わが国では一般的にはヒスパニックやラティーノが使われている。ラティーノは男性だけでなく女性（ラティーナ）を含めた総称としても用いられるが、ＬＧＢＴＱを標榜する著者の姿勢はそれに異を唱えるものである。

4　Undocumented Americansのundocumentedの訳し方であるが、「書類を持たないアメリカ人」（段階はあるが、「滞在の法的資格」を持たないアメリカ人を指す）、「不法滞在移民（のアメリカ人）」なども候補に考えた。illegalという語の拒絶的な語感は当然考慮したが（本文中の一七二頁。「……わたしたちのやることはすべて、厳密には法に反している。わたしたちは不法な存在なのだから。」）、カーラのメディアへの処女寄稿のタイトルが

"I'm an Illegal Immigrant at Harvard," 2010だったこともあり、わが国で一般的な用い方と思われる「不法移民」を採用した。

スペイン語の transliteration については複雑な問題である。移民送出国の側のスペイン語も――送出国の多様化を反映して――多様なものとなっている。著者の生まれたエクアドルのスペイン語は、たとえば最大のヒスパニック人口を持つメキシコのスペイン語とは異なるところがある(それぞれの国のなかの地域方言はこの際無視する)。受け入れ国のアメリカではヒスパニックは二〇二〇年度国勢調査で一八・七パーセントを占めるが(ほかに不法移民がほぼ一一〇〇万人いると見積もられている)、一般のアメリカ社会、バイリンガルなヒスパニック社会、スペイン語を主に話すコミュニティでは、それぞれ固有名詞一つの発音を取りあげても異なってこよう。本書のなかで原著者がどうした状況下でやりとりをしているのかも、翻訳においてむろん大きなファクターとなった。

翻訳においては、原則としては表記は著者の朗読の聴き取りに依拠した。ただ、専門家の岡本信照氏からまことに懇切なコメントと背景説明を仰げたことは望外の喜びであった。最終的な判断の責めは池田一人にある。

カナダ
ニューヨーク市
ニューヘイヴン市
フリント市
クリーヴランド市
アメリカ
マイアミ市

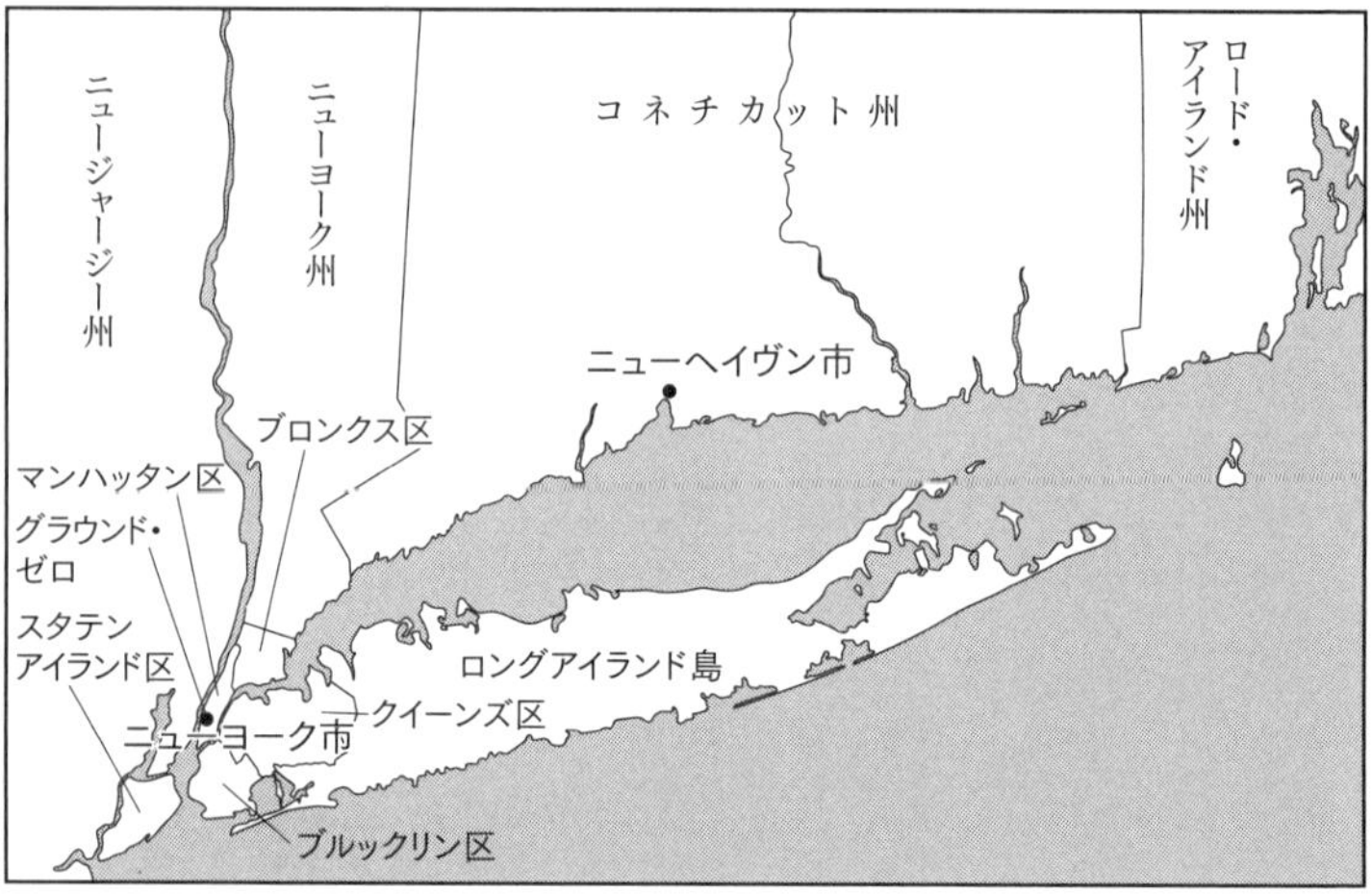
ニュージャージー州
ニューヨーク州
コネチカット州
ロード・アイランド州
ニューヘイヴン市
ブロンクス区
マンハッタン区
グラウンド・ゼロ
スタテンアイランド区
ロングアイランド島
ニューヨーク市
クイーンズ区
ブルックリン区

# はじめに

二〇一六年の大統領選挙当日の夜、わたしはずいぶん長いこと考えて、ようやく何を着ようか決めた。選挙結果をパートナーと家のテレビで観るつもりでいたけれど、一〇月半ばにＦＢＩのジェームズ・コーミー長官の書簡が出てきてからは、きっとトランプが勝つにちがいないと思っていた。わたしが日頃から憧れていたのは、タイタニック号の逸話で、伝わっているところでは、とびきり上等の服と毛皮と宝石を身にまとい溺れ死んでいった女たち、それから船が沈むあいだもずっと演奏を続けたバイオリニストたちだ。だから、わたしも透けるほどの薄さのレースを背にあしらったワインレッドのベルベットドレスを着て、髪をリボンで飾り、真っ赤な口紅をつけ、ヒョウ柄のフェイクファーのコートを肩にはおった。それから自分のためにワインをゴブレットに注《そそ》ぐ。その夜でわたしの運も尽きることはわかっていたけど、スエットパンツをはいた格好で抑留キャンプに連れていかれるのはごめんだったからおめかしした。最終結果が出ないうちに、不法移民であるパパが電話を寄こし、もうおしまいだ、とわたしに言った。† 化粧も落とさず、歯磨きもしないで、わたしはベッドに倒れこんだ。目覚まし時計だけ朝の四時にセットして。

数時間後、わたしは電車を乗り継いでニュージャージー州側に向かっていた。ニューヨーク市で発行されている雑誌にわたしが紹介記事を書いていた海洋学者に会うためだった。それから二人でハドソン川にボートで繰りだし、速度を上げて自由の女神像の台座まで近づいた。「まったく《ファック》」とわたしが言った。「これじゃいかにもお涙ちょうだいって感じになっちゃうわね」。それでも女神像を背景に自分の写真を撮ってほしいと彼に頼み、カメラに向かってにっこりと微笑むと、強い風にあおられた髪が顔にばさりとかかってきた。

ここにいたら、なんだか守ってもらえそうな気がした、この自由の女神の台座のそばにいるなら。それからボートを降りると、スマホを取りだして、まだ一〇代だった頃から仲良くしていたエージェントに、あの本を書く気になったとメールで伝えた。あの本のことよ。オーケーと彼から返ってきた。あの本……ハーヴァード大学の最終学年のとき、一度だけニュースサイト『デイリー・ビースト』に匿名のエッセイを書いたことがあった。「わたしのちょっとした暗い秘密」と彼らが呼びたがったこと、つまりわたしが不法移民だということにまつわる話。それでいくらか注目を浴びて――いまとは時代が違ったのね――エージェント数社から、回想録を書いてみないかと手紙が来た。あるニュース番組は、わたしが寮で荷物をまとめるところを撮影してもいいか、とまで訊いてきた。将来の計画もなければ、キャリアの見通しすらたたずにハーヴァードを去っていくわたしを、たぶん見せたかったんだと思う。それがわたしのエッセイの肝の部分だったから。

それはＤＡＣＡ以前のことだ。††

腹が立った。回想録だって？　まだ二一歳だよ。バーブラ・ストライサンドじゃあるまいし。一五歳から仕事として文章を書いてはきたけど、音楽に関することだけで――わたしがなりたかったのは映画『ハイ・フィデリティ』に出てくる音楽オタクのあの男だ――だから自分の最初に書く本が、社会保障番号《ソーシャルセキュリティナンバー》を持たない、「結核を病んだヴィクトリア朝の孤児」の哀れな身の上話になるなんてまっぴらだった。それこそをエージェントたちは求めていたのだったけど。結局わたしのエージェントになった彼は、わたしの気持ちを尊重してくれて、涙を誘う本を出すために代わりの移民を探したりせず、それから七年間わたしが書いたものをすべて読んでくれて、互いに連絡をとりあった。二〇一六年一一月九日の朝、彼宛てに最初にメールを送ったのは、このわたしだった。

---

† 著者カーラの家族は混合在留資格家族である。著者カーラはＤＡＣＡ取得者になっていた。一〇歳下の弟はアメリカ生まれでアメリカ市民である。父母はエクアドル出身の不法な（undocumented, illegal）移民であった。

†† ＤＡＣＡとは「幼児不法入国者送還猶予措置（Deferred Action for Childhood Arrivals）」の略であり、ほぼ一一〇〇万いるとされる不法移民のうち、いくつかの条件に当てはまる若者に限っては在留を認めるという制度である（一五頁†ドリーマーも参照）。オバマ政権が二〇一二年六月に大統領令で定めた。１ 一六歳の誕生日までに入国。２ 二〇一二年六月時点で三一歳未満。３ 五年以上連続してアメリカに居住、４ 高校在学中か卒業資格を持つ、５ 殺人などの犯罪歴がない、などの条件を満たす若者たちの場合である。二年間（更新可）に限り、国外退去処分の対象から外し、アメリカ国内での就労も可能にする。ただし、グリーンカードや市民権が与えられるわけではない。二〇二〇年三月現在のＤＡＣＡ取得者は六四万三五六〇名（他に更新手続き中三万九一三〇名）とされる。もっとも、遡って二〇一四年七月現在で申請条件を満たしている一二三万六〇〇〇人中申請したのは五五パーセントとされる。トランプはこのＤＡＣＡの廃止を唱えていた。

あの朝、トランプの勝利にひどく取り乱した人たちから山ほどメールが届き、ほとんどが、バーモント州の別荘とか、それともどこかの森にある別荘であなたを匿まってあげようとか、うちの地下室にずっといていいよ、といった申し出だった。「やれやれ《シット》」とわたしはパートナーにこぼした。「みんなあたしをアンネ・フランクにするつもりなのよ」。その頃、健康保険が必要だったから、わたしはイェール大学にいて博士号を取ろうとしていた。移民に関する本をたくさん読んではいたけど、その内容は嫌気がさすものがほとんどだった。こうした本の中にわたしの両親はいなかった。わたしは両親のことを、ただの労働者だとも、ただ苦しんでいる者とも、ただの夢想家だとも思っていなかったから。自分なら何かもっとましなもの、本当らしく聞こえるものが書けると思った。そして、そのためには自分ほどうってつけの人間はいない、とね。なぜって、わたしはじゅうぶんクレイジーだから。アメリカの不法移民について、彼らの物語を、それもあまさず書くならば、ちょっとばかりクレイジーでなきゃ務まらないんだもの。それにもちろん、すっかりアメリカの魅力の虜になっていてもいけない——とりあえず、いまのところは。そうであったなら失格だ。

この本は従来のノンフィクションにはあてはまらない。人の名前はすべて変えている。地名もすべて変えた。身体的な特徴もすべて変えている。いや、本当に変わっているかな？　インタビューの最中に、わたしは手書きでメモを取り、法律上のチェックを受けたあとにメモを破棄した。あえて会話を録音しなかったのは、インタビューの相手を怖がらせたくなかったから。英語を話せない移民の両親を持つ子どもは、とても幼いうちから通訳の仕方を身につけるから、わたしも自分のそうした通過儀礼やスキルをありがたく役立たせてもらって、インタビューではこう聞き取りましたよと、内容をその場で翻訳して彼らに示してみせた。わたしの翻訳のやり方は、おそらく文芸作品の翻訳者が詩を訳すときのやり方であって、ビジネスレターを訳すときのものじゃない。スペイン語話者が自らの物語を語るときに使う言葉を、ジャーナリストが翻訳するやり方にはうんざりする。彼らは英語にそのまま置き換えるだけなので、わたしたち全員が揃って小学一年生の語彙しか持たないみたいで、言いたいことも言えないのかという気にさせられるから。わたしがインタビューした人たちは、温かかったり、愉快だったり、そっけなかったり、つかみどころがなかったり、思慮深かったり、変わり者だったり、ときにいらいらさせられたりする人たちだったけど、翻訳する際には、その言葉の調子をなるべく伝えようと努力した。

不法移民の家族を持つ（自身も）不法移民でありながら、不法移民について何かを書く場合にジャーナリストを装うことは倫理に反する気がする——正直わたしにできるのは自分自身やせいぜい自分の影の部分を表現することだけだから。それに芸術的表現に重きを置くのも骨の折れることだけど、それでもその力を借りずにこの世界は理解できない。突風がちょっと吹いただけでわたしの心はへこむのだ——トランプの声、（彼のスピーチライターの）スティーヴン・ミラーの顔、真っ赤な野球帽、いやいやそれ以前にデリのカウンター、建設現場の片隅、ホテルの部屋、レストランの洗い場、一ドルショップ、コミュニティカレッジの夜間英語クラス……。そしてわたしがへこむように一一〇〇万人の不法移民もそうしたイメージでへこむに違いないと思うから、わたしはそうしたものとして書くことにする。共有されるトラウマ、共有される記憶、共有される痛み——それらが生じるところから書いていこうと思う。つまり、ある瞬間を捉えたスナップショットであり、トラウマを受けた脳の高エネルギーな造影《イメージング》といったものだ。

この本はクリエイティブ・ノンフィクションに分類されるもので、綿密な取材に根ざし、詩のように翻訳され、選択された家族によって共有され、ときに読むのが苦痛な本だ。ひょっとしたら読者の皆さんは好きになれないかもしれない。でも、この本を書いたのは皆さんにとくに好きになってもらいたいからじゃないし、そもそも何か感動的なものを書こうと思って書きはじめたわけじゃない。だから、ここには「ドリーマーたち」の話はいっさい出てこない。[†] 彼らは称賛すべき若者だし、わたしがいまの生活を送ることができるのもドリーマーだからに違いないけど、この国の政治において彼らは注目を浴びすぎてる。わたしが伝えたいのは、日雇い労働者や掃除婦、建設作業員、犬の散歩係や配達人として働く人たちの物語だ。彼らのハッシュタグやTシャツがつくられることなんてついぞないけど、わたしは、仕事を脇に置けば誰にだって強い個性があるという前提で彼らについて知りたかった。

本書は、移民にまつわる流行語《バズワード》、テレビに顔を出す者たち、卒業式の角帽とガウン姿の若者といったものから一歩離れて、アンダーグラウンドの人びとについて何か読みたいと思う読者のための本であり、出てくるのは、ヒーローとは無縁の、行き当たりばったりに選んだ、さまざまな個性の持ち主だ。

また本書は、若い移民や、移民を親に持つ子どもたちのために書いた本だ。彼らにはこの本を読むことで、一九九一年にシアトルで若者たちが初めてニルヴァーナの「スメルズ・ライク・ティーン・スピリット」を聴いて感じたにちがいないとわたしが想像するものを感じてほしい。「エホバの証人」の信者として育ったわたしは、初めてこの歌を聴いて感じたものをいまもはっきりと覚えている。

そう、わたしは洗面所に行き、母親の裁ちばさみで自分の髪をざくざく切り、それからエホバの証人ではない男の子にメッセージを送り（これは許されないことだった）、タイムズ・スクエアのヴァージン・メガストアの前で待ち合わせしてわたしにファーストキスをしてほしいと頼んだ。つまりこの本は、あなたたちにありのままでいてかまわないと伝えるものなの。この本は、あなたたちに自由にふるまってかまわないと伝えるもの、パンクにならなきゃいられないときにはパンクになれとあなたたちの背中を押すものなの。さあ、きょうだいたち《エルマネックス》、ハチャメチャやろうぜ。

カーラ・コルネホ・ヴィラヴィセンシオ

---

† ドリーマーは、ＤＡＣＡの取得者を指すのによく用いられる。二〇〇一年に連邦議会に初めて提出されたがこれまで通過していない「外国人未成年に対する発展・救済・教育の法令」（Development, Relief, and Education for Alien Minors で DREAM Act として知られる）に由来する。アメリカに未成年で入国した不法滞在の移民に一時的に条件付きの居住を許可し、後日要件を満たせば永住権を付与しようとする法案。二〇一〇年に議会で通過しなかった後に、オバマは二〇一二年に「大統領令」でＤＡＣＡの制度を導入した。

# 第1章　スタテンアイランド

今日は二〇一九年八月一日だ。

わたしの母にどこの出身かと尋ねたら、「神の王国」からよと一〇〇パーセント答えるだろう。エクアドルから来たとは言いたくないからだ。南米諸国のなかでもこの国は、国際舞台でとりわけ盛名を誇ったことがない点で珍しい部類に入る。「マジックリアリズム」はこの国をほぼすっ飛ばしたし、一九七〇年代から八〇年代にかけての軍事独裁ブームもしかり。おまけに世界的に有名と言えるほどのエクアドル人もとくにいないし、強いて言えばロンドンの在英大使館にジュリアン・アサンジを匿った間抜け（大統領は誰だったっけ）がいたことや、シンガーソングライターのクリスティーナ・アギレラの父親がDVだったことくらいだ。それでも、わたしの父にどこの出身か尋ねたら、父はエクアドルだときっぱり言うだろう。セラピーでもろもろ出てきた理由から、父はこの国にひどく感傷的な思いを抱いているから。とはいえ、もうひと押しして、ほんとにしつこく尋ねたら、二人とも自分たちはニューヨーク出身だと答えると思う。自分の体に流れる血はアメリカ国旗の赤白青なのか証明したいのという密告屋気取りの娘から、パパやママは自分のことをアメリカ人と思ってるの？　と訊かれたら、二人ともこう答えるだろう——いいや、自分たちはニューヨーカーだと思う、と。実際、わが家でもそうしたやりとりをしているから。うちの一家はブルックリンとクイーンズに全員を合算すれば九七年ものあいだ住んでいる。パパはイースト・ニューヨークにまだギャングがのさばっていた頃からタクシーの運転手をしていて、真っ昼間に鉄砲玉が飛び交《か》うなか、ハンドルの下で小さなオリガミ（折り紙）の鶴みたいに身をかがめて、ジャンボサイズのピザを頬張っていた。時代は変わったが、両親は変わらなかった。パパは、商売をどうにか続けているボデガ（中南米系食料雑貨店）を見かけると、あの店は隠れ蓑だなと言う。何のための？　資金洗浄《マネーロンダリング》のためさ。誰のための？　マフィアのためだよ。ママはわたしと弟に一年中パステルカラーの服を着せたがった。ストリートギャングのブラッズとクリップスのあいだでちょっとした諍いが起きたときでも、どちらかの仲間だと思われないよう気づかったから。

　両親はいまや骨の髄までニューヨーカー。けれど、家族の関係がどれほど近くても、二人がニューヨークに来たばかりの頃のことや、ニューヨークを、そもそもアメリカを行き先に選んだ理由を口にすることはめったになかった。どうしてアメリカに来たのかと、わたしから尋ねなかったわけじゃない。要は大半の人が答えるような、道徳上文句のつけようのない理由——家族が斬首されたとか飢饉に見舞われたとか——ではなかったから、わたしも詳しい話を聞かせてとせっついたりはしない。傷口に塩を塗るなんてことはしたくないもの。

　知るかぎりでは、こんなふうな話だ。両親はエクアドルのコトパクシ州で結婚したが、新婚夫婦でこぢんまりとやっていた自動車の修理業はうまくいってなかった。そんなときパパが自動車事故に遭って顎の骨を折り、父方の親戚からやむなく金を借りたんだけど、その親戚がたちの悪い欲深な人たちだった。パパはとりあえず借金を返す金を稼ぎに一年間だけアメリカに行こうと思い立ち、なるほどそれは名案に思えた。でも父方の親戚は、まだ一歳半だったわたしを担保として預かりたいと言いだして、それで両親はそのとおりにした。わたしの知っていることはそれくらい。

どうして両親が借金のかたにわたしを置いていったのか首をかしげる人もいるかもしれないけど、実際、このことについて両親と話をしたことはない。あまり考えたこともなかったから、とくに何か尋ねたりもしなかった。本音を言えば、自分がもしも若い母親だったら——つまり、このわたしが若い母親で、両親がおらず、野心に溢れ、性的にも女ざかりだったら——「きっかり一年だけ」子どもを置いていくのはさぞかし胸躍ることだったろうし、そもそも二人が言うには、それが当初の計画だったみたい。母を許すなんて、べつだん考えもしなかった。

ではパパはどうかって？

「あたしのパパ、パパ、パパー！」そう呼びかけていたのがわたしの最初の記憶だ。パパは淡い青色のセーターを着ていた。大きな飛行機のなかに歩いて入っていった。窓から外を見ると、パパがどんどん遠ざかり、わたしはコインのいっぱい詰まったジップロックを手に持っていた。なぜかはわからない。あれから三〇年近くが過ぎたし、もうどうでもいいことだから。

両親は一年経っても帰ってこなかった。二人がアメリカに居続けたのは、たんまりお金を稼いで欲が出たからじゃない。かつかつの暮らしだったからだ。そうして年月が過ぎた。四歳になってエクアドルの学校に通いはじめると、この子は天賦の才《ギフティッド》に恵まれていると先生たちが口にするようになった。エクアドルがギフティッドの少女の居るべき場所でないのは両親にもわかっていた——ジェンダーポリティクスがそれこそ最悪だったから——そこで両親は、自分たちが受けられなかったありとあらゆる教育の機会を娘に授けようと考えた。というわけで、ついにわたしをニューヨークに呼びよせ、カトリック系の学校に入れたんだけど、授業料を払うためにはいくら身を粉にして働いてもお金は足りなかった。するとある日、たぶんわたしが小学四年生の頃だったと思うけど、学校の経理部長から部屋に呼ばれて、ニューヨーク州のアップステートに住む高齢の億万長者の女性がわたしの話を聞いてえらく感心していると告げられた。経理部長はその女性に、わたしの家は貧乏だから、おそらくわたしには学校をやめてもらうしかないと伝えたのだという(つまりこの筋書きだと、わたしが地元の公立校に行くしかないのは悲劇であって、そこはあまり良い学校とは言えないということになるが、その点でわたしたちの意見は一致しているとしても、わたしは公立校を支持しているし、そこに通ってもさほど困りはしなかったと思う)。そこで億万長者の女性はある解決策を思いついた。わたしが成績を落とさず、そして彼女に手紙を書くならば、学費のほとんどを自分が払ってあげよう、というのだ。

こうしてわたしは人生初の後援者を得たのだけど、それが最後にはならなかった。ハーヴァード大学にいたときに、ともにかかわっていた教育関係のNGO——彼は支援者でわたしは支援される側だったが——を通じて前から顔見知りだったウォール・ストリートで大成功した男性が、不法移民であるためにわたしの場合学生らしく「ワークスタディ」に時間を割くことが法的に禁じられていると知って、学期ごとにそこそこの額の小切手を送ってくれた。小切手の備考欄に、彼は茶目っ気たっぷりに「ビール代」と書いてきたけれど——二一歳になるまでわたしがお酒を飲めないのをからかっていたんだ——毎学期わたしはそれを本や、ボストンの最悪の冬をしのぐためのコート、両親には一銭の余裕もないから頼めない出費に使った。彼にはメールで定期的に、ハーヴァードでの生活やプロのライターとして芽が出かけてきたことなどを報告した。彼はいつだってしかるべく面倒を見てくれて、わたしを無駄に甘やかすこともなかった。わたしは子どもの頃から芸術家についての本を取り憑かれたように読んでいて、子どもの頃から自分のことを芸術家だと思っていたから、金持ちの年配の白人が、成績や自分の書いたものと引き換えにお金をくれても、ちっともおかしなことだとは思わなかった。それこそ「パトロネージ」だった。あの人たちはガートルード・スタインで、わたしは若きヘミングウェイ。あるいは狂って衰弱したヴァン・ゴッホだ。後援という件で人種的な面での悩みを抱えることがなかったのはありがたかった。人種うんぬんということになれば、子どもは心底おかしくなってしまうから。

わたしはニューヨークっ子だ。アメリカに来て最初の五年はブルックリンで過ごしたけれど、実際のところクイーンズの出身と言ってよい。クイーンズはニューヨーク市の五つあるボロウ（行政区）で最も多様な地区。こう記すと、いかにもゲットーをロマンチックに描いているようだけど、近所を歩けば、ポーランド人の子どもがわたしの頭をおもちゃのピストルで撃ちながらちんぷかんぷんな言葉を何度も叫び、プエルトリコ人の若者はスマホから流れる曲に合わせてラップを歌い、しかもリリックが聞きとれるようボリュームをあげて「Nワード」に合わせたラップまでする。エジプト人のティーンたちは通りを渡ろうとしているだけのわたしに道を開けてくれず、メキシコ人の男たちは怪しげなネズミ講にわたしを誘いこもうとする。とはいえ、互いに相手の権利を奪おうとする者は誰もいない。持ち寄りの食事会《ポットラック》まではやらないけど、わたしたちは平和に暮らしている。「ストリートフェア」があればみなが出かけてゆく。

ほかのボロウにはそこまでの多様性はないけど、だいたいどこも似たようなものだった。ただし、わたしがつねに好奇心をそそられる一つを除けば、だけど。それはスタテンアイランド。ニューヨークで最も裕福で、最もホワイトで、最も郊外型のボロウだ。ここは人口のほぼ八〇パーセントが白人だ。ちなみにブルックリンとクイーンズは白人の割合が半分よりわずかに少なく、ブロンクスで白人が四五パーセント。マンハッタンでさえ白人は六五パーセント。[*1] スタテンアイランドは地理的に孤立していて――市中から地下鉄で行くことができない――それに、よくはわからないけどここの住民と他のボロウの住民とのあいだには、あまり友好的なやりとりもなさそうだ。そのことに皆が気づいていないわけじゃない。現に彼らはニューヨーク市から分かれて、自分たちの市をつくるか、あるいはニュージャージー州に入ろうと試みてきた。一九八九年六月にニューヨーク州議会はスタテンアイランドの住民に、分離するか否かの決定権を与えたし、一九九三年一一月には投票者の六五パーセントが分離に賛成票を投じた。マリオ・クオモ知事が、この住民投票は州議会で承認される必要があると主張し、結局は議会で否決されたのだが、それからも長いあいだ分離への要求が水面下でくすぶり続け、後年ブレグジットが世界を震撼させたあとでさえ、スタテンアイランドの政治家たちはこの出来事が範を示してくれたとSNSに投稿した。[*2] スタテンアイランドはニューヨーク市で最も保守的なボロウであり、共和党の金城湯池ってやつで、二〇一六年の大統領選挙でドナルド・トランプを選んだニューヨーク市で唯一のボロウだ。[*3] ここはまた、黒人のエリック・ガーナーがニューヨーク市警察（NYPD）の白人警官ダニエル・パンテレオに背後から両手で首を締められ、殺害されたボロウでもある。[*4] スタテンアイランドの大陪審はパンテレオを殺人容疑で起訴しないとの判断を下した。

どれもこれも後から知ったことだ。それでもわたしがスタテンアイランドのことを初めて意識したのは、まだ子どもだった頃、「ラティネックス」に対する一連のヘイトクライムが報道されたときだ。スペイン語の夜のニュース番組でスタテンアイランドが出てきたのは、この話題のときだけ——メキシコ系移民が若い黒人男性らによるヘイトクライムの被害に遭ったという、わたしたちのコミュニティ間の亀裂をあらためて思い知らされる痛ましい事件だ。五二歳のアレハンドロ・ガリンドは皿洗いの仕事を終え、自転車を押して帰宅する途中に四人の男に襲われたが、男たちは何も盗《と》っていかなかった。[*5]一八歳のクリスティアン・バスケスは給仕のアシスタントの仕事を終えて帰宅途中に五人の男に襲われた。男たちはメキシコ人を中傷する言葉を叫びながら、青年を袋叩きにし、貴金属とわずか一〇ドルを奪っていった。二六歳のロドルフォ・オルメドはクラブから帰る途中に四人の男に飛びかかられた。男たちは野球のバットや金属のチェーン、木の厚板で青年を殴った。[*6]「現時点では、この被害者が狙われたのは、メキシコ人だというただそれだけの理由、もしくはそれがかなりの理由だったにちがいないとわれわれは考えている」と（スタテンアイランド行政区とリッチモンド郡とは重なるのだけど）リッチモンド郡の地方検事ダニエル・ドノヴァンは語っている。[*7]

二〇一七年の初めに、わたしは不法移民の日雇い労働者の生活を取材しようとスタテンアイランドに向かった——そこはニューヘイヴンのわたしの住む場所から近くて、つい最近トランプが大統領に就任したことに、わたしは恐怖を覚えていた。わたしはすべての移民のために怯えていたし、自分がいわゆる「ドリーマー」と称するものであることに後ろめたさを感じていた。わたしはＤＡＣＡの取得者で、警察の手入れに遭ったらどうしようと気が気でなかった。どんな状況であるにせよ不法移民が大きな集団をつくる場合には、警察の手入れがありえたからびくびくしていた。初めて出かけたとき、わたしはニューアークの電車の駅からタクシーに乗り、三〇分ほどでシルヴァーヴューに着いた。

ここはニューヨーク市のなかでも古くから日雇い労働者が集まる地区の一つだ。車酔いしたわたしは、目をつむって頭の中でロザリオを繰りながら、道中ずっと神様に短い祈りを唱えていた。もう何年も前に神の恩寵からは見放されていたけれど。それでもタクシーの窓にもたれ、神様にまずは家族をお守りくださいとお願いした。そのうえで、まだ神様の思し召しが残されているなら、その夜に行く倉庫でどうか手入れがありませんように、とお願いした。

スタテンアイランドを訪れるまで、わたしは日雇い労働者に一人も会ったことがなかった。不法移民で知っているのはレストランの従業員程度という都会っ子のわたしからすれば、日雇い労働者とはほとんど神話の世界の人びとだった。トラック用の貸し駐車場や大型金物店、材木置き場のわきの街角で、夜明けにたむろする褐色の男たちの集団。歴史を振り返れば、立法者と移民擁護者は大量の不法移民をささくれた棍棒で振り分けてきた——かたや労働に従事する褐色の男や女たち、かたや学業で成功をおさめる褐色の若者たち、前者は寄生する害虫で、後者はドリーマーの英雄だ。わたしにとって日雇い労働者はリアルに感じられるものではなかったし、彼らについて耳にするのは芳しくない話ばかりだった。『ニューヨーク・タイムズ』紙は、彼らの仕事を「街角でぶらぶらしている」ことだと言い切った。[*8] 彼らの側ではすばらしい広報活動などできなかったもの。

それなら彼らはどんな人間なのか？　ニューヨーク市の日雇い労働者の数は推定で六〇〇〇人弱から一万人以上と幅がある。男性が大半を占める日雇い労働者についての二〇〇六年の調査では、回答者の七五パーセントが不法滞在者で、三分の二がこの種の仕事で家族を養い、六〇パーセントが日雇い労働はアメリカに来て最初に就いた仕事だったと答え、八五パーセントが長期のより安定した仕事を探していた。[*9] 彼らのスキルは多岐にわたり、筋肉労働に床張りに木工に溶接にペンキ塗りにセメント塗り、レンガ積みに大工仕事に断熱材張りに漆喰塗りに電気工事。そのほかにも建設業界における仕事ならなんでもありだ。

仕事を見つける場所はたいてい街角で、そこでは微妙なお膳立てがなされる。やりとりはこんなふうなものだ、と一人の男性が教えてくれた。

「ある男が乗ってきたトラックを停めて、Xをやって欲しいんだが、と声をかける。そのスキルを持っている人間がいれば、そいつが見積もりを尋ねる——何時間かかって、場所はどこで、一時間いくらか、とね。ときには交渉の途中で、ほかにもっと安い賃金で引き受ける労働者が二人出てきてトラックに勝手に飛び乗り、雇い主が肩をすくめて走り去るなんてこともある。それかトラックの両側から集団がわらわらと乗りこんできて、雇い主が縮み上がるってこともね。連中は俺たちのことを知らない。集団だから怖くなっちまうんだ」。雇い主は怖気づくと、慌てて一人か二人を拾うか、とっとと車で走り去ることもある。シルヴァーヴューでは、おなじみの街角ごとに毎日平均六〇人ほどの労働者が集まってくる。閑散とした日は三人しかいないこともあるし、混雑する日だと一〇〇人が押し寄せることもある。支払いはたいてい現金だけど、雇用主の自由裁量で決まり、結局は連中のやりたい放題。

わたしが会った日雇い労働者たちはプロフェッショナルな人たちで、賃金交渉することや、良い仕事をしたり仲間どうしで推薦し合ってネットワークを築くことの大切さを語っていた。彼らは雇用主のことをスペイン語で「ボス」という意味の「パトロネス」と呼ぶが、植民地主義の名残で、防護具も、食事のための休憩も、トイレ休憩すらもらえないこともしょっちゅうだ。全員が、雇用主によって人種差別的な虐待を受けたり、賃金未払いがあった経験を持っているし、全員が、彼らを何日も働かせ、支払いを約束し、それからトンズラしてしまった白人の男たちに何千ドルもの貸しがある。なかには遠方の地で車から降ろされて仕事をしたのに、帰りの車も迎えに来なければ、賃金も支払われず、なすすべもなく置き去りにされる労働者もいる。『ニューヨーク・タイムズ』紙が彼らを「街角でぶらぶらしている」と書いたことに、わたしは猛烈に腹が立つ。夜明けから日没まで地獄の暑さや寒さや風雨にさらされ、母国語ではない言葉で交渉し、一つの仕事を友人たちと競り合う羽目になり、賃金が払われる保証もないなか完璧に仕事をこなさなくてはならない労働者に対して、なんと失礼な物言いだろう。労働者たちは来る日も来る日も、尋常でない精神的、肉体的ストレスにさらされ、不法滞在であるため職場での保護も受けられず、法で守られることもなく、労使間の団体交渉もできず、頼れるのはただ自分しかいない。

そこで労働者センターの出番となる。労働者センターが設立されたのは、日雇い労働という、このすこぶるつきの「インフォーマルセクター」をフォーマル化するためだ。現在、全米で六三を超える労働者センターが存在する。[*10] コレクティーバ・ポル・フィンはスタテンアイランドの、道路に面して事務所を構えた非営利団体（NPO）で、一九九七年から日雇い労働者のために――さらにはこの地区全体の移民コミュニティのために――実用的な支援や代理業務、職業訓練を提供している。また別の労働者センターであるヌエストラ・カリェと同様、ここはシルヴァーヴュー・ロードに面していて、ふだんから日雇い労働者が集まる混雑した街角のすぐそばにある。男たちにとって、この施設があるかないかでは大違い。第一に、ここは屋内の施設だから、ひどく暑い日や寒い日に何時間も外で立って待たなくてすむ。センターには休憩室もあり、水やコーヒーも飲めるし、スマホの充電もでき、派遣担当者も控えている。派遣担当者は労働者と雇用主をつなぐバイリンガルの仲介者を務め、取引に意見を述べ、虐待や違法行為を予防する。これはストレスの多い仕事だ。

コレクティーバ・ポル・フィンの派遣担当者を務めるサンティアゴは、メキシコ人の両親を持つアメリカ市民だ。労働者たちは集団で、半年か一年ごとに特定の仕事の時給を設定する。サンティアゴの仕事は、その時給がきちんと守られ、労働者が虐待的な取り決めにつりこまれないよう目を光らせていることだ。「雇用主のなかには、不法移民なら簡単に搾取できると考える者もいるんだよ」と彼が教えてくれる。サンティアゴはまだ二五歳だ。

スタテンアイランドに出かけたその夜、わたしはコレクティーバ・ポル・フィンで月一回開かれる会議に顔を出した。部屋は狭いが、男たちが次々に入ってくると、二倍か三倍に広がったように感じられる。壁には移民を賛美する絵画が飾ってあるが、それにはひどく胸が悪くなった。なにしろmigrantという言葉の文字が蝶に形を変えているからだ。移民を蝶にたとえるなんて、気に食わないったらありゃしない。蝶蝶じゃいけ好かない奴をやっつけられないだろうが。今夜は最終的に五〇人ほどの男たちが部屋に集まった。女たちも数人来ていて、母体となる非営利団体のプロジェクト・ホスピタリティで働く若い白人女性の牧師もいた。コレクティーバ・ポル・フィンの常任理事もこの場に来ている。シモン・トレスという名のアルゼンチン人男性だ。新しく就任したばかりで、男たちは彼について態度を決めかねている。会議にはアフリカ系アメリカ人の日雇い労働者も二人来ていて、それからもじゃもじゃの白髪頭と口ひげをたくわえた年配の白人男性も一人いた。名前はチャールズといって、「アメリコー」(AmeriCorps. クリントン政権時に創設された政府機関で、いわば国内版「平和部隊《ピースコー》」)の人間で、オーガナイザーとしてこの会議に出席している。この三人がいるために、会議はサンティアゴを介して二ヶ国語で進められ、その分長くなったようにも感じられるけれど、おかげで効率よく短縮された。五〇人のラティネックスの労働者のうち、サンティアゴが忠実に通訳しているかどうかを判断できる者は、おそらくほんのわずかしかいないと思う。

　今夜集まった男たちは労働者だ。長年、善良な人びとが不法移民に敬意を払った呼びかたをしようと努力するのを見てきたけれど、そんなとき彼らはわたしたちのことを書類のない労働者（アンドキュメンテッド・ワーカーズ）と婉曲的に呼んでいた。まるで両手を組むか脇に垂らして立っている（イメージの）書類のない人間（アンドキュメンテッド・パーソン）と呼ぶだけでは格好がつかないとでもいうように。わたしにすれば、もっと不躾に「クレイジー・ファッキン・メキシカン」とでも呼んでくれたほうがまだましだ。そっちのほうが、わたしたちのなかに役に立つかどうかとは別次元の何かを認めてくれていることだから――わたしたちはクレイジーで、メキシカンで、どう見てもお呼びでないってことを！――なのに、わたしたちを聞こえのよいものにするために、男も女も子どももインスタグラムで地元じゃ有名なティーンもクィアの操り人形師もすべて一緒くたに労働者（ワーカーズ）と呼ぶなんて、まったく勘弁してほしい。わたしたちは労働するためにつくられた褐色の肉体で、顔にはモザイクがかかっているとでもいうの。

　で、ここに集まっているのはアンドキュメンテッド・ワーカーズ……まごうかたなき労働者だ。二〇歳《はたち》そこそこの若者もいれば、七〇歳かそこらのかなりの年寄りもいる。彼ら全員が、かなりくたびれてはいるけどよく手入れされたワークブーツを履いている。ダメージ加工したジーンズがあるわね。彼らのブーツも見た目はそんなふう。仕事で使い込んで色は禿げているけど、手入れを怠らないのでピカピカ。労働者たちの肌は濃い褐色、母親から受け継いだ褐色が日に焼けてさらに褐色になってる。背は低いが、体格はいい。燃える石炭がらの上を歩き、家を建て、結婚指輪でビール瓶の蓋を開けられる男たちといったふうなの。

部屋をざっと見渡すと、パパよりも肌の色が明るい人もいれば濃い人もいる。年齢はパパより年上の人もいるけど、たいていはもっと若い。彼らの話し声はパパと比べて、ガラガラだったり、優しかったり、つぶやくような、あるいは歌うような声だったりとばらばら。それでも一人ひとりのなかにパパの顔を見出してしまうというわたしの乱視気味な見え方はいつも変わらない――光のあたり方がいつだってそんなふうなんだもの。「われわれの法執行を支援し近隣を安全にする法」と呼ばれる二〇一〇年のアリゾナ州移民法のことが頭に浮かんだ。別名アリゾナ州ＳＢ一〇七〇（ＳＢは州の上院法案《セネートビル》）、またの名を「書類を見せて《ペーパーズ・プリーズ》」法と呼ばれるものだ。これは法執行機関の職員に対し、この国に不法に滞在していると疑われる者なら誰にでも接触し、法的書類の提示を求める権限を与えるものだ。[*11] つまり、不法移民に見えると思われる者は、誰でも呼び止めることができるってわけ。移民の人権擁護団体はこの法律に激しく抵抗し、「不法移民の外見」をどこまで明確に特徴づけられるのかと当局に迫った。それでも大学時代からの親友のヴィンセントとわたしは、どちらも不法移民の立場にあるから、互いにこうささやきあった。たとえ当局には「特徴づけられない」としても、自分たちには十中八九見分けられるだろうね、って。パパが仕事の行き帰りに背負うリュック、稼ぎを現金で入れているあれは危険信号だ。パパの黒い矯正具っぽいゴム靴、それから濃いブルージーンズ……移民のものっぽいブルーで、移民のものっぽくリンス加工されてるジーンズも。パパに新しい服を買ってあげると言ってみたが、「何のために《パラ・ケ》？」とパパに言われた。ヴィンセントも自分の父親に、建設現場の仕事から帰宅するときに着替える服を買ってあげると言ってみたけど、彼の父親も「パラ・ケ？」と答えた。

サンティアゴは、なかなかやり手の通訳だ。瞬時に素早く通訳し、口調も絶妙な伝え方。アメリコーから来たチャールズは長々とスピーチし、近々開かれる教会の夕食会に男たちを招待した。大統領の名も頻繁に口にする。サンティアゴは通訳するとき、トランプの名が出るたびに、いっさい省略する。チャールズの話では、夕食会にはアメリカの料理が出るという。「アメリカの料理を味見していただくことになりますよ。きっと喜んでいただけるはずです」。この文章もまた、われらが若き派遣担当者の手にかかると、どこかに消える。チャールズはこう言ってスピーチを締めくくった。「状況がもっと悪くなっても、まあそうなるとはまったく思っていませんがね、それでもアメリカ人が来て皆さんを守ってさしあげますよ」。これも何一つサンティアゴは通訳しない。まったく彼はたいしたものだ。

　サンティアゴにそんなに上手な通訳の仕方をどこで習ったのかと尋ねると、彼は、移民の子どもたちの例に漏れず、ＰＴＡの会合から予約してある病院の付き添いまで、ありとあらゆる場面で両親の通訳をしながら大人になったからだと教えてくれた。「自分がなんだか偉くなった気がしたよ」と彼は言う。「両親の言いたいことを、代わりに僕が言ってあげていたからね」。わたしも同じことをしていたとサンティアゴに言う。わたしたち全員がしていたことだ。会話のなかでトランプへの言及をすべて省いたのはなぜかと訊いてみた。「あの男のことに触れたくなかったんだ」と彼が言う。「みんなを不安にさせたくなかったからね」。

　状況が悪くなったら彼らを守ってくれるとのチャールズの約束を、すっかり省いたのはなぜかも訊いてみた。

「本当のところ……トランプだけの問題じゃない。スタテンアイランドはひどく保守的な島だからね。

状況は悪くならないとチャールズは思っているかもしれないが、どのみち彼に影響が及ぶことなどないからね。政府からアメリコーに支給される資金がストップして、そのせいで自分が失業しそうだって言うんなら話は別だけど。ところが移民のコミュニティが失うのは何もかもなんだからね」。

でもアメリカ人たちがわたしたちを救いにきてくれるっていう約束はどうなの？　とわたしがまた尋ねる。

「そのアメリカ人が弁護士とか連邦判事でないかぎりは、怪しいものだと思うがね」とサンティアゴが答える。

それから一年半のあいだ、わたしはスタテンアイランドに幾度も通った。多すぎてもう数えられない。この男たちが次第に好きになってきて、この市でどこよりも移民を嫌うボロウで日雇い労働者たちが築いてきた世界をもっと知ろうと、ここに戻ってくる口実を小さなものでも探すようになった。彼らと街角で立ち話をし、労働者センターで隣に座った。ダンキンドーナツで一緒にコーヒーを飲み、それからエクアドル料理のレストランでランチを食べたが、彼らは自分たちが勘定を払うと言ってきかず、労働者センターのオフィスで一緒に食べてねと彼らに夕食をデリバリーし、市庁舎で彼らが証言するのに付き添い、彼らのクリスマスパーティに参加したけれど誰からもダンスに誘ってもらえず、彼らのサッカーの試合に出かけて、夜遅くに彼らと電話で話をした。メリー・クリスマスやハッピー・ニュー・イヤーのメッセージを真夜中の一分過ぎに送りあった。そのうちの一人はスマホでブロックしたが、それは彼の孤独があまりに深く絶望的で怖くなってしまったからだ。わたしはコネチカット州に住んでるけど、ここに猛吹雪が襲ってくると、彼らの上着の裏地がどんなに薄かったかとふと思う。季節が変わって歩道がひどく熱くなり、足の柔らかな肉球が心配で犬をほんの数分しか散歩させられなくなると、太陽の下で彼らの漆黒の髪が――弟の髪、パパの髪、わたしの髪とおんなじだ――どんなに熱くなるかとふと思う。アクリル製の毛布を見かけると、彼らが賃貸のワンルームに一人でいるところを思い浮かべ、自然光がさんさんと降りそそぎ、大きなカシワバゴムノキの並ぶわたしの広いアパートメントにパパが訪ねてくると、パパの抜けた歯や腫れぼったい両手に彼らの姿を重ねる。一五年勤めたレストランの仕事をパパが失ったとき、コレクティーバで知り合った女性に何か仕事の心あたりはないかと尋ねると、朝の七時に労働者センターに行けば日雇い労働者の仕事を始められるだろうと言われた。想像してみてほしい。五三歳という年齢で、日雇い労働者として働く最初の一日を。

フリアンは五二歳だが、もっとずーっと年寄りに見える。最初に出会ったとき、彼は労働者センターの片隅で、男たちが仕事の割り当てを待つあいだ、一人ヘッドフォンをつけて座っていた。ビーニー帽（裾がおりまげられてないニット帽）を眉の下まで目深にかぶり、耳の先っぽ、というかほぼ半分近くが帽子に隠れている――彼の耳はちっちゃい。周囲では彼以外の誰も彼もが喋ったり笑い合ったりしている。何を聴いているのかとわたしが尋ねると、「キリスト教音楽だよ。気分を高揚させるためさ」と答えてくれた。電話番号を教えてほしいと頼みこみ、少し言葉を交わしてから、ようやく彼は心を開いてくれたようだった。あきらかに、長いこと一人で物思いにふけっていた。日雇い労働者の多くはスタテンアイランドで同居する家族がおらずに寂しい思いをしているから、長い一日の終わりに彼らの狭い部屋の片隅でわたしと電話で話をするのは、まんざら嫌でもなさそうだった。フリアンの場合は電話のやりとりに入ると、会話は言ってみれば「瀉血」とは真逆のものになり、最初に暗く重苦しいものを排出させたあと、一緒にそこから抜けだして、最後には、天気についての気軽なやりとりを交わして電話を切ることになる。

アメリカに来たとき、フリアンは英語をひと言も知らなかった。アメリカでの最初の食事はポテトチップス一袋と五〇セントのボトルウォーターだった。彼はあの頃を覚えてるかって？ 彼には何もなかった。その二日後、レストランの皿洗いとして働きはじめた。ボスたちは暴君だった。フリアンに怒鳴り散らし、悪態をついた。外から厨房に食べ物を持ちこんではいけない決まりがあったが、厨房でもらっていいのは卵とジャガイモだけだった。コックは彼らと同じラティネックスで、ボスたちが後ろを向いているあいだにこっそり肉を――鶏肉やステーキの切れ端なんかを――分けてくれた。「ケチな野郎だよ《ピンチェ・ペンデホ》」とコックは言った。

労働時間が長くて報酬もあまりに少なかったので、フリアンは日雇い労働に挑戦してみることにした。ところが初日にして怖くて縮みあがった。「英語がわからなかったから、働くのが怖かったんだ」と彼は言う。「英語がわからなくて雇い主に怒鳴られたよ。友人たちと街角に立ったはいいが、怖くてたまらなくて、自分が雇われた仕事を譲ってしまった。英語が話せないから怖くて、そのせいで仕事ができないんじゃないかと怖かった。それで学校に通うことにしたんだ」。

この国で――そもそもどこでも――学校に通ったことのない移民が「学校」での経験について話すとき、それはたいてい地元の図書館やコミュニティカレッジのことで、そこで英語の授業を受ける。わたしの知っている移民の誰もが、日常生活で使う以上の英語を身につけようと必死に努力する道を選んだ。ニューヨーク市立大学の職員が市立大学ブルックリン・カレッジの夜勤の守衛から聞いた話では、ＥＳＬ（第二言語として英語を学ぶ授業）を受けるために、朝九時に登録開始のところを午前四時から移民たちが列をなすという。移民は英語を学ぶ気がない、などといった移民排斥主義者《ネイティヴィスト》の主張を聞くと、わたしはヒステリーを起こしそうになる。何年も前にクイーンズでバスに乗っていたら、高齢の女性が脇を通ったわたしの方に向かって、「この人たち、せめて英語を勉強してほしいものだわ」と吐き捨てるように言った。わたしはひと言も――どんな言語でも――発していなかったのに。ただ本を手に持っていただけだ。それも英語の本を。実際わたしは、ハーヴァード大学の第一学年を終了し、その夏を故郷で過ごすために戻ってきていて、大学では一八世紀アメリカのとある超越主義者《トランセンデンタリスト》の名を冠した優秀論文賞をもらうことになっていた――その超越主義者もわたしも、たまたま二人とも英語で物を書いていたわけだけど。それでも季節は夏だったので、わたしは薄くて丈の短い、ちょっとだらしない感じの服装だったし、それに日に焼けていつもよりも濃い褐色で、髪は濃紺に近いほど真っ黒だった。この国の移民なら誰でも知っていることがある。わたしたちは英語を食べてじゅうぶん消化してお尻から出すことだってできるけど、ある人たちから見れば、それでも英語が話せないことに変わりないんだ。

あなたのどんなことを読者に知ってもらいたいかと尋ねると、フリアンはこう即答した。「子どもたちに会うためにおれは砂漠を四度越えたと伝えてくれ」。当時の国境はいまよりも抜け道が多く、彼の子どもたちはメキシコにいたから、フリアンはニューヨークが冬のあいだ故郷に向かった。ただし国境を越えるためには、「コヨーテ」（メキシコからアメリカへの密入国を斡旋したり手引きする者）の力を借りる必要があった。砂漠の夜はとんでもなく寒くて、皮膚があめ玉みたいに粉々に割れてしまうかと思うほどだ。反対に日中はとんでもなく暑くて、自分が悪魔に憑かれたみたいな気がしてくる。

彼は水を四ガロンと食料を詰めたリュックを背負っていた。建設作業用のブーツを履いていて、足は豆だらけになった。一度など、体調を崩し列から遅れた数人と一緒に歩いていたら、コヨーテは彼らを置き去りにしただけだった。「コヨーテたちはいつでもヤクをやって酒を飲んでいた。自分らがやっていることをヤクや酒抜きじゃ怖くてできないんだよ」とフリアンが説明する。一行は缶詰のトウガラシを食べ、水溜りの水を飲んで生き延びた。道中で二人が死んだ。緑色のものを吐いたあと、ばたりと倒れた。フリアンはいったんはまだ息のある者を助けようとしたが、死人の仲間入りはしたくなかったから、自分のなすべきこととして置き去りにした。

　国境で分断された結婚の多くがそうだが、フリアンの場合も結局は妻と別れることになった。メキシコにいる子どもたちに送金し、自分は一人寂しくニューヨークで暮らし、元気いっぱいの小さな褐色の赤ん坊を新たに授かることを夢に見た。できたら女の子がいいと思った。娘はバイリンガルに育てたい。夜になると、もっぱらそんな空想を膨らませながら、暗がりのなかで横たわり、疲れ切った体とどきどきする心臓が折り合いをつけて眠りに落ちるのを待った。夢の中の赤ん坊がスペイン語で最初に話す言葉は「パピ（パパ）」、英語で最初に話す言葉は「マミー」になるだろう。赤ん坊にはアメリカ人の名前をつけ、自分も正確に発音できるようにならなくては。たとえば「リンカーン」とか。この言葉は厄介だ。リンカーンと発音するその真ん中で舌をこっそり動かさなくてはならないから。リンカーンにはディズニー映画を全部観せに連れてってやろう。最初のうちは自分も居眠りしない程度にやっと筋書きを追えるくらいだろうが、しまいにはジョークもわかるようになるだろう。保護者面談にも出席するが、子どもに通訳を頼まなくてもすむだろう。いやいや、それどころかスーツを着てネクタイを締めて、自分から手強《ごわ》い質問でもすれば、うちのやんちゃ娘も下品な言葉を使うのを隠しとおせないことだろう。「自分の子どもと英語で話せたらどんなに素晴らしいかと思うよ」。

時が経つにつれて、自分がそんな赤ん坊を持つことはないとわかってきて、フリアンはますます孤独になっていった。「みんな子どものことを思ってここに来たのに、そのために自分が変わってしまう。すっかり別人になっちまって、そこから逃げだせなくなる場合もあるね。移民のなかには父親を知らない者もいるからね。子ども時代からのトラウマ、国境越えからのトラウマを抱えていて、そうした問題をどう扱ったらいいのかわからない。けど、まあコロナ（メキシコ産のビール）の一本は買えるってわけさ」。そのうちフリアンは年中酒場に入り浸るようになり、夜明けに店を出るとそのまま仕事に出かけた。稼いだ金を故郷に送り、残った分は酒代に消えてしまう。彼は罪悪感にさいなまれ憔悴していた。

一月のある晩のこと、フリアンはインフルエンザにかかっていたのに酒を飲みすぎて、ウイスキーと高熱があいまって幻覚症状に襲われた……警察犬に追われるというのもあった。幻覚を振り払おうとしたが無駄だった。そこで大声で叫んでみたが、誰も助けにきてくれなかった。彼は一人だったからだ。自分の叫び声で目を覚ますとすぐに、神に祈った。静かな眠りを与えてくださるのなら、金輪《こんりん》際《ざい》、酒はやめます、と。

「奇跡かどうかはわからないが、それからもう酒場に行きたいと思わなくなった。ただ働きたいだけだ。仕事が気をまぎらわせてくれる。働いていれば気分が明るくなるんだ。働いてないと頭がどうにかなっちまう」

もしアメリカを出ていくとしたら、失って悲しいと思うものは何？　と訊いてみた。

「金だろうね」とフリアンが答える。

「それはあたしも同じ！」とわたしが言う。

それから二人で声を合わせて笑った。


ホアキンも砂漠を四度も横断した。最初は夕暮れどきに出発した。銃を隠し持った五、六人の男たちが、国境越えをする者たちを黄色の古びたトラックに乗せ、それから砂漠地帯の国境まで運ぶと、そこに麻薬《ナルコス》の売人たちが待っていた。麻薬の売人とわかるのは、金属のチェーンをつけて、死んだ目をしているから。国境を越えるには合い言葉が必要だった。コヨーテたちが合い言葉を小声で言うと、移民たちがトラックから降ろされた。そこで別のトラックに詰めこまれた。同行できるのはコヨーテ一人だけ。怖かった？　とわたしが訊くと、「当たり前だろ、怖くて震えたよ」とホアキンが言う。

「連中はナルコスだったんだぜ」。

彼らは山まで車を走らせた。それからトラックを乗り捨てた。さあこれからこの山を登るんだ、淫売《プタス》ども。自分は痩せてはいないが、なんとか登れるだろう。きっと大丈夫さ！　運動もしているから。毎朝起きると、朝のお祈りをしながらストレッチをする。空に向かって両手を伸ばし、それから足の爪先を左右交互にタッチする。眼の前の山は険しく、ひどく暑く、リュックは重たかった。一時間ほど登るあいだ、自分が「サバド・ヒガンテ」（世界のテレビ史上最長期間放映されたと言われるスペイン語のバラエティ番組）にゲスト出演し、井戸に落ちた少女を助けた話を語ってきかせるところを想像した。そのとき、リュックの紐がブチッと切れた。ちょうど縫い目のところで修繕できそうにない。ホアキンのばかでかいリュックには、自分用の食料の缶詰全部と、水が数ガロン、それから砂漠の凍える夜に備えて重ね着用の服が一枚入っていた。考えるより先に言葉が喉元までせり上がってきて、それから口の中に溢れ、吐きだすしかなかった。

「なあみんな、俺はここに残るよ」。そう彼は呼びかけた。もうおしまいだ。自分がへとへとに疲れていることにも気づいていなかったが、もう正直に認めてもいいと思った。逃げ道だけがほしかった。頭の中でこう考えていた――山の斜面に腰をおろして、まずは昼寝をしよう。それからリュックの中の食料をたいらげるつもりだ。缶詰の豆と塩クラッカーと水のごちそうだ。食べ物が底をついたら、太陽の下に座っていれば、それほど待たずに死の方が近づいてきてくれるだろう。しまいにゃ動物たちが気づいて、自分を食べにくるだろうが、奴らの好きにさせておこう。たぶん土壇場で多少抵抗はするだろうな。それが人間の性《さが》ってもんだからな。願わくはその頃までに脱水状態がかなり進んでいて、肉を引き裂かれても気づかなければいいのだが――ひどく日に焼けた肌を切り絵みたいにさっと切るくらいなものだろうし、ヤマネコたちにすれば自分は乾燥肉ってところだろう。「死ぬことを選ぶなら、本気で死のうと決心しなきゃならない」とホアキンが語る。ところがそのとき、二人の若者――今日まで彼らの名前もわからない――が一歩前に出て、いまにも殴らんばかりにホアキンの目の前に立った。ホアキンは思わず後ずさりした。すると、若者たちはまた間合いを詰めてくる。そのうちの一人がホアキンにぐっと近づくと、かんかんに怒りながら、ホアキンのリュックをひったくった。「こいつのせいで死にたいってのか？　あんたは《マノ》」。するともう一人がホアキンの後ろにまわり、彼の両肩に手を当てて、えいやっと前に押しはじめた。この山を登るんだよ、この斜面を登るんだよ……そう小声で毒づきながら。ホアキンはその間ずっと自分を鞭打っていた。この若者たちは俺に死んでほしくないのだから、こうなったらもう死ぬわけにはいかない。抜けるのはすなわち死ぬことで、まったく見知らぬ若者たちのために生きているんだからもう死ねない……となったらどうするかだ？

最初の山を登ったら、次の山が待っていた。次の山を登るとき、ホアキンは自分のリュックをひったくると、コヨーテたちのすぐ後ろを歩いた。「それで下りになる頃には、ずいぶんと力が戻ってきたよ」と彼は言う。「あの若者たちのことをしょっちゅう考える。毎日彼らのことを考えてるよ。警察の手入れがあるたびにあいつらのことが頭に浮かぶんだ」。若者たちがラスベガスに行ったのはわかっていたが、いまはどこにいるのやら。国外退去させられたかもしれない。もう死んでしまったかもしれない。

ホアキンがニューヨークで最初に就いた定職は「船会社」だったが、これは思うにフェリー会社のこと。二〇〇一年九月一一日にハドソン川で船に乗っていたときに、飛行機がツインタワーに激突するところを目撃した。何が起こったかもわからぬままにボスは労働者を駆り集め、救援のため市中に向かう準備をするよう皆に告げた。現場に着いた頃には、すでに二つ目のタワーも倒壊し、どこもかしこも見渡すかぎり瓦礫と埃だらけだった。自分がどこを歩いているかもよく見えないほどだった。船は二週間、グラウンド・ゼロとを往復し、石油流出事故でよく使われる黄色い作業服とマスクをつけた労働者たちをせっせと運んだ。夜になると、彼らも船も高圧洗浄機のホースで水をかけられ洗浄された。彼はそこで自分のやった仕事を誇らしく思っている。「あの場所に出入りする人間には、身分証明書（ＩＤ）をくれるんだ。ＩＤを返却するはずだった日のことはよく覚えてるよ。返すことができなくてね。なぜかできなかった。グラウンド・ゼロで自分が働いた記念にとっておいたんだ」。

それからある日、青天の霹靂だったが、船会社のオーナーがメキシコ人の労働者全員を集めてこう言った。「申し訳ないが、君たちとこれ以上働くことはできない。移民関税執行局〔ＩＣＥが成立する前だった〕に見つかる危険があるし、そうなったら罰金を課されてしまうのでね」。それから、彼らを突然解雇することから雇用主を免責するものと思われる書類にサインさせられた。ホアキンはサインする前に書類の中身を読まなかった。ほかの男たちも読まなかった。「まったく後悔してるよ。書類の写真もコピーもとっていなくてね。手紙を読みさえしなかった」。これはコレクティーバ・ポル・フィンも、そして日雇い労働者のために同団体が実施する研修の「自分の権利を知ろう《ノウ・ユア・ライツ》」も、まだなかったときのことだ。もう二度と自分にこんなことはさせないとホアキンは強い口調で言う。「彼らのおかげで労働者の権利というものに目覚めたよ。以前より物事がわかってきたから、これからは読みもしないで何かにサインしたりしないよ」。

船会社から解雇されると、ホアキンはこの界隈にやってきた。現在は日雇い労働者だ。

二〇一四年一〇月二九日の夜にハリケーン・サンディが襲来したのは、ちょうど大西洋とニューヨーク港がともに満潮に達したときだった。[*12] その晩の高潮によって南岸沿いの水位はすでに常時より五フィートほど上昇していた。しかも、それはただの高潮でなく大潮で、つまり、その日は満月で、周期的に変化する潮がその月の最高位に達することを意味し、通常の嵐で観察される高潮の最高位よりもさらに〇・五フィートほど高くなっていた。最大の威力を得たサンディは幅一〇〇〇マイルで東海岸を通過し、ハリケーン・カトリーナの三倍の大きさになった。それはいわば疾風と、海の気まぐれな狂った力が繰り広げる壮大なスペクタクルで、ニューヨークの人工の砂丘や護岸は、このハリケーンのすさまじい威力をやや鈍らせたにすぎなかった。

ハリケーン・カトリーナの後始末がハリケーン・サンディの見本になった。ハリケーン・カトリーナが去ったあと、ニューオーリンズで復旧作業に当たった人員の約半数はラティネックスで、その半数以上が不法移民だった。彼らは最も危険な仕事を最も安い賃金で担った。手袋もマスクもつけずに遺体を回収した。有害な水に腰まで浸かって進んだ。同じ頃、ニューオーリンズの市長レイ・ネイギンは、部屋に集まったビジネス界のリーダーたちにこう尋ねていた。「ニューオーリンズがメキシコ人労働者で溢れるのを防ぐには、どうすればいいでしょうかね？」[*13] それは無理な相談というものよ。

ハリケーン・サンディの襲来後、最初に現場に駆けつけた最大の撤去復旧の請負業者はアシュブリット・エンバイアロンメンタルだったが、この会社はカテリーナ襲来後に政府からの受注で得た五億ドルを無駄にしたことで、いまやその名を知られることになった——地元の請負会社よりも四四パーセントも高い金額を請求し、一立法ヤードにつき受けとった二三ドルのうち一〇ドルしか下請業者に支払わず、さらにそこから作業員はほんのわずかばかりの賃金を受けとっただけ。[*14] 加えてこの会社は、環境保護庁（ＥＰＡ）によってスーパーファンド法（米国の環境保護法の一つ）に則って汚染地域に指定される羽目になる二つの現場を、ずさんな作業のあとに残していった。[*15]

ともあれ、ハリケーン・サンディで死者が出たのは、請負業者が到着する前のことだ。最初に亡くなった人たちのほとんどは溺死だった。溺死者は四〇人、その半数は自宅の中で溺れていた。[*16] スタテンアイランドの住民の大半が避難命令を無視したけれど、その理由は、前年にハリケーン・アイリーンが来たときも避難命令が出されたのに、嵐は結局スタテンアイランドをよけてニューヨーク州でもアップステートの方に上陸したために、この地区にはいっさい被害がなかったからだ。今回、避難命令が出たときにスタテンアイランドの半分は避難区域Aに指定されていて、つまり半分はとくに洪水に見舞われる恐れがあるということで、市の職員がこの地域の住民に電話やテレビでの告知、戸別訪問などで避難を呼びかけていた。自治体によれば、州兵も台風の通り道になる地区で戸別訪問に加わった。だが活動家の話では、制服姿の人間が時を選ばずドアというドアをノックするのを見かけると、移民たちは不安を感じた。書類を持っていない《アンドキュメンテッド》となるとなおさらだった。

ハリケーン・サンディはアメリカ国内で六二〇億ドルの被害をもたらし、一二五人の命を奪い、七五〇万人が停電の影響を受けた。[*17] 市はこの種の災害に備えた準備をしておらず、援助の提供にも遅れをとった。手助けすべく真っ先に現場に駆けつけたなかに、日雇い労働者たちがいた。「危機が起きたときに最初に行動を起こすのは日雇い労働者であることも珍しくありません」と労働組合のオルグの一人ペドロはわたしに語った。

ペドロ・イトゥラルデは四一歳のチリ人男性で、コレクティーバ・ポル・ツィンの理事を長く務めたのち、現在はヌエストラ・カリェの指揮をとっている。彼はちょうどチリへの出張から戻ったばかりでこの嵐に遭遇した。そしてただちに行動に出て、日雇い労働者を集めてボランティアの救援部隊を組織し、現場に常時四つか五つの部隊を派遣した。彼らは浸水した地下室を掃除し、倒れた樹木や枝を取り除き、フェンスを修理し、汚い水に膝まで浸かって家具を外に出し、壁板をはずし、瓦礫を片づけ、やらなければならないことは何でもやった。[*18]

わたしが会った日雇い労働者たちは、誰も彼もペドロのことが大好きで、彼を信頼し、彼のことを口々に褒めそやした。彼はスタテンアイランドの移民社会の名物で、いわばゴッドファーザー的存在——まだ年も若いし、ゲイであることも隠さず、しかもここが全員男性のラティネックスの日雇い労働者のコミュニティであるにもかかわらずね。どんな手を使えばそんなにうまくやれるのか本人に訊いてみた。「これまで差別されたことがあるかと尋ねると、全員がイエスと答えるんだ」とペドロは言う。「それで、ＬＧＢＴＱのコミュニティもまったく同じように差別されていて、だから偏見によって傷つけられてきた同士なんだから、ほかの誰も傷つけないことがあんたらの務めだと話すんだ。そうすると皆わかってくれる」。これは、わたしが訪問や電話やパソコンやスマホからのメールやメッセージ、さらには正午に彼のオフィスにカプチーノと菓子のフランを届けさせるといった賄賂も送り、この三年間に彼と頻繁にコミュニケーションをとるなかで、ペドロが唯一進んで教えてくれた個人情報だった。自分に注目が集まるのは好まない人物なの。

　ペドロがハリケーン被害のためボランティアの救援部隊を組織しようと思い立ったきっかけは、政府の運営する復旧センターに出向いたラティネックスのニューヨーカーたちから次の話を訊いたからだ。彼らは警備員たちから「あんたらはここの人間じゃないだろう」とか「ここの出身じゃないくせに。嘘をついてるのはわかってるぞ」などと言われて追い返されたのだという。「ウォール街を占拠せよ《オキュパイ・ウォールストリート》」（二〇一一年ウォール街で始まった大規模デモやその主催組織の呼び名）の元活動家たちがつくった「オキュパイ・サンディ」という組織が、この労働者センターに寝袋や電池、トイレットペーパー、懐中電灯などの支援物資を寄付してくれた。ニューヨークに住むメキシカンポップスのスーパースターであるタリアも同じことをしたし、支援メッセージで日雇い労働者を「わたしのブラザーたち」と呼んだ。男たちは支援物資をコレクティーバ・ポル・フィンのロゴをあしらった明るい黄色の引き紐つきバッグに詰めた。これはペドロが考えた「チームビルディング」のための活動で、ペドロはチームのメンバーに「トラストフォール」をさせることでもよく知られている。黄色のバッグはスタテンアイランドの海岸沿いの地域住民のあいだで有名になった。ペドロが教えてくれたんだけど、ある女性が地元のラジオ番組に電話をかけ、行政がちっとも対応してくれないと訴え、組織化されていたのは日雇い労働者だけだと話したという。「僕たちは二四〇世帯の家族を助けたんだよ」と彼が言う。「それは本来、行政の仕事なんだけどね」。

コレクティーバ・ポル・フィンは海岸沿いにテントを設置し、そこで労働安全衛生局(ＯＳＨＡ)の研修を毎日開き、替えの必要な作業員にベストやマスクを支給した。そうしたことが地域のコミュニティとの友好な関係を築いた。警察の地元の分署長が男たちに会うためコレクティーバ・ポル・フィンのオフィスに顔を出すようになり、ペドロも日雇い労働者数人を自治体議会の集会に連れていった。男たちが公の場で排尿したり、女性に大声で話しかけたりしてこの界隈の品位を落としていると地域住民から苦情が出ると、労働者たちはこう返した。「そんなことをするのはたった一人の人間かもしれません。このわたしを見てください。わたしたちを見てください。全体としての日雇い労働者がそんな振る舞いをしているわけではありません」。

嵐が去ったあとの最初の仕事は、ごみや瓦礫を片づけることだ。壊れた壁などの大きな建造物を取り壊し、土砂を撤去する。おおかたのボランティアとは違って、日雇い労働者は多種多様な復旧作業を行うスキルを持ち合わせていた。たとえば、ペンキ塗りや電気の配線、造園などの専門的な仕事だ。困っている住民を助けるだけでなく、労働者たちは情報を交換し合い、今後の仕事につながることを期待して住民に自分たちのスキルの見本を示したんだけど、多くの住民は無償で労働を提供してもらっただけで、彼らにふたたび連絡してくることはなかった。家の持ち主のなかには、掃除に必要なもの、たとえばマスクどころか、モップやゴミ袋すら提供してくれない人もいて、そんなときはボランティアの作業員が自分で揃えなければならなかった。

ホアキンもハリケーン・サンディが襲来したときにボランティアを務めた一人だ。最初のうち復旧作業を行う毎日は、いつもの仕事日とさほど変わらないものだった。朝起きて、ボデガでバターロール一個とミルクと砂糖入りのコーヒーを買ってから（ブラックコーヒーを飲むのは週末の、ビールを飲んだ翌朝だけだ）仕事に出かけた。週に七日働いた。体が大きいので、まずは住民が家の中の物をすべて外の通りに出すのを手伝った。海水に浸かったどんなものも運んだが、大半は家具だった。地下室にも何度も入ったが、配線に電気がまだ通っている室内に足を踏み入れるたびに、部屋が真っ暗なことが多いせいもあってちょっぴり怖かった。町中《まちなか》で一日がかりの長い作業を終えると、借りているワンルームの自室に戻って、エプソムソルトを入れた風呂にゆっくりと浸かり、ミルクに砂糖入りのマグカップ一杯のオートミールの食事をすませ、テレビを観て、それからベッドに入った。バラエティ番組の終わりに間に合うこともあるが、たいていその時間はスペイン語のニュースしかやっていない。ハリケーンの被害を伝えるニュースを見ながらホアキンは眠りに落ちる。自分のことをサンディの復旧作業の立役者とまでは思わなかったが――それはいまも同じだ――それでもハリケーンの後始末でいちばんはっきり覚えているのは、年配の二人のアジア人女性に出会ったことで、彼女たちはひどくか弱くて自分たちでは何も運べず、眠る場所すらどこにもなかった。ホアキンは彼女たちに空気注入式のベッドを揃えてやった。それは彼にとって人生で特別に大切な思い出になった。

フリアンもまたボランティアとして働いた。スタテンアイランドのあちこちに出向き、ときにはニュージャージー州まで出かけて、助けの必要な人がいないかドアをノックしてまわったと懐かしく振り返る。ところが復旧作業が順調に進んでくると、島の住民が日雇い労働者のことを忘れてしまったのが悲しかったという。自分はもう用済みなのだと思うこともあるが、住民に腹を立ててはいないし、彼らを助けるのに時間を使ったことを後悔はしていない。「怖かったよ。見渡すかぎり惨憺たるありさまでね、持ちこたえられなかった友だちもいた。体を壊した人たちもいた。でも俺たちは助け合って乗り越えたんだ。俺たちもコミュニティの一員だって感じたよ。やっとこの土地の人間になれたってね」。

ある朝、労働者センターの外にいたら、日雇い労働者が何人か寄ってきて、どうしてわたしがここにいるのかと尋ねてきた。これまでとはまったく違うかたちで皆さんのことを書くためなんです！とわたしは答えた。彼らには一つ注文があった。自分たちについて本当のことを伝えてくれないか？新聞でいつも目にするような話、瓶の中に小便をしたり、通りすがりの女性に冷やかしの口笛を吹いたりといった話ではなくて、本当のことを。ええ、もちろん、と約束した。いつだって、できるかどうかもわからないうちから、わたしは約束してしまう。

それから何ヶ月か過ぎたあと、わたしはウバルド・クルス・マルティネスの話に思いがけず行き当たった。ウバルドはアルコール依存症で、わたしが話を聞いた日雇い労働者の多くは彼のことを直接知っているか、噂程度には知っていたが、それでも皆、彼のことを話すのを頑なに嫌がった。自分たちの評判をかなり気にしていたし、しかもこの男はアル中のホームレスで、ハリケーン・サンディが来たときにおそらく飲んだくれていて地下室で溺れ死んだのだ。彼らはウバルドのことを気の毒に思っていただろうか？　それはたしかだ。彼のせいで彼らはバツの悪い思いをしただろうか？　おそらくは。

ウバルドは汚い水に浮かんでいたのを発見され、遺体はメキシコの彼の故郷、サン・ヘロニモ・サヤカトランに送り返された。教会の鐘が夜中の一時に鳴り、自分たちの仲間が帰ってきたと告げた。[*19]

町の住民は、友だちもなく墓にすがって泣く者もおらずに死んでいくなど惨めな話だと噂した。

一〇月三一日、死のときが迫る前に、ウバルドがコンクリートの建物の壁に寄りかかって体を支えていると、砂利道に小さな三日月型の毛のかたまりがあるのが目にとまった。雨はすでに激しく降っている。近づいてみると、それは小さな痩せこけたリスで、銅線がきしむような声で鳴き、腹のあたりに怪我をしている。道に迷った、自分と同じはぐれものだ。しのつくような雨が斜めに降りそそいできた。彼はリスをそっと拾いあげると、無断で住みついている地下室に降りていった。それから酔いを冷まそうと自分のためにネスカフェを淹れた。リスの体に触れると冷たかったので、靴箱に入れてやって、自分の靴下をオーブンで温めてから箱の中に詰めた。戸棚にコンデンスミルクがあったから、レンジで温めた。スポイトがなかったから、ストローでリスにミルクをあげた。まず自分の口でミルクを吸いあげてから、ストローの先に指をあてて塞ぎ、それからリスの口の、ウサギみたいな歯と歯のすきまにストローをさしこんで、ミルクを一滴ずつ流しこんだ。今夜この地下室を出ることはないだろう。どこにも行くところはなかった。自分は誰からも必要とされていない。とうの昔に愛想をつかされてしまった。メキシコには子どもたちがいた。あの子たちは父親をなくすんだな。心臓が早鐘を打つ。両手がじっとりと湿ってきた。地下室に徐々に水が溢れてきたが、リスを撫でていると心が静まった。サッカー選手のギジェルモ・オチョアのジャージを着て、細い金のチェーンをつけると、この先に来るものを待つ覚悟ができた。リスを撫でているうちに水が肩のあたりまで来たので、水の中を一歩一歩踏みしめるように歩いた。靴箱をしっかり抱えて頭の上に掲げた。いかなる生き物も一人ぽっちで死なせてはならない。

これは現実に起きたことなのだろうか？
わたしたちはギャングの一員なのか？
わたしたちは社会保障番号を盗んでいるのか？
わたしたちは自分の子どもを国境を越えて人身売買しているのか？
この本は本当にノンフィクションなのか？

想像してはいけないだろうか。たとえ飲んだくれていても、彼には優しいところがあったのだと。たとえ自分が傷ついていても、彼は勇気をふるうことができたのだと。冒瀆や中傷をさんざんに浴びたわたしたちの死者ウバルド・クルス・マルティネスの名誉を、こんなかたちで回復させてどこがいけないというのだろう。

# 第2章　グラウンド・ゼロ

二〇〇一年九月一一日の朝、世界貿易センターのノースタワーが倒壊しておよそ一四〇〇人の命を奪ったあと、消防士たちが建物の設計図や平面図――それには乗っていた人間もろとも崩れ落ちたと思われるエレベーターや階段の場所に印がついていた――を持って現場に駆けつけた。彼らは生存者を探していた。GPSが遺体や遺体の一部が見つかった場所をパターンとして描きだす。けれども日にちは過ぎてゆき、瓦礫の中からはわずか一一人の生存者しか見つからず、[*1] まもなくわかってきたのは、このマッピング技術はもっぱら死者を見つけるために使われるだろうということだった。[*2]

　グラウンド・ゼロの火事はたちが悪く、消火にひどく手こずった。延々と深いところで燃え続けたし、酸素に触れ、ジェット燃料が染みこんで熱伝導性の高くなった何トンもの紙類や家具が燃料代わりになってしまうと、まためらめらと燃えあがった。NASAやアメリカ地質調査所のサーモマップを見ると、華氏一二九二度――摂氏ではちょうど七〇〇度になり、アルミニウムの発火点より高い――を超える温度で燃える瓦礫の帯がいくつもあった。[*3] 二〇〇一年一二月三日には『ニューサイエンティスト』誌がこれを「歴史上最も長く燃えている建築物火災」と呼んだ。[*4] 当局はグラウンド・ゼロをあいかわらず「救助活動《レスキューオペレーション》」と呼んでいたが――つまり生存者が見つかる可能性はまだあると匂わせていたものの希望を持ちつづけることはできず、だからといって一六エーカーすべてを水と防炎剤に浸すこともできず――とうとう一〇〇日目に最後の炎が消火されたときに、救助活動と呼ぶのをやめた。

　救助隊員たちは、グラウンド・ゼロに一六エーカーにわたって残された瓦礫を「山《パイル》」と呼んだ。パイルの中の粉末状になった瓦礫には、一五〇種類を超える化合物や成分が含まれていた。石膏や漆喰、滑石、合成発泡材、ガラス、塗料片、炭化木材、スラグウール（断熱・吸音材）、五万台のコンピュータに含まれていた重さ二〇万ポンドの鉛、五〇万本の蛍光灯に含まれていた金と水銀、二〇〇〇トンのアスベスト、九万一〇〇〇リットルのジェット燃料などなど。死亡した三〇〇〇人近くの人間は、この瓦礫のほんのわずかな一部を占めているだけで、身元を確認できる遺体や遺骨が見つかる確率は一〇〇〇兆分の一以下だった。[*5] 山《パイル》は燃え続けたあげく完全な廃墟になっていた。

　最初に駆けつけたのは、消防士と救急救命士だった。

　次に駆けつけたのは、不法移民たちだった。

　ルセロ・ゴメスはソーシャルワーカーで、全員ラティネックスで大半が不法移民のグラウンド・ゼロの元清掃作業員を対象に、非公式のグループセラピーを主催している。ルセロがわたしに教えてくれたところでは、九・一一の直後くらいに不法移民たちに電話がかかってきた。それは「仕事が欲しい不法移民たちのいわば地下ネットワークといったものからでした。彼らは夜に電話をかけてきて、明日仕事があるから働きに来い、と言ったんです」。ニューヨーク市は請負業者を雇ったが、それは英語しか話さぬ白人のアメリカ人たちだった。その請負業者がさらに下請け業者を雇ったが、下請け業者の多くはアメリカの市民権というゴールデンチケットを持つバイリンガルのラティネックスで、彼らはほかの移民たちにいかにも仲間のようなふりをすることができたけど――「私たちは君たちとそっくりさ！　君たちと同じ言葉を話すしね！」――そうして結局は、思いもよらぬ虐待をしてくる。当時、大型バンが何台もクイーンズからロングアイランドに向かっていった。車はナッソー郡とサフォーク郡を抜けて、移民たちの住む飛び地をあちこちまわり、グラウンド・ゼロに運んでいく日雇い労働者を探す。労働者たちは大半が東欧系かラテンアメリカ系だった。女たちはたくさんの者が、ロウアーマンハッタンのオフィスやアパートメントの掃除をしていたから、この界隈をよく知っていた。皆、自分たちが塵埃《ダスト》を除去するために呼ばれるだろうとわかっていた。塵埃《ダスト》はずいぶんとたくさんあったから。

二〇〇一年、ミルトン・バリェホは世界貿易センターで夜間の警備員として働いていた。ミルトンは背の高い物静かな男だった。九月一一日の朝、友だちでもある昼番の警備員たちが引き継ぎに来たので、軽く冗談を交わして、それから地下鉄駅に向かった。地下にいたときにニュースが飛び込んできた。息ができなくなった。大急ぎで家に戻りテレビのニュースをつけた。彼は神に祈った。助けに行かなくては。それが自分の務めだ。それに仕事は仕事だ。翌日、いまではグラウンド・ゼロと呼ばれている世界貿易センターに戻った。この場所に入るために人びとが長い列をつくっていた。書類を見せろと言われないだろうか――あのテロリストたちは外国人だったからな――と心配になって、ミルトンは列を離れた。列を監督していたどこかの職員――どこの職員かは思いだせない――が彼のところまで来て、どうして列を離れたのかと尋ねてきた。ミルトンは口ごもった。それから、自分は合法的にこの国にいるわけではないから、と答えた。列に戻って、と彼女が言った。順番が来ると、彼女は白紙に彼の名前をサインするように言い、そのサインと彼のコロンビアのパスポートのサインとを見比べた。「おれたち全員に白紙にサインさせて、それからそのサインを、何でもいいから俺たちが持っている身元を証明できるものと比べていた。それから俺たちを中に入れたんだ」とミルトンは語る。最初、そばで見ていた人たちは彼らが働くのを見て拍手を送った。彼らの写真を撮った。それから現場が清掃作業員で混み合ってくると、彼らのほとんどがラティネックスであるのがはっきりわかった。見物人の中には、今度は「帰れ！　帰れ！」と叫びだす者までいた。

「西部劇みたいだった。まるで砂漠そのものさ」とミルトンが振り返る。「どこを見ても埃と水だけで、明かりはどこにもなかったんだよ」。彼は地下室の掃除を割り当てられ、地下室では腰まで来る汚れた水や化学物質の中を苦労して進んだ。野菜を入れるビニール袋を履いて足首のところで結わえた。この粉塵を掃除することほど厄介なものはなかった。目に入って視界が奪われるし、濡れた服にべっとりと張りつく。ゴーグルも支給されなかった。下請け業者からマスクをもらったが、薄っぺらですぐに破れた。数日働くとミルトンは粘膜から分泌されるねばねばする液をつばとして吐くようになった。喉の奥を何か――湿っているようでもあり乾いているようでもあるもの――に引っ掻かれる感じがした。それでひっきりなしに咳払いしなければならなかった。一週間経って下請け業者から最初の給料分の小切手をもらった。一二時間交替で働いて一日六〇〇ドル。ときには一二時間を超える日もあった。だが小切手を換金しようとしたら不渡りになっていた。

　わたしが初めてミルトンに会ったのは、二〇一一年に開かれたルセロのグループセッションに顔を出したときだ。その日の集まりはもっぱら、九・一一犠牲者補償基金、そして九・一一の清掃作業者への医療提供を約束するジェームズ・ザドロガ九・一一健康補償法[†*6]について話し合うことに当てられた。

ルセロのセッションに参加した人たちは、全員が病気にかかっていた。彼らはマウント・サイナイ病院とベルヴュー病院が発行した診察券を持っていて、そこで治療を受けている。多くが癌を発症していた。それから鼻炎、胃炎、関節炎、重度の胃酸逆流、喘息、高血圧、背部痛や腰痛にかかっていた。PTSD、不安障害、うつ、パラノイアにもかかっていた。彼らの精神症状は、バーベキューの匂い、暗闇、自然災害の報道などが引き金になって起きる。このグループはいろいろな点で彼らの助けにはなっているけれど、ルセロは一人だけだし、一人では運営もままならない。ミーティングが開かれるのは不定期だ。

二〇一七年の初めにふたたびこのグループを訪問すると、誰も彼もが口にするのは強制送還の話だった。ルーデスという名の長い髪を二本の三つ編みに結わえた女性が、皆にくれぐれも注意するよう呼びかけていた。税関・国境警備局（ICE）の係官が近づいてきたらすぐに見せられるように、病院の診察券はもとより処方薬の瓶も持ち歩いた方がいいと忠告する。一度、ICEが彼女の家に入ってきたが、地元の病院の世界貿易センター作業員プログラムで治療を受けていることを証明できたので、手出しされずにすんだ。たまたま係官がいい人だったから、と彼女は言う。誰もがいつなんどき強制送還されてもおかしくないのだ。

---

† ジェームズ・サドロガは世界貿易センタービルの残骸での有毒物質への曝露が原因で最初に殉職したニューヨーク市警の警官。二〇〇六年没。その名をとった法案。二〇一〇年になって連邦上下両院を通過した。

ルセロはこのグループをまとめきれておらず、参加者たちはかなり騒々しかった。誰もが互いを説得しようとするし、席に座りながらスマホで大声で会話もする。エンリケという男性だけは、ミーティングのあいだずっと静かだった。その日は自分には何も起きなかったし、とにかく生きながらえることができたからだ、と彼がわたしに話してくれる。薄いウインドブレーカーの前を開けていて、上着の片側を何度も顔の近くに持っていっては、ストローで何かちゅうちゅう吸っている。茶色の紙袋に包まれた瓶が内ポケットに入っている。

エンリケは清掃作業による影響をとくに感じていないというが、それは本当じゃない。年がら年中グラウンド・ゼロのフラッシュバックに襲われている。ほんの数週間前、ブルックリンで六フィートの梯子の最上段で作業をしていたときも、フラッシュバックに襲われた――突如、暗闇の中、臭くて冷たい水に浸かり、周囲には落ちた照明器具や粉々に割れたガラスや灰が散乱し、布類や家具に染みこんだ白カビや化学物質の強烈な臭いが鼻をつく。彼ははしごから転げ落ち、腕の骨を折った。「突然、たとえば猫とかね、まるでなんてことないものが怖くなるんだよ」と彼が言う。

グラウンド・ゼロの仕事にエンリケを雇ったのはグッド・シャイン・クリーニングという会社で、オーナーはコロンビア系アメリカ人の夫婦だった。二人ともアメリカ市民だ。「清掃の仕事を待つ列には数百人が並んでいて、こうした会社は誰かれかまわず選んでトラックに詰めこむんだ」とエンリケが振り返る。「請負会社を所有するアメリカ人は、全員が白人だ。彼らは下請けにヒスパニックの人間を雇い、その連中が労働者と直接取り引きする。アメリカ人の請負業者が作業現場に来ると、下請けの連中は彼らをまるで神様みたいに扱うのさ」と彼は言う。「俺たちがしゃべってたら口を閉じろと言われ、音楽を聴いていたら消さなきゃならない。彼らに敬意を表して作業を中断までするんだ。

彼らは高価な服を着て高級車に乗ってきて、現場に来ても俺たちにはいっさい話しかけない。俺たちを見もしないよ。話すのはヒスパニックの下請け業者とだけだ」。請負業者は仕事のやり方にプランテーション方式を周到に採用し、ラティネックスの仲間意識とやらにつけこむ。自分たちに気を配ってくれる人間が命令系統にいると労働者たちは考えるが、皮膚の色《メラニン》も訛りも下請け業者と労働者を結びつける役には立たない。

このセラピーグループに精神疾患に苦しむメンバーがいると知ってたから、どんな治療を受けているか、パニック発作はどんなふうなものか、とやんわり尋ねてみると、教えてくれはしたが、少しばつが悪そうだった。わたしたちのコミュニティでは、病気になるのは弱いからだという考えが根深く残っている――自助努力《ブートストラップ》という胸に刻み込まれた神話のもたらす症状と言ってよい。「わたしには強がらなくていいですよ」と声をかける。結局、わたしたちは互いに心を開くようになっていった。

ミルトンは九・一一のグループセラピーの会合にたびたび顔を出していて、何年かぶりにまたわたしの顔を見かけると、軽くおじぎをし、わたしの手にキスをして「おかえり、セニョリータ・カルラ」と声をかけてくれた。ミルトンはいま薬物治療を受けていて、効果はあるものの、治療を始めた当初はかなりひどい状態だった。「自分で命を絶とうとしたよ」と彼は言う。九・一一のサバイバー数人を診ている心理学者が、薬の過剰摂取をやめるよう電話で説得し、あなたは愛されているのですよと言って彼を落ち着かせた。ミルトンは精神科医にもかかっていて、その医師は以前に線路に身を投げようとした彼を説得して止めたこともある。

ミルトンはやけに改まった、独裁者の響きを感じさせる口調で話す。それがフィデル・カストロのもう一人のなりそこない、つまりはパパを思い起こさせる――そしてもう何年も前に、わたしが五歳だった頃、パパと再会したときのことが脳裏に浮かんでくる。そのときわたしはパパに初めて会った気がした。そしてパパが最初にしたことの一つは、わたしを動物園に連れていくことだった。それは行き当たりばったりの、とはいえまさに格好の計画で、わたしたち自身もこの地球上にいる同じ動物に変わりはないことをあらためて思いださせてくれる体験だった。

　クイーンズ動物園に一緒に行かない？　とミルトンを誘ってみた。いいよ、とミルトンが答えた。クイーンズ動物園にライオンはいない。ライオンはミルトンが贔屓にするサッカーチームのマスコットだ。ミルトンは以前、コロンビアでプロの選手だったし、その後はここ何年も移民の男たちのサッカーリーグに入って公園でプレイしていたけれど、九・一一後に喘息と診断され、サッカーをやめなければならなかった。ミルトンにとって捕らえられた動物を眺めるのは複雑な気持ちがしていたみたいだが、それでも動物園で写真をたくさん撮っていた。動物園に来るのは初めてだというので、ブロンクス動物園に連れていってあげればよかったと後から思った。あそこはもっと広いし、どこをとっても、ここよりもっと良いところだ。ここにいる動物と言えば、コヨーテ、アメリカアカシカ、フクロウ、ピューマ、オオヤマネコ、ハクトウワシ、ツル、ワニ（季節による）、バイソン、レイヨウ、ヘソイノシシ、ハシブトインコ、それからアンデスグマくらい。その日は寒くて風も強く、外で過ごすのにもってこいの日ではなかったから、ミルトンは白のダウンベストにクリーム色のコートをはおり、白のスニーカーを履き、グレーのチェックのスカーフを巻いていた。わたしもダウンコートを着ていて、ときおり動物展示用のガラスに自分たちの姿が映ると、通りすがりの人はわたしのことを彼の娘と思うかな、なんて考えた。

　わたしたちは絶滅動物の墓地の前まで来た。そこはまさにその名にふさわしい場所だった――地面に立つ墓碑には、それぞれ絶滅種の写真と絶滅した西暦年が添えてある。オレンジヒキガエル（一九八九年）、ドードー（一六八一年）、タスマニアンタイガー（一九三六年）、それからブタアシバンディクート（一九〇一年）。それは何かって？　この動物がまだ地上にいた頃、見た目はウサギの耳をした砂色のネズミのようで、カンガルーのような姿勢で立っていた――可愛いったらありゃしない。この動物たちがもうすっかりいなくなってしまったことをミルトンは心の底から悲しんでいて、アメリカの狩猟文化は大嫌いだとわたしに話す。「娯楽のための狩猟のせいで主の創造物が滅ぼされるんだ。神様が理由《わけ》あってお創りになったものを」と彼が言う。

神様が死ぬに任せたのも理由《わけ》あってのことじゃないのかしら？　とわたしが訊く。ミルトンにその答えはわからない。

ミルトンの人生で何より悲しかったのは、友人のラファエル・エルナンデスを失ったことだ。メキシコ人のボランティア消防士で、彼もまた九・一一のときに真っ先に現場に駆けつけた一人だった。ミルトンがラファエルと会ったのは交替要員のための休憩所で、そこで見かけたときにラファエルは青いヘルメットをかぶっていた。「何かの仮装《コスチューム》かと思ったよ」とミルトンが振り返る。ミルトンはラファエルにスペイン語を話せるかと尋ねた。「ああ、俺はメキシコ人だから」とラファエルが答えた。こうして二人は友だちになった。

ラファエルはメキシコで消防士をしていたので、メキシコの消防士のバッジを緊急対応要員《ファーストレスポンダーズ》に見せると、彼らはラファエルに支度をさせた。彼らはラファエルが外国人でも気にしなかった。猫の手でも借りたかったのだ。ほかの誰も彼もが建物から走って外に出てくるときに、ラファエルはノースタワーを駆けのぼった。すると破水した妊婦を見つけた。お願いだから置いていかないでと彼女に乞われ、彼はそうした。彼女をかついで二八階分の階段を駆けおりたと言われている。どうにか脱出できてまもなくタワーが崩れ落ちた。

ラファエルはグラウンド・ゼロに何ヶ月もとどまり、来る日も来る日も働いた。とうとう肺をやられて、寝るときに人工呼吸器が必要になった。彼が亡くなったのは二〇一一年、九・一一からちょうど一〇年が経っていた。ビニール包装された一枚のCDをミルトンがわたしに見せてくれた。フォークシンガーの友人が記念につくってくれたものだ。裏には、消えかかった二つのタワーの上に、ミルトンとラファエルの顔が描かれている。ラファエルの死因は「自然死」だと宣告され、当局はその後、正確には「アルコール依存症と肥満」という意味だと説明したが、ニューヨークのラティネックスの指導者たちは、いまだその声明を受け容れていない。[*7] 彼の遺体はメキシコに送り返されたが、臓器はさらに詳しく調べるためにニューヨークで保存された。亡くなる前に撮影された『フォックス・ニュース・ラティーノ』のインタビューで、ラファエルは名前を誤って「ファアン・エルナンデス――自ら選んだ故郷での英雄」と紹介されていた。[*8] カメラがアップで映したタトゥーだらけの上腕には、大きなアメリカの国鳥ハクトウワシとアメリカ国旗、マンハッタン中心部のスカイライン、ツインタワー、そして彼のイニシャルのR. H. Mex. が刻まれていた。

二人の友情はよく知られていて、クイーンズでは二人はゲイとの噂もあったほどだとミルトンが教えてくれた。ラファエルに会えなくて寂しいとミルトンは言う。あの場所にいることがどんなものだったかを真にわかりあえるただ一人の人間だった。ミルトンはもろもろに折り合いをつけようと『スエニョ・ペサディーヤ・パライソ（夢、悪夢、楽園）』という回顧録を書き終えている。タイトルについては自分でこう説明する。「わたしの夢は金なんかじゃなかった。コロンビアでは立派な仕事に就いていた。元の妻とわたしは戦争から逃れてきたんだ。パブロ・エスコバル（コロンビアの「麻薬王」と呼ばれた犯罪者）が引き渡される前に、復讐のためあちこちに爆弾を仕掛けるよう命じて、わたしは二つの爆弾をあやうく免れた——車に仕掛けた爆弾と地元のモールでの爆弾だ。だから、わたしの夢は平和な暮らしを見つけることだった。わたしの悪夢は九・一一、それからオフィスでの仕事を失って工場でひどい扱いを受けるはめになったこと——無学な人間みたいに扱われたことだよ。わたしの楽園は神を見出せたことだし、そして年をとったらコロンビアに戻ることが将来の楽園だね」。本を書いていることを以前ラファエルに話すと、この友人は自分たちの家のリビングの壁、つまりメキシコの自分の家のリビングの壁と、コロンビアのミルトンの家のリビングの壁とをつないじゃいたいねとよく言っていた。そうしたら壁をはさんで年寄り二人、それぞれ自分たちの本が書けるじゃないか、と。

ミルトンは、自分がグラウンド・ゼロで働いた不法移民の作業員たちの、ひょっとしたら不法移民全員の使者《メッセンジャー》として神に選ばれたのだと考えている。そう語るときの彼は真剣そのものだったから——しかもその語り口はこちらが自殺したくなるような哀れを誘うものではなくて、まるで母親の子宮の中に戻ったみたいな気持ちにさせられる自信たっぷりのものだったから——彼の話を信じこみたくなる。この話を友人たちにしてみたら、それは狂信的《ファナティズム》な考えだと言われたけど、わたしはそうは思わない。そうよ、わたしは彼の話を信じている。

わたしたちの最初の喪失は二〇〇一年九月一一日に起きた。その数年後、わたしが大学一年だったときに食堂でよく話題になったのは、九・一一のときに自分はどこにいたか、というものだ。その日にニューヨークからどれほど離れた場所にいようと、その日と自分とのつながりがどれほど遠かろうと、その日に自分の失った人の数が皆無であろうと、あなたが白人だったなら、九・一一とは、ひりひりするような激しさをもってあなた自身の身に起きたことだった。アメリカ人のアンチテーゼは移民であり、世間から見たらわたしたちは被害者にはなれないから、わたしたちは容疑者になった。というわけで九・一一は、移民の状況を永久に変えてしまった。ムスリムとシーク教徒はヘイトクライムの標的になった。ＩＣＥは九・一一による被害妄想の産物だった。所詮は移民規制を目的とした「セキュア・コミュニティーズ」というプログラムは、地元警察に国土安全保障省と情報を共有するよう要求した（このプログラムにより、連邦、州、地元の法執行機関のあいだでデータが共有されるようになった）。移民収容施設が民間刑務所会社によって管理されるようになった。そしてニューヨーク州は、大半の州と同じく不法移民の運転免許を打ち切った。[*9]

　このことについてわたしはしょっちゅう考える。あれはパパが死に傾斜し始めた夜のことだった。覚えているのは、仕事から帰ってきたパパを、わたしが玄関で出迎えたときのこと、それはおかえりなさいのキスをして、パパから祝福してもらうため。この習慣を知っているだろうか？　わたしはエクアドル人しかこれをするのを見たことがない。年長者のところに行って「ベンディシオン（祝福を）」と言うと、彼らはキスをしてくれるか、あなたのおでこと胸のあたりで十字を切って「ベンディシオン」と返してくれる。これは「こんにちは」や「さようなら」のようなもので、その意味は、あなたの現在の状態は呪われていて、年長者ならその呪いを解くことができるのだが、それはほんの少しのあいだしか効果がないから、つねにお願いしつづけなければならない、というもの。そこでわたしは裸足で戸口に立つと、「お帰り、パパ。ベンディシオン」と言った。パパはゆっくり歩いてくると、おかしな角度でわたしの方に身を傾けたが、それは子どものわたしから見れば派手に転んだとしか思えないものだった。パパはわたしに倒れかかり、わたしの首筋にすがって泣きだした。わたしはまだ小さかったのに、そんなことおかまいなしだった。つまりパパは崩れ落ちたのだ。暴君だったパパがおいおいとむせび泣いている。パパはわたしに一通の手紙をさしだした。手紙には英語で、ジョージ・パタキ州知事が国家安全保障措置の一環として不法移民の運転免許を一時取り消す、と書かれていた。パパはタクシー運転手の仕事をたったいま失ってしまった。パパは州発行の身分証明書も失った。それから二〇年のうちにパパはさらに多くのものを失うことになるのだが、この記憶の地図の一点に、ひとまず小さな青い画鋲を留めておこう。わたしたちが訪れた地獄の最初の入り口にね。

パパが崩れ落ちるのを見るのはつらかった。パパはわたしの知るかぎりいちばん強くてたくましい人だったから。わたしがそれまで生きてこられたのはパパがいたから。パパは気難しい人間で、わたしのことも気難しい子どもだと承知していた。わたしはお行儀が良かったし、権威ある人たちに褒めてもらいたくてしかたない子どもだったが、暗くて早熟なところもあった。早熟と言っても「うちはトライベッカに住んでいて子どもは生まれながらにアーティストなの」って感じの早熟とは違う。それよりも「うちの移民の小学三年生はヘミングウェイを読んでいるけれど自殺できると思ってこっそりリステリンと歯磨き粉を吐くまで飲んでるの」って感じの早熟だ。パパは問題のある子どもの育て方の本を何冊も読んだけど、その手の子どもは、先生が大好きで穏やかな話し方をするオールAの生徒ではなかった。それでパパは困惑して、本の中の子どもと違うことでわたしに腹を立てた。何かの休みでわたしが学校から解放されるたびに、パパは三〇分刻みでわたしのために一日の計画を立て、お風呂の時間からテレビの時間、塗り絵の時間から算数の問題を解く時間、人形で遊ぶ時間、さらにはトイレ休憩まで何もかも決めた予定表をつくった。それをわたしのスケジュールと呼んで、グラフ用紙にカラフルな色ペンで手書きして、わたしの机にテープで貼りつけた。その頃は、ママは家にいて、わたしに有無を言わせずこのスケジュールを守らせた。わたしの気持ちが高ぶると、冷たいシャワーを浴びてこさせた。わたしの気分が落ちこむと、パパはわたしにランニングやローラースケートをさせた。それから動物や重要な政治家について調べる課題を出したり、聖書の一節を丸暗記させた。雑誌や新聞の記事をわたしのためにとっておき、手書きでノートに完璧に訳させた。正確に訳せたかどうかは判断できなくても、パパは習字の出来映えをチェックした。それほど長い年月《としつき》にわたって自分で考えることから遠ざけられていなかったら、このわたしはどうなってただろうか……わたしには判断できない。神様がパパを遣わしたにちがいない。だからわたしは、たぶん神様がミルトンも遣わしたにちがいないと思う。

パロマという女性はルセロのサポートグループでも年長のメンバーだ。「マンブルラッパー」みたいにわざとはっきり発音せずに低いしゃがれ声で話す。笑ったと思ったらすぐ泣いたりと忙しい。パロマは癌から恢復している途中で、一人暮らしで、深刻な心的外傷《トラウマ》を抱えている。ICEのやることが怖くてしかたなくて、医師の診察があるときも、捕まらないよう病院に走って出入りするという。走るのよ、と言ったものね。係官が家のドアまで来たときに備えて、アパートメントの外に監視カメラまで設置した。「あたしたちはこの国では邪魔者なの」と彼女が言う。「だからくれぐれも用心しなくちゃ」。

ある日曜日、クイーンズのカンブリア・ハイツにあるイエス聖心教会で朝の一〇時に開かれるミサでパロマと会うことにした。彼女はわたしが一緒に座るのを嫌がった。「終わってから外でなら会ってもいいわ」と彼女が言う。教会の中は二、三〇〇もの家族連れでいっぱいだった。わたしは後ろのほうの席に腰をおろした。

一九三六年にできたこのカトリック教会は、世紀をまたいで他の何よりも頼りになる存在だった。冷戦のピーク時にもここでのミサは執り行われたし、おそらく異端審問の宗教裁判の渦中でさえ執り行われることだろう。神父は肌が白く髪も白いが、席にすわった何百という人たちは褐色の肌で、髪もどこまでも真っ黒だ。この神父はある司教を嫌っていて、ある司教をすこぶる好いていた。どちらもアメリカ人の司教じゃないのだけれど。ときおり神父は、共産主義に短く毒づくさいに、会衆には聞こえないと思って（のことだとわたしは思う）、声を潜めて本題からはずれたことを口にした——「男みたいなイギリス女のマーガレット・サッチャー」とかね。それから「休暇で」故郷に戻ったさいに魔術に関わったり、伝統的な治療を受けたりしてはならないと会衆に釘をさしてから、会衆を祈りに導き、「教会が慈悲と恵みによって豊かになるよう」神にお願いしたあとに、献金皿をまわしていく。教会に来たのは久しぶりだったから、後ろの席は赤ん坊連れの母親など、出たり入ったりする人のために空けておくのをわたしはすっかり忘れていた（通路に立つ若い女性が抱いたダウン症の赤ん坊の泣き声が聞こえると、この聖職者は「あきれた交響曲《シンフォニー》が午前中ずっと聞こえていますねえ」ととげとげしい口調でつぶやいた）。今日読むのはパウロからの「エペソ人への手紙」。なのに嫌悪について聞かされるのか。わたしはやれやれと天井を見上げた。

パロマとは、教会の外に立つ白い大理石のキリスト像のそばで落ち合った。キリスト像は流れるようなローブをはだけ、その聖なる心臓をあらわにしている。イエスの聖なる心臓はまさに臓器の心臓として描かれている——突き刺され、燃え立ち、いばらが巻かれ、傷を負っていた。それはイエスのわたしたちに対する愛の力を表している。これをギャングスターがタトゥーに入れているのを見たことがあるし、わたしもけっこう気に入っている。

数ブロック先にあるコロンビア料理のレストラン「ラ・アシエンダ」までパロマと一緒に歩いた。子どもの頃、わたしの大好きだった店だ。店に行く途中、パロマは車の流れに何度も平気で近寄っていく。左右を見るどころか、まったくどちらも見ずに、クラクションを鳴らすSUV車の前に突進していく。わたしは何も言わなかったが、こっちよというふうに彼女と腕を組み、車にひかれないようときどき彼女を後ろに引っぱった。彼女は目が悪いわけではない。これは死の願望、フロイトのなんたらかんたらってやつかとも思ったけど、そのとき自分もほんの数フィート先しか見えないことに気がついた。通りの角という角で女たちが間に合わせのグリルでトウモロコシやケバブを炙り、まだCDを売っているレコード店からはクンビア（コロンビア起源のダンス音楽）が大音量で流れている。刺激過多で感覚が麻痺してくる。レストランまで歩いてすぐの距離だが、肺を患っているせいでパロマは息を切らし、話すのもつらそうだ。わたしも息が切れてきた。

レストランでパロマはラズベリージュースの入ったミルク、わたしはコロナビールを注文した。わたしが九・一一に話を向けようとすると、パロマはきまって泣き出してしまう。子どもの頃、わたしは泣くたびに両親から叱られ、叱責された――泣くのは弱虫だからだし、泣いて親を脅すつもりかと――だからわたしは誰かが泣いているのをあまり見たくない。気まずいしなんだか腹が立ってくる。だから彼女の眼が涙で潤むたびに、話題を変えた。パロマはロウアーマンハッタンの建物内の掃除をしてきた。そのなかには国際銀行や、皮肉にもかつての移民帰化局（INS）が入っていたビルもあった（INSは二〇〇三年にICEになった）。九・一一の朝、政府のとある建物の四〇階で働いていた時に、エレベーター内で火事が発生し――爆風によって世界貿易センター周辺のビル群も被害を受けた――そこで働いていた人たちは階段を降りて避難するほかなかった。途中で片方の靴が脱げたが、パロマはそのまま先に進んだ。清掃しにふたたび戻った時にも、建物にはまだ煙がくすぶっていた。「埃の上に座って食事もしたよ」と彼女は言う。「そうさ、あたしたちはヒーローだったけど、この仕事が危険だってことを知らされていなかった。あそこであたしたちを働かせるためさ。この先覚悟しなきゃならないことのリストを現場に貼っておいてくれたなら、中に入ったりなんかしなかったよ」。

パロマがかかった一連の疾患は、清掃作業者全員に共通するものだ――睡眠時無呼吸症候群、PTSD、うつ、不安、消化器系の病気。彼女には乳癌もある。あちこち骨が痛むので働くこともできず、発熱や悪寒、めまいにしょっちゅう襲われる。ザドロガ法によって賠償金の小切手が送られてくるのを待っていて、友だちの何人かはすでに受けとっているという。あの人たちは癌にもかかっていないないのによ。

パロマがコロンビアから逃げだした理由はよくあるものだ――経済不況、家族の破産、病気の母親を支えなくてはならないこと。でも別の理由もあった。「本当を言うと、あたしは逃げだす名人なんだよ」と彼女は言う。パロマは虐待する義父のもとで育った。一度、義父にひどくぶたれた後のこと、チャンスがあればすぐに逃げ出そうと心に決めた。それは一九七〇年代、コロンビアの小さな町でのことで、彼女は一六歳の少女だった。逃げだす方法はただ一つ、結婚するしかなかったから、そうした――最初にプロポーズしてきた男性と結婚したのだ。一七歳になっていた。「逃げるためにしたことだよ」と彼女は言う。それからすぐに妊娠し、結局、娘が三人生まれた。母親でいることは好きになれなかったが、それでも精いっぱいのことをした。でも時が経つにつれ、だんだんと不満がつのってきた。すべてが変わりはじめたのは、一五歳の娘のルーシーが妊娠して、娘のボーイフレンドに結婚する気がないとわかったときだ（「あんたを喜ばせるためだけにあいつと結婚しろっていうのか？」と少年はパロマに食ってかかった。そこでパロマは少年の顔に一発パンチをお見舞いした）。ルーシーは出産後すぐに立ちなおり、パロマに年中赤ん坊を預けてはボーイフレンドとデートしたりパーティに出かけたりした。パロマはおばあちゃん役は嫌だったし、フルタイムのベビーシッターになるのもごめんだった。「そんな人生を送りたくなかった。もううんざりしてたさ。あたしは都合良く扱われるタイプの女じゃないのよ」と彼女が言う。「あたしは母親になるためだけに生まれてきたわけじゃない。おばあちゃんになるためだけ、妻になるためだけに生まれてきたんじゃない。だから逃げだしたのさ」。孫娘とそれから娘三人（わずか七歳の娘も入れて）と夫を置いて、彼女はたった一人でアメリカにやってきた。

パロマの語るところでは、実の兄は入水自殺、いとこたちの一人は首吊り自殺で、もう一人はボゴタの高層ビルから飛び降り自殺をしたという。自分もコロンビアにずっといたらあとに続いていただろうかとふと考える。そんな考えを自分でも軽蔑してはいるけれど。「臆病者のすることだよ」と彼女は言う。「うちの家族はみんな弱虫だ。あたしはあの人たちほど弱くない。コロンビアで墓場行きになるくらいなら、ここで惨めな暮らしを送るほうがましさ。ここであたしは、たとえ泣き暮らしていたって、ともかく死んじゃいないんだから」。もう一度人生を送るとしたら、また子どもを欲しいと思うか尋ねると、パロマは長いこと考えて、その選択がありえたことをよく理解しようとした。「いいや」と結局彼女は答えた。娘たちには長いこと謝りつづけてきたが、捨てられたことで母親をひどく恨んでいるし、娘たちにとっては癒えることのない傷だ。コロンビアに戻ったとしても、パロマを待ち受けているものはその傷だろう……傷口をさらに広げるだけ。ジュースを飲み終えると、パロマはわたしに顔を近づけてきて、クルーズのことを話しはじめた。

クルーズは彼女よりほんの少し年上のキューバ人だ。若い頃はやんちゃで刑務所にも入ったが、いまは悪事とは縁を切っている。家具を運搬する仕事で彼女の家に冷蔵庫を運んだときに二人は出会った。彼はパロマのことが好きだと言って――クルーズは真っ正直な人間で、そこに彼女は惹かれたという――自分の電話番号を教えてくれた。半年経ったある晩、彼女は電話をかけてみた。「あたしは退屈してたのさ」とくすくす笑いながら彼女が言う。二人はカプチーノを飲みにいき、一晩中おしゃべりした。彼は彼女が抱える心の重荷、うつやパニック発作にもひるまなかったし、自分も男やもめになったばかりで彼女の存在が心の慰めになった。クルーズは結婚したいと思っているけど、パロマはコロンビアにいる夫と離婚するつもりはさらさらない。夫は妻が去ってすぐに、子どもたちのまだ一〇代だった子守と付き合いだしたが、それでも夫が死んだらパロマには年金の一部を受けとる資格があるからだ。年金はその子守の女性と折半するつもりだという。まったく憎めない女性《ひと》だ。

パロマは二〇一〇年に乳癌と診断された。医師たちは、この癌が九・一一後の清掃作業中に大量の有害物質に曝露されたことと関係しているにちがいないと考えている。それを聞いてパロマは悔しがり、希望を失い、自分は神に罰せられたのだと思った。子どもたちを捨てたことで神がわたしに罰を下したにちがいない。そんなことをする母親がどこにいるものか。彼女は教会にすがり、一心に祈るようになった。何時間もオンラインでキリスト教の映画を観るし、キリスト教のブログを読んでいる。「信者どころじゃない、あたしは狂信者だよ。目の前にイエス・キリストが見えるんだもの。あんたが見えるのと同じくらいありありとね」と彼女は言う。

クルーズは最初、医師の診察に付き添ってくれた。手術が終わると病室にこっそり隠れた。面会時間が過ぎても追いだされず彼女と夜を過ごせるように。けれどパロマにはだんだん死ぬ覚悟がついてきていた。そこで九・一一の犠牲者補償基金から受けとったわずかな補償金も入れた貯金を全部持って、パナマに一人で出かけていった。人生初の休暇だった。それからコロンビアに戻ったが、それはただ死ぬために、故郷で家族に囲まれて死ぬためにだ。そうするのが当たり前だと思ったからだ。諸手をあげて歓迎などされないのは先刻承知のうえで、実際そのとおりだったが、そうしたらコロンビアで受けた定期検診で医師から癌がすっかり消えていると告げられた。「なら、ここから出ていくわ！って言ったのよ」。そしてその言葉どおり彼女はさっさとバイバイした。それでアメリカに戻ってきたが、その手段をわたしはここでは明かすつもりはない。ラスベガスに着くと、クルーズがトラックを借りてニューヨークから何日もかけて迎えにきてくれて、彼女をニューヨークに連れて帰ってくれた。帰路の道中、七時間ぶっ通しで走っては、最寄りの街で車を停めてあちこちを見てまわった。「最高の旅だったな」と彼女は言う。「あたしの人生でもとびきり最高の時間。そんなことしてくれるなんて信じられる？」　ところがニューヨークでふたたび定期検診を受けると、医師から悪い知らせがあると告げられた。癌が再発していて、今度は進行が早かった。化学療法を数回受けると、パロマはついに体が弱って働けなくなり、貯金も底をつきはじめた。

わたしが勘定を頼むと、パロマは二人分の食べ残し――ローストチキンにライス・アンド・ビーンズ、焼きバナナ――を持ち帰り用に包んでほしいと店員に頼んだ。帰りにコロンビア系のベイカリーに寄っていけるかとパロマに訊いてみた。そうしたらパンや焼き菓子や何かを買ってあげられるから。「まあ、あんた優しいねえ。そうしたいけど、いまダイエット中なのよ」。主治医から身長のわりにやや太り気味だと言われたそうだ。あと二五ポンド痩せるつもりだという。今夜はこの残り物を食べて、明日はリンゴだけにするのだそうだ。彼女はわたしの乗る駅まで見送ってくれたけど、またしても彼女の腕をしっかり掴んでいないと車の流れに向かっていきそうになる。濃い霧が地面をすっぽり覆いかくし、前方も見えなければ、自分の足元すらよく見えない。わたしは彼女をハグすると、二〇ドル札をそっと手に握らせた。「これで何か美味しいものでも」とわたしが言った。「あたしダイエット中なの、カリータ、でもあなたに神のお恵みを」。

ルセロのグループには、パロマと同様、すでに九・一一犠牲者補償基金（VCF）を通して数千ドルを受けとった者もあちこちにいた。この基金は、あの攻撃の犠牲者だと証明された人や、生き残った身内のために連邦政府が設立したものだ。補償請求申請を審査する責任者は、ケネス・R・ファインバーグという、エージェントオレンジ（枯葉剤）訴訟で連邦政府の側で和解を勝ちとった弁護士だ。基金に上限は設けられなかったが、それでも明確な終了日は決まっていた。二〇〇三年に基金は申請の受理を停止したが、それは多くの人びとにようやく症状が出始めた頃だった。期限に間に合わなかった労働者たちは、市民病院でか、労災補償を受けることで、助成金ではカバーされない治療を受けるほかなかった。不法移民にとって治療の選択肢は少なかった。

電話越しにファインバーグは、この九・一一基金は「包括性《インクルーシヴネス》の類い稀なる例」だと考えている、とわたしに語った。

「ジョン・アシュクロフト司法長官の強い勧めで、わたしたちはこの国のいかなる移民も不当に傷つけられることはない旨を広く伝え、申請書と規則をスペイン語、韓国語、えーっとフランス語も含め四ヶ国語《ママ》に翻訳したんです†。すべての移民に無料の法律相談を受ける機会が必ず与えられるようにもしました。ブロンクスで対話集会《タウンホールミーティング》を開き、そこで遺族となった移民の方がたに、ご主人が亡くなったからと言ってけっして書類提出が拒否されることにはならない、と説明しました」。そう言ってファインバーグは高らかに笑った。「こんなに包括的で多様性を尊重する政府のプログラムがほかにありますかね」。

けれどもＶＣＦから認定を受けるには、当人がグラウンド・ゼロで働いていたか、もしくはその日誰かを失ったことを証明する書類を提出しなければならなかった。不法移民は記録をいっさい残さない巧妙なやり口で働く場合も少なくない。レストランのオーナーとかマネージャーといった人種は不法移民を雇っていたことで罰金を課されるのを恐れ、行方不明者の氏名を明かそうとしないから、死亡者の数がどのくらいいるのかもわからない。配達人たちはその日に親しい仲間を失っていた。なかには真夜中から朝八時までの深夜勤務《グレイヴヤードシフト》で働いていて、航空機が突っこんできたそのとき、最後の配達を終えて家に帰ろうとしていた者もいる。アソシアシヨン・テペヤック・デ・ニューヨーク[††]などの支援組織は、身内の消息がつかめない家族からの電話に辛抱強く対応し、その後はグラウンド・ゼロで清掃作業をしていた人びとを助けるために活動した。ニューヨーク市監察医務局長を務めるドクター・チャールズ・ハーシュは、世界貿易センターで犠牲になった人びとの「公式リストの門番《ゲートキーパー》」となった。[*10] 最終リストには、「殺人」と裁定された二七四九人の名前が含まれた。この二七四九人の名前が記念碑に刻まれることになる。行方不明者はこれ以上いないと、監察医務局長のオフィスは宣言した。広報責任者だったジュリー・ボルサーによれば、「このリストには、あの場所にいたことがわかっているか、もしくは報告されている全員の名が掲載されている」という。ツインタワーが倒壊して数週間後、市当局は失踪者がいると報告していた家族に、グラウンド・ゼロの灰を入れた骨壺をわたした。[*11] メキシコ領事館は独自に追悼式を開き、わたしたちがその名を知る人びとの名前を読みあげ、その名を知らぬ人びとのために祈りを捧げた。[*12]

タクシー運転手の仕事を失ったあと、パパは金融街近くのレストランで配達人の仕事を見つけてきた。その界隈の配達人は「デリバリーボーイ」と呼ばれている。一〇代のあいだずっと、わたしはパパがこの言葉を口にするたびに訂正した。わたしが推察するに、おそらくどこかの白人至上主義のボスたちが彼らのことをまるで子ども扱いして使った言葉を彼らが耳にし、それを特段の意味をこめていないものとして受け入れたにちがいない。そこに猛烈に腹が立った。「白人が有色人の男性を「ボーイ」って呼んできた歴史があるのよ」とわたしは繰り返し父に教えた。

朝になると、パパは金融街のあちこちのオフィスに朝食を配達する。クリームチーズのレーズンベーグルサンドにヘーゼルナッツクリームのコーヒー。ブルーベリーマフィンにブラックコーヒー。クランベリースコーン二つにコーヒー三つで、そのうち二つはクリーム入りで一つは砂糖入り。クロワッサン一個とコーヒー一つの注文は、つけたのが人口甘味料のスプレンダでなくて砂糖だったので返品された。ベーコンと卵とチーズのサンドイッチ。ブラウンシュガーのオートミール。ヨーグルトのパフェ。オレンジジュースとバナナ一本。カモミールティー一つ。グラノーラ・バー一本とチョコレ

---

† ちなみにVCFのHPでは申請書の提出要項やFAQsには、英語のほかに、スペイン語、ポーランド語、中国語（簡体）が並んでいる。

†† アソシアシヨン・テペヤック（テペヤック協会）は一九九六年創設のNPO。主にニューヨーク在住のラティネックスの不法移民の福利や人権の向上、情報の提供などを使命としている。テペヤックは、メキシコシティ郊外にあるグアダルーペの聖母が出現した丘の名前から。

ートミルク。どんなに少ない注文でも受けるから、パパは何でも配達する。配達するものが少なすぎて、チップをもらえないこともあった。お釣りはとっておいてと言われたこともある――二五セント硬貨一枚を。チップが数セントのときもあった。それでも父は「サンキュー、サー。サンキュー、マアム」と言わなくてはならない。たまに五ドルの朝食を届けて二〇ドルのチップをもらうこともあった。そんなときパパはいつもわたしたちに報告した。そんなチップをくれるのはたいていプエルトリコ人の役員秘書たちで、父にスペイン語で話しかけ、わたしの写真を見せてと言ってくれる。感じが良くて勤勉そうな、前髪を眉の上で切り揃えたわたしの写真を。それで今度は父が彼女たちのネイルを褒めて、彼女たちの赤ん坊の写真を見せてほしいと頼むのだ。

配達人はケータリングの食事を届けることもある。それだと配達人が二人がかりでやることもあるが、チップを折半しなければならないからあまりありがたくはない。誰だってチップを折半などしたくない。注文の品が多くても、本気で頑張れば両手でたくさん運べる。朝食のケータリングの注文は、たいていスコーンやクロワッサン、マフィンやベーグルの盛り合わせだ。けれど自分は一個も食べられない。一個でも食べようものなら、ボスにいつだってバレてしまう。水が飲みたくなったらレジのところまで行って、水を買わなきゃならない。割引はなしだ。年配の男たちはレッドブルを飲まずにいられないこともあったが、ボスは厨房に監視カメラを設置していて、レッドブルを持っていたらわかってしまう。見つかってもボスは代金を払えとすら言わない。ただクビにするだけ。お前がいないと俺が困るとでも思ってるのか？　新聞に募集広告を出すまでもないさ。お前の仕事に就きたいメキシコ人が二〇人も列をつくるだろうよ――レッドブルを見逃してもらえるなんぞと思ったのか？

パパには美的センスがある。おかげでケータリングの注文で父はひっぱりだこだった。スコーンやマフィンを、まるで装飾庭園《トピアリー》みたいに美しく盛りつけるから。時には厚手の紙に商品名を書かなきゃならなくて、そんなときパパは最高に凝った文字を書く。パパはカリグラフィーを独学で身につけた。何でもかでも独学で身につけた人だもの。それで誰もがこう言う。おやまあ！　あんたはすごい才能の持ち主だね！　と。パパはいつもケーキに文字を書かされた。その手書きの文字の美しさといったら。手書きの文字を褒められると、パパは上機嫌で家に帰ってくる（わたしの筆記体も長いこと美しいものだった。リチウムを薬として飲みだして手がひどく震えるようになるまではだけど。それをパパはとても悲しがっていた）。

　パパは自転車を使わない。どんな配達もすべて徒歩だった。早足で歩きながら食品を入れた重たい袋をいくつもウォール街のオフィスに運んだ。バッグのビニールの取っ手がねじれて指に食いこみ、しまいには両の手に大きなたこがいくつもできた。ポリエステルのズボンでふくらはぎがこすれてすね毛もすっかりなくなった。いまでもまだ赤ん坊のお尻みたいにつるつるだ。そして安価な黒のゴム靴を何足も履き潰した。夜になるとママがパパの足をマッサージしてやっていた。パパの足はわたしの足と同じで小さくてふっくらしているから、腫れていてもよくわからない。何年かすると、パパの足がひどく痛むようになり、熱く燃えた石炭の上を歩いているみたいで、わたしに寄りかかりながらカウチからベッドに移ることもあった。「いてててて《アイアイアイアイ》」。足を引きずりながら、パパはマリアッチを歌うようなうめき声をあげた。パパの同僚の多くはメキシコ人で、パパは彼らからメキシコ料理を習い、メキシコ言葉で罵り方も習ったが、ママはそれを毛嫌いしていた。なかにはティーンエージャーの若者もいて、パパは彼らによく説教し、学校に戻るよう言い聞かせていた。パパに初めてゲイの友人ができたのも、このレストランだった。皆から彼は「チェ」と呼ばれていて、それは彼がアルゼンチン人で、チェを間投詞として使うからだった。ゲバラと同じね。

わたしが高校生の頃、パパはレストランで働いていて、九・一一で命を落とした不法移民について耳にした話をわたしにするようになった。そこで月刊紙の『トライベッカ・トリブ』に売りこむ最初の記事を書くために、わたしはパパの同僚にインタビューすることにした。彼らのほかにわたしは不法移民を知らなかった。ちょうどウォーターゲート事件を記事にした二人の記者を描いた『大統領の陰謀』（一九七六年）を観たばかりで、わたしも何かすっぱ抜き記事を書きたいと思ったのだ。

パパはわたしが話を聞けそうな相手を選んでくれて、インタビューにも付き添ってくれた。黄色いメモ帳も買ってくれた。わたしはいっぱしの記者になったつもりでいたし、そのノートがあれば娘にいっそう自信がつくだろうとパパにはわかっていた。それからKマートでテープレコーダーも買ってくれた。結局、レストランで働いていて九・一一で亡くなった不法移民を直接知っている人と話すことはできなかったけれど、そうした不法移民の話を耳にしたことがない者はいなかった。

九・一一で亡くなった不法移民は、レストランで、あるいは清掃員や警備員として働いていた。配達人もいた。かつてツインタワーがあった場所に、現在は九・一一メモリアル＆ミュージアムが建っている。ミュージアムのとある展示物を見た瞬間、わたしは肺腑をえぐられる気がした。それは一台の自転車《バイク》だった。おそらく配達人のものだろう。ツインタワー近くの電柱につながれたまま置き去りになっていたものだ。この場所を訪れた人びとは、赤、白、青の造花の薔薇やカーネーションを供えた。自転車にはロザリオもかけられていた。それはにわか作りの祈念碑になっていた。バイクをつないだ電柱に次のメモが貼ってあった。「エン・メモリア・デ・ロス・デリバリー・ボーイズ・ケ・ムリエロン[*13]（亡くなったデリバリーボーイを追悼して）。二〇〇一年九月一一日」。デリバリーボーイ。こうしてわたしは知ったのだ。この張り紙をしたのが、この造花を置いたのが、デリバリーボーイたちなのだと、パパのような男たちなのだと。

あの日、このバイクの持ち主はツインタワーに何を運んでいたのだろう？　九月の穏やかな日だったから、おそらくアイスコーヒーかもしれない。ブラックかな。ひょっとしたらスコーンも一緒に。もしかしたら四ドル五〇セントの朝食だったかも。一五パーセントのチップなら六七セントになるだろう。二〇パーセントのチップなら九〇セントだ。気前のいい人なら一ドルのチップをくれるかもしれない。パパは一ドルのためならどこにでも出かけていくだろう。道を転がっていく一ドル札だって追いかけただろう。ハリケーンの突風に飛ばされた一ドル札でも。自分が風にさらわれ宙に飛んでいきそうになっても。パパはいつだって機を逃さなかった。一ドルは一ドルだ。

あの日そこにはアントニオ・メレンデスと、アントニオ・ハビエル・アルバレスと、レオバルド・ロペス・パスクアルと、フアン・オルテガ＝カンポスと、マルティン・モラーレス・センポアルテカテルと、アルトゥーロ・アルバ・モレノと、ホセ・マヌエル・コントレラス・エルナンデスと、ヘルマン・カスティーリョ・ガルシアと、ホセ・ゲバラ・ゴンサレスと、アリシア・アセベド・カランサと、ビクトル・アントニオ・マルティネス・パストラーナと、フアン・ロメロ・オロスコと、エンリケ・オクタビオと、サントス・アナヤと、マルガリート・カシーリャスと、ノルベルト・エルナンデスがいたのだった。「忘却の墓」のなかに。[*14]

それからフェルナンド・ヒメネス・モリナールもいたのだった。[*15] 近くのピザ店で働いていて、ピザを配達したり皿を洗ったりしていた。一九歳だった（わたしの弟も一九歳だ。まったく弟の鼻の下に生えてる毛ときたら。弟はそれが自慢で剃ろうとしない。弟は話し言葉で詩を書いたり、夢の日記をつけたりしている。

日記張はわたしが買ってやったバットマンの表紙のやつ。それから弟はコミックも溜めこんでいる)。フェルナンドには、彼と同じ不法移民のルームメートが二人いて、九月一一日の夜に彼が家に帰ってこないので、二人は彼の母親に電話をかけた。地元のメキシコ人団体は彼がいそうな場所を片っ端から探してまわった。それでも行方はわからなかった。ツインタワーは朝の一〇時少し前に倒壊した。誰がそんな早い時間にピザを配達してほしいと思ったのだろう? ひょっとして数字で嘘をついて長い夜を過ごしたあとにコカインでラリった金融業界人《ファイナンス・プロ》だろうか。あるいはスマートドラッグのアデロールを飲んでハイになっていたのかも。二四時間何も食べておらず、とうとう腹がすいてきて、どうしてもピザが食べたくなったとか? ひょっとしたらフェルナンドよりほんのちょっとばかり年上の、二二歳か二三歳くらいの、ハーヴァードの卒業生だったとか。へい、それ僕のピザかな?

フェルナンドの母親は息子にアメリカに渡ってほしくなかった。でもどのみち息子は出ていった。伸ばした髪をポニーテールに結わえ、髭を生やしていた——そう新聞に書いてある。だけど彼は一九歳で、わたしは一九歳がどんなものか知っている。ナイスな髭。彼のスニーカーはバカじゃないのってくらい白くてピカピカだった。パパは同僚のティーンエージャーたちに、白いスニーカーはやめろと諭していたけど、どのみち彼らはいつも履いていた。ファッションの奴隷だもの。耳にはイヤーバッド。聴くのはメタリカ。メキシコ人がヘビメタのメタリカを聴く。人種主義的な意味でそんなこと言うわけじゃないけどね。その日は気持ちよく晴れた日だった。この先に待つ彼の人生。彼の今日一日。彼の母親はまだ若い。これから彼が母親の人生を変えてやることもできただろう。父親に文句をいうこともできたろう。ピザを配達して五ドルは稼げただろう。テレホンカード代だ。それで母親に電話をかけることができたろう。それでもカードはまるまるそっくり、息子の幸運を祈る母の言葉で使い切ってしまっただろう。彼は母親に家を買ってやりたかった。母親が自分の好きな花を育てられる庭つきの家。母親が大好きなのはマリーゴールドで、ボデガで売っている虹色のカーネーションみたいな造花ではない。本物のマリーゴールドだ。家には母親だけの部屋、それから母親が聖書を読むための特別な部屋もある。聖書のどの頁にも金の縁取りが施されている。母親には犬も一匹買ってやろう。そうすれば寂しくないだろうから。母親はフリルのついたものが好きだからプードルが好みかもしれないけれど、買ってやりたいのはジャーマンシェパードだ。母親を守ってくれるもの、自分以外に家に近づく人間がいたら誰彼かまわず吠えかかってくれるやつがいいんだ。たくさんの人間がこれまで母親のことを傷つけてきたが、二度とそんな目に合わせるものか。俺が目を光らせているかぎりはな。俺の母さん、俺の聖人。たまにヘアサロンに立ち寄っちゃ、女性向けの雑誌をくすねては、母親に送ってやった。たまに電話すると、母親が雑誌の中の気に入ったドレスのことを話すから、そのドレスを買ってやろうと決めた。母親はシルクがお気に入りだった。なのに母親はシルクがどんなものかを知らなかった。息子は母親に本物のシルクを教えてやれるだろう。だけど、息子は母親に死とは何かを教えてやることになる。沈黙とは何かを教えてやることになる。そう、息子は母親に教えてやることになる――忽然と消え、燃えて灰になり、逝ってしまった男のデスマスクを。フェルナンド・ヒメネス・モリナールとは何者だったのか？　彼は本当に生きていたのか？

メキシコに電話をかけるには、最初に国外コード０１１をダイアルしなければならないと知っていただろうか。母親につながるまでにダイアルしなければならない数字は、ずいぶんと長い。１２３４５６７８９０……。まだ年の若いうちからこの数字を覚える。あたりにはジェット燃料の匂いが充満し、炎と煙に四方を囲まれ、やっとのことで０１１を押せたはいいけど、それだけで自分はこの国の人間ではないと、自分はよそ者だと、自分はメキシコ人だとあらためて思い知らされる。財布を取りだし、ＩＤカードを歯と歯のあいだに挟んだ。そうすれば何もかもが崩壊しても、自分を見つけてもらえるだろう。たとえ肉は燃え尽きても、歯だけは残るだろうし、そこにカードがそのままになっているだろう。だけどそれは偽のＩＤ。未来永劫誰も知ることはないだろう――彼が死んだことを。未来永劫誰も知ることはないだろう、彼がこの世に生きていたことを。

# 第3章　マイアミ

一九二八年にアメリア・イアハートは女性として初めて大西洋単独横断飛行を成しとげた。一九三七年に彼女は、フレッド・ヌーナンだけをクルーにして赤道上世界一周飛行に出発するが、アメリカ国内では最後に寄った地がマイアミ・デイド郡のハイアリアだった。[*1] その後、彼女は、太平洋のハウランド島付近で消息を絶つことになる。わたしは取材旅行でハウランド島に出かけようというところだったから、このトリビアな情報をママにスマホのメッセージで送っておいた。ママは五三歳、ちょうどフェミニズムに覚醒したところで、日頃からフェミニストのヒーローについて自分と比べて語りたくてしかたないのだ——一方、パパは違って、このわたしのことをそうした女性たちと比べるのだけれど。数日後、ママは犬用の小さなパイロット服の写真を送ってよこし、いま白人御用達のペットブティックに来ていて、わたしの犬のフランキーに革ジャンとそれに似合うパイロット帽を買うところだとわたしに言う。げっ、嘘でしょ《オーマイガッド》、とわたしが返信する。

わたしはママについて一度も書いたことがない。なんであたしのことを書かないのよ？　とママが詰め寄る。ママの膝には、パパについてわたしが書いた『ニューヨーク・タイムズ』紙の見開き記事。

もちろんママのことも書いてるよ、とわたしが言う。書いてないじゃないのよ、とママ。おっしゃるとおり、たしかに書いていない。はっきりした理由が必要なら、わたしがファザコンだからだ（「そんなふうに言うのはよしなよ」とパートナーは言う。「あなたが考えているようなものじゃないよ」とわたし）。パパは二五年間、家の外で働いてきたから、つまりはアメリカにおける過酷な労働環境や人種差別的な虐待に最前線で向き合ってきた人だ。けれどママは家にいたから、多少なりとも守られていると思っていた。

そして三年前、ママがついに家の外で働こうと荒野に足を踏みいれたときも、ママを虐待などしない白人たちのために働いていたから、それならいいわねとわたしは言い、わたしとママの関係も問題なしだった。ところが家の外で働くことでママは変わり、まるで新しい女性、解放された恐れを知らない女性となったので、そのために家であれこれ面倒なことが起きた。「あんたはいつも父さんの肩を持つんだね」とママが言う。「さよなら《アディオス》」。

ママはいつもわたしとの電話を一方的に切る。「パパの肩なんか持ってないよ！　あたしは冷静に物を見てるだけ！」と電話に向かって叫んでも、すでにママは聞いていない。ママはオーガニックのコンブチャ（昆布茶）を飲み、あるときなどは犬のフランキーが「ホームレス」に見えるからと革のリードを送ってきたし、さらにパパの癇癪を断じて許さなくなった。この癇癪はパパとママの結婚生活の第三のメンバーだったのだけど。

両親が離婚したらどうなるだろうとたまに考える。おそらく弟はひどく落ちこむだろうけど、わたしが彼のセラピー代を払っているのはだてじゃないよ。わたしはほっとするだろうな。パパが「隠居」したいというハバナで、わたしは家を物色してきた。その家をわたしが買ってあげられるかもしれない——数年おきにわたしの本が売れてテレビ番組に出て、わたしの腎臓がずっと健康で使いものになっているならだけど。ママは弟と暮らすだろう。弟は両親と同じくずっとエホバの証人のままだろうし、いつかは誰か若くて気立てが良くて、生物学的な子どもを二人持つことに同じくらい関心のある女性と結婚するだろう。弟は間違いなくママを愛している——何というか、ファーマーズマーケットで買い物をする白人女性のような、純粋なかたちの愛なんだけど、それは弟が言葉を話す前にママにエクアドルに置き去りにされた経験がなかったからだし、だから二人のあいだには以心伝心と呼べるものがいくらもある。

両親からエクアドルに置き去りにされたことについて誰かに訊かれると、そんなこととこれっぽちも気にしていないといったふうに答えてきた。表向きには張っておきたい見栄だけど、それでも何かが邪魔をする。わたしはママを愛している。ママは働き者だ。ママはフェミニストだ。ママが優しくする相手は、まずわたしのパートナー、それから過去に虐待されていたわたしの犬に対して。けれど一歳半のわたしをエクアドルに置いていったことについてわたしはママと話したことがない。ときどきわたしは、ウォッカを何本も一気飲みするとか、薬をひと瓶全部飲んでしまったふりをした写真を自撮りして、「あなたがあたしを捨てたから」とコメントをつけて母に送るといったなんとも微笑ましいことをするけれど、近頃の母は、こうしたジョークへの返信で、悪いのは父さんだと言いはじめた。よちよち歩きの子を見かけると、あたしも置き去りにされたときにはこんなちっちゃな赤ん坊だったんだぞってわたしの口から出てくる。仕事で二、三日パートナーや犬のフランキーと離れていて、それでつらくなってくると、両親は五年ものあいだよくこんなことができたなと思う。

この件で両親のどちらも責める気はないし、これまで一度も責めたことはない。いまここで話しているのは、ぴっちり締まった毛穴から絞りだされた汚れだ。置き去りにされたことをふだんは何とも思っていないけど、メンタルヘルスの専門家たちの話では、それがわたしに影響を及ぼしてきたという。わたしはそう決めつけられることに抵抗した。その結論を真っ向から否定した。わたしは天才でいたかった。自分の精神疾患は純粋に生物学的なものであってほしかった。自分は生まれながらにワイルドで、クレイジーで、風変わりで、聡明で、窓にチョークで方程式を書きなぐるような人間でいたかった。ところがセラピストというセラピストが、わたしには愛着の問題があって、わたしの精神疾患は子ども時代に関係があると言う。そんなセラピストたちとは縁を切って、いっさい連絡をとらなかった。

けれど、わたしに烙印を押したのは、両親と離れていたこの幼少期だけじゃない。移民としてアメリカで暮らしてきたこともある。この国で夢を追いかけ、それからその夢の残骸と折り合いをつけるしかなくなった両親の姿を見てきたこと、そしてアメリカ政府が移民に対して行う犯罪を手も足も出ないまま目撃してきたこと……。書類のない人間、不法移民である自分はまるで「ホログラム」のような気がした。何もかも不確かで、いつまでたっても安心できない。いつか手放さなければならなくなるものに愛着を覚えるのが怖くて、喜びを感じることも自制してきた。国外退去させられる恐れがあるというのは、いつでも出ていく覚悟でいなければならないということ――何も持たず、着の身着のままで。子どもの頃から、わたしはどんなものともつながりを持たない習慣を身につけた。写真とも、人間とも、アクセサリーや服やチケットの半券やぬいぐるみとも。ときには自分が手放せることを証明してみせるために何か長いものを書いては消したり、スマホに入れた楽しい思い出の写真をすべて削除したりした。形あるものをわたしは愛したことがない。ハーヴァード大学の卒業式が終わって両親がわたしを家に連れて帰ったときには、皆でチャイナタウンバス（低運賃の都市間バス）に乗った。それぞれスーツケース一個しか持ちこまず、その三つがわたしの荷物すべてだった。使えないものは、わたしたちは捨てた。服以外なんでも捨てた。

　移民に対するアメリカ政府の犯罪は常軌を逸しているし、それは全世界の知るところだ。裁判所やＩＣＥ事務局の外での抗議に参加したとき、リオグランデ川の土手に横たわるオスカル・アルベルト・マルティネス・ラミレスとその幼い子どもアンジー・バレリアの溺死体の写真を貼ったプラカードを白人たちが掲げていた。[*2]とはいえ、わたしが子どもだった頃、それからオバマ政権時代も、規模は違えど同じ犯罪が起きていたし、同じ人たちがそれを気にかけていたかはわからない。わたしは頭がおかしくなりそうだった。自分たちが攻撃されていると感じ、近所の人たちが姿を消すところを眺め、それからわたしは学校に行って夜のニュースを観て何かの授賞式の番組を眺める――でもどこでもいっさいその話題は出ない。わたしは頭がおかしくなりそうだった。白人至上主義者の国家がじわじわとパパの息の根を止め、わたしたちの家族をばらばらにするのを目の当たりにすると。アメリカン・ドリームなんてものは存在しないとわたしは誰かれ構わず躍起になって訴えたけれど、「しかるべく」行動してきた周囲の一流揃い《オールスター》の移民の中には、違う筋書きを説いて聞かせる者もいて、そっちの方をアメリカ人たちは真に受けた。そうしたすべてのことのせいで、わたしは頭がおかしくなりそうだった。そもそもわたし自身の頭もおかしいのだ。でも《ペロ》、なぜなの？　わたしについた診断名は、境界性パーソナリティ障害、大うつ病、不安、強迫性障害（わたしは診断名が大好きだ。自分について理解が得られるから）。研究者らによれば、幼少期に両親と離されたトラウマから生じたストレスホルモンの洪水が脳内の神経細胞の樹状突起とニューロンを大量に死滅させると、結果として恒久的な心理学的および肉体的変化が起きるという。[*3] 診察を受けた精神科医の一人は、わたしの脳は枝が一本もない樹木のようだと説明してくれた。

だから両親と離れればなれにされたすべての子どもたちのことをわたしは考えるし、そもそもわたしたちのような子どもは過去も現在もたくさんいるし、なかにはほかの子よりもトラウマを抱える環境に置かれた子どももいる――たったいま抑留キャンプにいる子どもたちのように――それでわたしたちは突然変異体《ミュータント》の大きな群れなんだとふと想像する。わたしたち全員がこの怪物に触れられて、脳が永久に変化して、誰の脳も枝が一本もない樹木だとすると、わたしたちはどうなってしまうのか。どんな人間になるんだろう。一体、誰がわたしたちをケアしてくれるんだろうか。

わたしがマイアミに出かけたのは二〇一七年だった。それは五月四日に連邦下院がアフォーダブルケア法（通称オバマケア）を見直す代替法案を、帝王切開、レイプ、うつを既往症に含めるという新たな法案をひきかえ材料にして賛成二一七票、反対二一三票で可決してまもなくのことだった。[*4] 専門家の推定によれば、そのことで次の一〇年間というもの二三〇〇万人のアメリカ人が健康保険を奪われることになる。[*5] マイアミはとうていこの打撃に耐えられないだろう。マイアミ・デイド郡は、雇用されているが無保険の成人数がこの州で最も多く、また心臓病や肥満、ＨＩＶ感染でも記録的な発症率が報告されている。[*6]

フロリダで保険に入っていない不法移民が経験することは、ほかの無保険の人びとのそれとさほど異なるわけじゃないけれど、それでも決定的な違いがあって、たとえ余裕があっても不法移民は保険を購入できない。この国をはじめどの西欧諸国でも右派が悪霊《ブギーマン》とみなすのは、病気の移民というイメージだ——健康保険制度への負担とされるもの、救急救命室や納税者にとってのお荷物。これを信じる人の考えを変えることにわたしがほとんど関心のないことは、何度でも言っておきたい。外国人嫌い《ゼノフォーブ》の人間の考えを変えることを期待されるくらいなら、カミソリの刃を飲みこんだ方がまだまし。それでもこの病気の移民というブギーマンには興味があったから、わたしは調べてみようと思い立った。

　わたしが見つけたのは、マイアミの移民のコミュニティにおける女性たち——保護者タイプもいれば知らないよというタイプもいた——の視点を通した病気と癒しの物語だった。しかも女たちは偶然にもママによく似ていた。移民の男性と結婚した移民の女性たち、移民の子どもとアメリカ市民権を持つ子どもの両方がいる母親たちで、彼女たちはアメリカン・ドリームの数十年を振り返り、それを吟味しようとしていた。

　最初にわたしが出向いたとき、彼女たちは優しくて、保護者のように世話を焼いて助けてくれて、わたしのことをとても誇りに思ってくれた。彼女たちと年中連絡をとりあった。こんなことを言うと恥ずかしいけど、ときには彼女たちの誰かが自分の母親だったらいいのにと思ったりもした。あなたはなんて美人で、なんて賢いんでしょう！　とハートのエモジ（絵文字）で溢れたスマホのメールを送ってくれて、わたしはそれを、ミンクの帽子をかぶってヴィンテージドレスを着た自分の写真を送りつけてくるママのメールと比べたりした。そこには、あたしの服を相続したいなら、あたしが死ぬまでに、あんたはあと三〇ポンドは痩せなきゃね、と書いてあった。ところが一年後にふたたびマイアミの淑女たちを訪ねてみると、彼女たちの言うことがママに前より似てきたように思えた。彼女たちがわたしに打ち明けることは、ママがわたしに打ち明けることと同じだった。彼女たちはそわそわになれなかった。

と落ち着かない様子だった。自分の人生にもっと何かを求めていて、わたしじゃそんな彼女たちの力

フリエッタとわたしは建設現場の角《かど》で落ち合った。空気はやけに埃っぽい。厳しい暑さのなか、空き店舗の窓に囲まれて、金色の屋根の珊瑚色をした小さな建物が建っている。外の看板に描かれているのは、地元の薬局「マコンド」の広告。

フリエッタは三九歳の大柄なニカラグア人女性で、陽気だけどパラノイア的な雰囲気のある女性だ――秘めたるものを持つ社交界デビューしたての女性みたいな感じがした。その朝会った彼女は、髪を無造作に結っていて、名づけ娘《ご》のキンセアニェーラ（一五歳の少女の誕生日を盛大に祝う儀式）に出るため、あとから美容院に行くのだという。とくにこちらから訊かないかぎり、彼女は自分の子どもたちの話をしないし、訊いてもひどくそっけない答えしか返ってこない。長女は二二歳でＤＡＣＡを取得している。一一歳の娘の方は、アメリカ市民だ。マイアミに出かける数週間前、初めて電話で言葉を交わしてからものの数分で、彼女は膣カンジダ症の安い処方薬が手に入ったのよと教えてくれた。電話越しの彼女は騒々しいほどに元気だった。ところがじかに顔を合わせると、電話よりもの静かで、温かな感じの人だった。首にかけたチェーンには、本物の金とルビーをあしらったサンショウウオのペンダントがついていて、それはアメリカに着いてすぐにペットショップから救いだした「ルナ」という一七歳のサンショウウオの記念だという。ルナは数ヶ月前に亡くなった。フリエッタはそのペンダントに手を当てながら話をする。

店に入る前にフリエッタがわたしに忠告してくれた。「マコンドは無保険の移民が処方箋なしに安

く処方薬を買える、マイアミにあるほんの一握りの薬局の一つよ。店の人間はよそ者から何か訊かれるのを嫌がるから、くれぐれも注意しなきゃね」。この手の薬局は裏でこっそり商売をしている。「あの人たちはあたしの顔を知ってるし、あたしもあの人たちの顔を知っている。あたしに売ってくれるのはこの訛りのおかげよ。処方箋の必要な薬が欲しいときはいつだってここで手に入る。そうとうヤバいもの以外ならね。なかにはとくに厳しく管理してる薬もあるから」。マイアミのまた別の場所にあるドミニカ系の薬局では、中毒者が禁断症状に耐えるための薬を処方箋なしで売ってくれると彼女が教えてくれる。「やっちゃいけないことをやっているのは、あの人たちもわかってるけど、やむをえない事情ってものを承知してるからね」と彼女が言う。「奥歯が痛くて顔が腫れあがったときに行ったら、痛みに効くやつをくれた。ウォルグリーン（巨大薬局チェーン）に行ってもいいけど、あたしが目の前で死にかけてたって、あいつらきっと何もくれないもの」。

この薬局をやっているのは六〇歳前後の女性で、伸ばした髪をまっすぐにブローし、メタルフレームのメガネの奥の目元には濃いメークをしている――どちらも仕事には不向きな選択だけど。「ドクターと呼ばれてるけど診断はしないの」とフリエッタが言う。わたしからその女性に質問をすることは許されない。

薬局ではホメオパシーの軟膏やクリームを売っている。それから掃除用品に中米の民族衣装、子ども用の小さいサイズのトップスとパンツ、ノー・ブランドの化粧品もある。鍵や錠のついたガラスケースの棚も並んでいて、コンドームや膣カンジダ症治療薬、妊娠検査キットなどが恭しく保管されている。フリエッタが歩み寄った若い女は、このドクターを手伝っていて、この薬局で長いこと「修練」を積んでいる。この若い女に伝えるためにフリエッタがわたしに症状を訊いてきたので、歯が痛いのだと説明する。その前日に本格的に痛みだしたのだ。親知らずを抜いた歯茎が腫れていると伝えたけど、インターネットで調べたらそれはいわば幻肢痛のようなものだと書いてあった。わたしがフリエッタに痛み止めの薬を買えるかと訊き、彼女が処方用のタイレノールを貰えないかと頼む。若い女は白い小封筒に錠剤を五個入れてフリエッタに手渡した。わたしたちは店を出て、最初に落ち合った角まで行くと、太陽の下で目を細め、建設現場の埃が入らないよう手で顔を覆った。わたし一人で薬局に入ったら、その訛りのせいで店の人間は何も出してはくれなかっただろうと彼女が言う。「エクアドルの訛りってこと?」と先回りして訊いてみた（わたしのスペイン語は連続テレビ小説のスペイン語だ。流暢で、フォーマルで、地域が特定しづらい）。「そう、あなたの訛りがね、その訛りだけで信頼しない方がよさそうだって思うだろうね」と彼女が言う。

医者に診てもらえないときに代替医療に頼ることはないかとフリエッタに訊いてみると、彼女は民間療法なんてキューバ人やハイチ人がやるものよと一笑に付した。「あの人たちは医療にかけては馬鹿げたことを信じてるから、祈りの言葉をかけずに放っておいちゃくれないのよ」と彼女は言う。そして、それとはまた違う種類の代替医療について説明してくれる。「あたしは頭痛持ちで、それで近所にあたしのことをやけに好いてくれるキューバ人がいてね。彼女はこの国で生まれたから保険に入ってるのよ。それで彼女が医者のところに行って、頭痛があるふりをして、照明が気になって吐いてしまうって言うと、医者が薬を出してくれる。それをわたしにくれるの。大勢の人間がほかの誰かを頼みにしてるのよ。あたしの妹はアメリカ市民だから、不法移民の女性に高血圧の薬をあげてるよ」。

フリエッタも処方用のタイレノールを頼みにしている。ときおり奥歯に激痛が走るから。そんなときは故国で歯医者をしていたホンジュラス人の男性のところに行く。彼はアメリカでは合法的に開業できないが、かわりに個人の家に来て虫歯の穴を詰めてくれる。「ほんとに腕が立つのよ」と彼女が言う。わたしには幼かった頃の記憶がたくさんはないけれど、パパが歯の痛みで床を転がりまわって苦しんでいた姿は覚えている。ママとわたしは痛みが止まるまで――まる一日かかったが――少し離れたところで眺めては、ときどき屈んでパパの腕を軽く叩いてやった。あまりの痛みにパパが死んでしまうか、痛みが止まるかどっちが先かと思った頃に、パパの痛みは止んだ。

　これまでずっとわたしは両親が医者に行くときに付き添っている。両親の通訳兼擁護者だ。両親が救急救命室に駆けこんだのはたったの一回で、ふだんから病気予防のために健康管理を怠らず、低所得者をスライド方式で診てくれる地域医療センターに定期的に予約を入れている。何年ものあいだ、そこの主任医師はインド人の男性が務めていて、彼は英語があまり得意でないし、スペイン語もあまり得意ではないけど、どのみち通訳なしでありとあらゆる国籍のありとあらゆる言語の患者と会話していた。彼はわたしを好きではなく、わたしも彼が好きじゃなかった。ママは四〇代のときに胸にしこりがあるのに気がついたのだけど、この医師は、マンモグラフィーを四〇代の女性に手配するのが――とりわけ患者が保険に入っていないか保険で検査料がまかなえない場合――いかに資源の無駄遣いかをわたしに説明した。乳癌の早期発見で命を救われた女性の数を見ればわかるという。医者が損益を気にするなんて思いもしませんでしたけど、とわたしは彼に言う。あなたは患者を救う誓いを立てたのではないですか？　わたしはたぶん一八歳くらいだった。きみはお利口さんじゃないのかね？　と医者が言う。そうですとも！　この子はハーヴァードに行くんですよ！　とママが口をはさむ。そのとおりだよ、クズ野郎《マザーファッカー》。あたしはボストンの学校に行くんだ。いや、ボストンではなくケンブリッジね。ケンブリッジの、まあちょっとした学校にね。いつの日か、あたしはお金を掃いて捨てるほど稼いで、ママのマンモグラフィー代をマフィアのボスみたいに現金で、パリパリの新札で、全部払ってやるからな。このクリニックを買いとって、あたしを記念した、あたしのためのミュージアムに変えてやる。それで州立大学に行った医者の子どもたちのための特別展示コーナーに、あんたの子どもの卒業証書をかけてやることだってできるんだよ。このケチなクズ野郎。お前なんぞやっつけてやる。

「母には身内で乳癌になった者がいるんです」。実際には、それがわたしの言ったことだった。

それも嘘だけど。

「検査を手配してもらえたらありがたいんですが」

わたしは幸運だった。思いもかけぬ運の良さで、これまでいつもちゃんとした医療を受けることができた——ニューヨーク市は低所得世帯の未成年に低価格で健康保険を提供していたし、その後入った大学も学生に健康保険を提供してくれた——そのことにわたしは感動し感謝しているが、そのありがたみは医療が制限されている者にしかわからないことだと思う。子どもの頃わたしは病気になると医者に行った。両親は病気になると、カモミールを入れて沸騰させたポットのお湯からのぼる蒸気を吸っていた。炎症を起こした気管支を湿らせるためで、気管支炎の治療にたいして効くとは思えないけど。でもさっきわたしは両親が地域医療センターを利用できたと言わなかったかって？　たしかに予防のための医療は利用できた。血圧や体重管理、ごく普通の風邪の治療とかなら。ママはヘモグロビン値が低い。でもそのための治療はスライド方式では受けられない。二〇一五年に『ニューヨーク・タイムズ』紙に掲載された「主流の治療を警戒して移民は故国の治療を求める」と題した記事の中で、著者は、ニューヨークの移民の中に、ボタニカと呼ばれる民間療法の店で医療用ハーブを買って使っている者がいることに目を丸くしていた。[*7]

だけどわたしには、民間療法に頼るのが魅力的な一風変わったこととは思えない。たしかに惚れ薬を売る店で買う薬草で病気の治療を行う話には興味をそそられるし、外部の人間の目から見たらなおさらだろう。わたしの知っている多くの人たち、教育を受けた裕福な人たちが代替療法を愛好している。その効果が本物か「プラセボ」かは当座の問題ではなく、むしろ選択やアクセスの問題の方が重要だ。財力のある人びとが代替療法のお茶を飲んでも、最終的には薬草ではなく化学療法で癌を治療する選択ができるけど、不法移民にその選択肢はない。

薬草や祈祷で病気を治療するなら、おそらくボタニカに足繁く通うことになるだろう。ボタニカは店で売る薬草にちなんだ名称で、ここではオイルや石鹸、スプレー、洗剤、聖像、ロザリオ、お守りや魔除《よ》け、本、それから動物の頭蓋骨まで揃っている。移民の住む地区ではいたるところにある店だ。この手の店は黒魔術とつながりがあるとされていて、子どもの頃のわたしは入るのを禁じられていた。わたしの子ども時代の大半はわが家はカトリックだったし、のちにはエホバの証人になったけど、一方ボタニカを支える信仰はブードゥーやサンテリア（アフリカ起源のキューバの宗教）という何世紀も遡る起源を持つ二つの誤解された宗教だから。それらが生まれたきっかけは、スペイン人やフランス人が征服した人びとを強制的にカトリックに改宗させたことにある。人びとは自分たちの宗教を、カトリックの聖画像や儀式と組み合わせることで守り抜く道を見出した。

アメリカにどれくらいの数のボタニカがあるかを把握するのは厄介だ。[*8] たいていは宗教関連の店か薬草の店（あるいは小動物を販売するのでペットショップ）として登録されており、治療に携わる施設に適用される規制、たとえば行政に登録する義務などの対象ではないから。だからって、一部のラティネックスが治療目的で店を利用するのを控えることはない。

マイアミでフリエッタを通じて知り合ったエスメという女性が、自分は病気治療にボタニカの薬草を使うことがあると教えてくれたから、地元の何軒かのボタニカに案内してもらえるか尋ねてみた。エスメは四九歳、アメリカに住んで一四年になる。鼻にそばかすが散っていて肌と髪はぼんやりとした赤銅色をしている。エスメは何でもかんでも面白がり、彼女の笑い声は周囲にも伝染する。わたしたちはエアコンの効きすぎたスターバックスで待ち合わせし、彼女はホットチョコレートを注文した。「あたしは代替医療を弁護するね」と彼女が言う。とはいっても、肺炎の発作が最近起きたとき、医者に行けないかわりに治療に使ったハーブのことを話すたびに、彼女はどっと笑いだす。「何で治ったかわからないけど、とにかくよくなったのよ!」

彼女の夫のジョニーがわたしたちを車で迎えにきてくれた。移民が合法的に運転できるか、もしくは公共交通機関が素晴らしく発達した都市に住んでいれば別だけど、不法移民であるということは、無免許で運転すると——その日の用事をすませるためだけでも——車を脇に停めさせられ、起訴され、強制送還されるリスクとつねに背中合わせであるのを意味する。車に乗りこむときに、わたしはちょっぴり怖くなった。どんなささいな理由でも車を停止させられる怖れがあるからだけど、ジョニーが永住権を持っているとわかってほっとした。車で向かったのはグレート・ワン・コーポレーションという店。大きな正面の壁のある部分いっぱいにけばけばしい海の景色が描かれている。歌手で女優のシェールに似た人魚が、ここは花屋でもあるのよ、と宣伝している。陶器類もたくさん売ってるけど、わたしが見るかぎり、販売されているペットは壁にずらりと並んだケージの中の小さなカナリアだけ。

「あら、このシナノキに花が咲いてるわ」。そう言ってエスメは、枝から垂れるように咲いている黄色い花を指差した。「これは神経に効くけど、あたしには効果ないのよね」。ヒイラギにやや似たツタウルシやブエナソウの入ったカゴも並んでいる。オバタラという名の黒いオリシャ（西アフリカのヨルバ人に源を持つ、南米・カリブ地域の黒人の信仰に現れる神々や聖霊）の陶像が、ガラス棚の上に立っていた。オバタラはオリシャの中心で人類の創造主だ。白髪混じりの見事な髭を長くのばした黒人で、白のターバンとマントをつけている。オバタラの下にはブラジルウッドがつつましやかに置かれていて、これは糖尿病、貧血、高血圧、尿路感染症の治療用で、血液の浄化も助けるとされている。その傍らにはドライバーとハンマーがうずたかく積まれていた。ボタニカ・オロクムは金物店でもある。

わたしはカウンターの向こうにいた二人の女性に近づくと、うつには何がおすすめか訊いてみた。どちらも中年の女性で、一人は髪を脱色している。二人は顔を見合わせて、何やらひそひそ声で言葉を交わすと、本やパンフレットの載った棚を指差した。そこにあった安っぽい新聞印刷用紙に印刷された挿絵入りの小ぶりの本『自然療法によりアルコール依存症を自分で治そう』をわたしは買うことにした。イギリスの医師でホメオパシー医のエドワード・バッチ博士の研究に触発されて書かれたシリーズの一冊で、彼の名を冠した「バッチ・フラワー・レメディ」はホメオパシー療法の根幹をなしている（そういえば、数年前にパートナーの家族からバッチの商標入りのホワイトチェスナットの小瓶をもらったことがある。「考えごとや心配ごとが頭の中をぐるぐるまわるときは二滴摂取すること」と瓶に書いてあった。アルコール度は二七パーセントで、ある夏の夜に玄関ポーチに座っていて、通りを横切る太ったフクロネズミを見たあとに、瓶の薬を半分飲んだ。テキーラを一杯ひっかけたみたいで、なるほど気分は良くなった）。

エスメが役に立つ薬草をひととおり指差して教えてくれたあと、わたしたちは車に戻った。すると彼女とジョニーがわたしにお土産をくれた。ワックスペーパーの小封筒にドリームキャッチャー（元々はネイティヴアメリカンのオジブワ族の、悪夢から守ってくれるお守りからきた装飾品）とパワーストーンが五個入っていた。「この石はサンテリアのじゃないよ」とジョニーが教えてくれる。「これはヨガの行者のすることだ。この地球は振動していて、石にもいろんな種類の振動があって、いろんなエネルギーを吸収している。製薬会社のバイエルは現地に伝わる病気の治療法を探しにアマゾンに人を送りこんで、そこで薬の製法を見つけたんだよ。もちろん現代医学の問題は、現代医学じゃ病気は治せないってことだけどね。医者は患者に病気が治らない薬を処方して、それでまた別の薬の奴隷にしておくのさ。ずっと患者のままにしておきたいんだ。医療は患者を得意客にしておきたいのさ」。次の目的地まで車を走らせながら、ジョニーは延々と話しつづけ、そのあいだエスメの方はひと言も発しないで優しく笑っているだけ――彼女はそれを呼吸するのと同じくらい苦もなくやっている。ちょっとマリリン・モンローみたいだ。影のある、小娘みたいな、それでいて世間ずれした笑い方ね。今度はフライドチキンの店の隣にある小さな薬局に着いた。ここもまたこっそり営業している。ジョニーがカウンターの向こうの男性に近づき、わたしのことを友だちだと説明する。わたしは自分が現在飲んでいるか、もしくは過去に飲んだことのある薬を頼むことにした。そうすれば、あとからドラッグを探していた容疑でＦＢＩ捜査官《フェッド》に告発されることもないだろうし。とりあえず抗精神病薬のラツーダを頼んでみた。「だめだ《ノウプ》」と男が言う。「それは値が張るやつだから」。わかった。ならリスパダールで。「用量は?」　だいぶ前だったから、感覚で記憶しているだけだけど、三ミリグラムかな？　男はリスパダールのラベルのついた瓶を持ってきた。マーカーで三ドルと書いてある。やっぱりまたセロクエルに戻ろうかな、と彼に言う。

「用量は？」

六〇〇ミリグラム。奥に入ってしばらくして、男はセロクエルの商標つきの、五ドル五〇セントとマーカーで書いてある白い瓶を持ってきた。わたしはいろいろ見せてもらった礼を言い、あとでまた戻ってくると約束した。

セロクエルもリスパダールも強力な抗精神病薬だ。一筋縄ではいかない薬。癖の強い薬だ。副作用には静坐不能症（アカシジア）、鎮静、さらに黄体刺激ホルモンのプロラクチンの上昇があるが、これは哺乳類に、妊娠中でなくても雌ですらなくても乳汁をつくらせる妊娠ホルモンで、その上昇により長期的には骨粗鬆症が発症する怖れもある。またひどい吐き気が続くこともあり、その場合は化学療法中の患者向けの制吐剤が処方される。これらは命を救う薬にもなりうるけど、慎重な観察が必要だし、どんな変更も徐々に行う必要がある。こうした薬剤を監督なしに服用している人がいると思うと空恐ろしくなる。どちらにも、薬剤の包装に記載されるＦＤＡ（食品医薬品局）による枠組み警告（ブラックボックスウォーニング）がついている。最上級の警告ね。青年では自殺念慮が増加する怖れがあり、認知症の高齢患者では一般的に心停止や感染症による死亡率が高くなる傾向が認められる。処方箋なしに抗精神病薬を買うためにこの手の薬局に来る人は、文化的な理由から医者を信頼できない人たちとはかぎらない。こうした場所にやってくるのは、また別の種類の人間――奇跡的にも一回注射できれば幸運だと思う人たちだ。たとえその奇跡が想像も及ばぬ深刻な問題を招きかねないとしても。

その晩それからタクシーに乗って、マイアミ郊外の緑濃い辺鄙な地区に向かった。新たに聖職者になる男女にブードゥーの秘伝を授与する儀式に立ち会うためだ。わたしが売り込み電話《コールドコール》をかけた誰かの友人のそのまた友人のロゼリンという地元のハイチ人の女司祭から招待を受けた。組織化された宗教をわたしはおおむね冷ややかな目で見ているけど、ブードゥーは植民地主義に対する抵抗から生まれた宗教――ハイチの奴隷たちは、アフリカの信仰、ネイティヴアメリカンの信仰、そしてカトリックの信仰をもとに一つの精霊宗教を創りあげたので、これぞまさしく習合《シンクレティズム》[*9]だ。フランス人入植者はこれに公然と反対したけど、奴隷たちはこの信仰を大切に育み、自分たちが解放され、霊の仲介によって神と通じることのできる場をこしらえてきた――だからわたしは心を広く持つ。とはいえ、ここに来る前にボタニカでカゴに入ったカナリアを見たことを思い出して、動物の生贄の儀式があったらどうしようと心配になるまではだったけど。ロゼリンには「動物にかかわること」に自分は弱いのだとそれとなく伝えた。単刀直入に言わなかったのは、彼女たちの儀式を軽蔑しているととられたくなかったからだけど、結局のところ、わたしは身についた西欧風の過敏さからなかなか抜けだせない。彼女は返事をしなかったが、それはかえってありがたかった。動物について尋ねたことをわたしは後悔した。

　初めてマイアミを訪れたとき、延長を重ねてきたハイチ人のための一時保護資格（ＴＰＳ）をトランプ政権が打ち切るとの噂が立っていた――この措置は二〇一〇年一月のハイチ地震発生時にアメリカに滞在していたハイチ人に一時的に保護資格を与えたもので、彼らはここで合法的に暮らし、働けるようになったというのに。[*10†] ＴＰＳの失効を待つあいだは、気も狂いそうな煉獄の日々だ。[*11] わたしがマイアミに来たのは、ちょうど多くのハイチ人が、一夜にして不法移民となり強制送還されかねない立場になるのはどんな気分か思いめぐらせているときだった。人びとは怯えていた。そして怯えた人間は、隙だらけになる。

　わたしが訪ねる儀式は個人の家で開かれるものだ。動物について質問したことでひどく気まずい思いがしていたから、わたしはすぐさま埋め合わせにかかった。そこにいた誰彼かまわずハグしてまわった。室内には白いシーツをかぶせた折りたたみ椅子が並んでいて、参加する人たちの着ているものも上から下まで真っ白だ。わたし一人が間抜けなことに黒のドレスを着ている。わたしは端の方に行くと、壁にかかった芸術作品を感心して眺めた。一枚の絵は、トップレスの女たちの集団が踊るそばに巨大な豚がいて、男が剣を手にその豚に近づくところだ。全身白ずくめの誰かがわたしにコロナビールを手渡してくれて、それから、そのノートを仕舞ってくれないかと頼んできた。わたしは自分と年齢の近そうな若い男性の方に近づいた。彼は壁に寄りかかっていて、わたしは壁に寄りかかっている男の子が嫌いじゃない。ジェイコブは背が高くて、かなりキュートで、とても優しくて、実際そうとう若かった。話を聞くと、すでに彼は聖職者で、幼い頃に精霊に選ばれたのだという。それどころか、この儀式の場にいる誰も彼もがすでにホウンガン（司祭）ないしマンボ（女司祭）になっているか、いままさになるところなのだ。「ブードゥーについて耳にするのは、きまって良くないことばかりだけど」と彼は言う。「でもいろんな分野にわかれてるんだ。癒《ヒーリング》しもあれば、病気の治療もあるし、君

---

† 母国で政情不安・自然災害が生じてアメリカ滞在中の者が安全な帰国が難しくなった場合に備え、一九九〇年移民法により一時保護資格（Temporary Protected Status: TPS）プログラムが始まった。二〇一〇年には国土安全保障長官によりハイチも対象国に指定され、ハイチ国民に一八ヶ月間のＴＰＳが付与されアメリカからの退去強制から保護し、国内における労働許可が与えられた。その後延長を重ねて現在に至る。ちなみに、難民資格とＴＰＳとは、前者は個人の状況の個別審査の結果なのに対し、後者は個人の集合についての審査により付与される点で異なる。

を守ってくれるものもある。たちの悪いものもあるけど、僕は良いものだけに目を向けてるよ」。それから彼は、歩けなかった友人がブードゥーの治療を受けたあとに立ちあがっていまは仕事をしていると教えてくれた。それはいい話だと思ったから、癌はどうかと訊いてみた。「治せるって話は聞いたことがある」と彼は答えたが、それでおしまいだった。彼は薬草のことをよく知っているので、どこで育てているのか訊いてみた。「自分たちで育てるんだ」と彼は言う。「フロリダのここいらへんでね。道端でも見つかるよ。あと薬草をもらいにリトルハイチのお婆さんのところにも行く。友だちなんだ」。続いて青年は特効薬のことをいろいろ教えてくれたけれど、それはわたしが話しかけたほかの人たちが渋ることだった――体内の若さを保ちたいならパパイアの葉、体全体を浄化したいならゴーヤ(「たとえば保護観察中でドラッグを使っちゃまずいなら、これが体内からドラッグを出してくれるよ」)、糖尿病にはサポ茶、それから鉄分不足にはクマツヅラ……。

青年がわたしをアンリというこざっぱりした年配の男性のところに連れていくと、彼はブードゥーの医学的効果について熱く語りはじめた。「わたしの知るかぎり最高の抗生物質だよ」とアンリは言う。「エイズや高血圧、糖尿病、腫れ物、血栓、皮膚癌を治せる薬草もある――体の隅々まですっかり綺麗にしてくれるんだ」。わたしでもハイアリアのボタニカで見つかるし、彼には無償《タダ》で育ててくれる友人もいるんだと彼が教えてくれる。「アマゾン川には癌を治療できる葉っぱまである。アフリカ人とハイチ人だけがその治療法を知ってるんだ」。どうして癌の治療薬がそんな小集団の中だけに隠しておけるのか尋ねると、それは彼にもわからなかった。

儀式の最中に大なたを持った戦士の格好をした男がわたしに近づいてくると、何かの液体をわたしにいきなり吐きかけた。男が言うに、これはわたしのすることすべてに成功をもたらすのだという。

わたしのことを信用できないと二人の人間が話しているのを偶然耳にしたけど、それはわたしが彼らに犬の写真ばかり見せていたからだそうだ。儀式の場にはアルコールがふんだんにあった——青い色の強い酒が出され、飲めと言われたので飲んでみた。またこの場で若い女司祭《マンボ》や司祭《ホウンガン》数人と知り合い、電話番号を書きとめた。わたしは周囲の状況をじゅうぶん認識していて、ブードゥーの経験について話を聞いてまわったけど、両親が電話をくれたとき、わたしはろれつがまわっていないと二人に言われた。タクシーを呼んでホテルに戻った記憶はないけれど、わたしはタクシーで帰りついた。部屋でパジャマに着替え、メークを落とし、いつもの入念なスキンケアのルーチンも怠らなかった。奇妙なことだ。酔っ払ったらわたしは歯磨きだってしないのに。次の日に起きたら、二日酔いにもなっていなかった。それでも体がふわふわ浮いているような、へんてこな気分だった。

あれから一年が過ぎ、わたしは医学的には説明がつかないけど体重が七〇ポンド増えた。マイアミはハリケーンのイルマとマリアに破壊された。ICEはグレーハウンドバスとアムトラックの列車を停めさせて、乗客に市民権の証拠書類を見せるよう求めている。#MeToo運動が大変な勢いで起こった。一九一八年以来の日食を見ようと、わたしたちは特別なメガネを買った（それでもわたしは直接太陽を見つめてしまうのだけれど、それはわたしが自傷行為にどうしても魅せられてしまうから）。白人ナショナリストとネオナチが、あのムカつくティキトーチ（ポリネシア風の松明《たいまつ》）を掲げてヴァージニア州シャーロッツヴィルの住民を脅えさせ、抗議する群衆に車で突っこみ、抗議に参加していた若い女性のヘザー・ヘイヤーを殺害した。トランプは「どちらの側にも素晴らしい人たち」がいたと発言した。[*12] 週末になるとパパの姿が見えなくなり、地元の公園でバレーボールの試合を眺めているとの話だったが、ママはうんざりしたので放っておいて、とうとうある週末にパパが家に戻ってこないから、ママと弟がわたしに電話で仲裁を頼んできた。

ああ、ママって人は！　ママは祖母がレイプされてできた子どもだった。祖母はママをひいおばあちゃんのところに置き去りにし、ひいおばあちゃんは恨みをはらそうとしてかママのことを激しく叩いたために、ママは目に一生残る傷を負った。一二歳のときにママはひいおばあちゃんと暮らしていた貧しい田舎町を離れ、首都キトにある、かなり裕福なおじとおばと三人の子どもの住む家に引っ越した。金持ちの養子としての生活に、ママはすっかり順応した。四年連続で学級委員長を務め、クラスで最優秀の生徒になった。そして人気のある女の子たちと付き合った。大好きな友人はフェルナンダという少女で、膝のあたりが破けたブルージーンズを履き、そこから一年中見事に日焼けした肌が覗いていた。

　エクアドルでの高校の卒業式の会場で、ママの生物学的な父親が彼女のそばに寄ってくると彼女を誇りに思うと言い、自分の姓も第一姓として使ってくれないかと頼んできたけれど、ママは彼にとっとと消えてと言い放ち、母親の旧姓だけを使いつづけた。ママはヒラリー・クリントンを見た瞬間から彼女に心酔するようになったが、それはママが選挙活動でブルックリンを訪れた若きビル・クリントンと握手したすぐあとのことだった。ヒラリーがヘッドバンドをつけると、ママもヘッドバンドをつけた。ヒラリーが夫を許すと、ママもパパを許した。わたしが小学二年生のとき、算数のテストが八五点だったから両親に見られないようテスト用紙を隠した。パパはテスト用紙を見つけると、わたしを車でドライブに連れだし、こんな話をしてくれた。自分はタクシー運転手としてついている日には一〇〇ドル稼げるが、ときおりついてない日には、どんなに一生懸命働いても一五ドルしか稼げないこともある。それでも自分という人間の価値が下がるわけではない、ってね。一方、ママはというと、わたしを脇に引っぱっていき、月に最初に降り立ったのはだーれと訊いてきた。ニール・アームストロング、とわたしは答えた。じゃあ二番目に月に降りたのは誰なの？　知らないとわたしが答えた。誰も知っちゃいないさ、とママは言った。ナンバーワンでなければ、くずなんだよ。

両親のアパートメントは鉄道《レイルロード》スタイル、つまり部屋が一列につながっていて通路がない（このスタイルはニューヨーク市やサンフランシスコ市などに見られるものだ）。わたしたちは決まって「お外の服」を脱がなくてはならないのだけれど、それは「お外の服」が汚染されているから。ママはわたしたちに外から帰ったらシャワーを浴びることを徹底させた。子どもの頃、ほかの子たちが家に遊びにくると、ママは子どもたちに長靴下を履かせ、ゴミ袋をハサミで切って開いたものを、子どもたちが座る前にカウチにすっぽりかぶせた。そのうえママには身分不相応な趣味もある。自分用にシャネルのアイシャドウが買えるなら、一週間ずっとお腹をすかせても我慢するだろう。あとママは高いビルの前で写真に写るのが好きだけど、それは自分のスリムな体型が引き立つからだ。ママは砂糖抜きでオーツミルク（白くはないわね）を入れたコーヒーを飲む。パパはママのことを、本当は濃い色のコーヒーが苦手なのに自分が白く見えるからやめられないんだと非難する。自分は何が好きとか嫌いとか、そんなことを男に決めさせてはだめよ、と先日電話で人生のアドバイスを求めたわたしにママが諭す。

この本を書くために、ママにインタビューすることにした。ママは人生で後悔することをすべて挙げてくれた。ここで箇条書きにしたのは、ママがわたしのために箇条書きにしたから。

若くして結婚したこと。

若くして子どもを産んだこと。
あなたをエクアドルに置いてきてしまったこと。
大学を卒業しなかったこと。
あなたを育てているあいだ家の外で働かなかったこと。
キャリアを持てなかったこと。

「ごめんね」とわたしが言う。「ママはずっと良い母親だったよ。ママがいなかったら、あたしここまで来られなかった。ママがわたしをつくったんだよ」。
「あたしが良い母親だったってのはわかってるけど、自分が個人として成功した女性になるのはどんな気分か知りたいのよ。母親としての気分じゃなくてね」とママが答える。

　初めて会ったときから、エスメはわたしにとって母親の温かさを代わりに教えてくれる存在になった。わたしたちは頻繁にメールのやりとりをしている。一年後にマイアミを訪ねたとき彼女にまた会えるのが心から嬉しかった。わたしはエスメのお気に入りのレストランで会えないかと彼女を誘った。ダウンタウンの高級なショッピングエリアにあるイタリアンの店。この店にいる全員がキューバ人だ。エスメはカボチャのラビオリとオレンジジュースを注文した。それから彼女が共同で設立し、副会長を務める新しい活動団体について二人で話をした。「連帯する女性たち《ムヘレス・エン・ソリダリダー》」という名の、おもに家政婦や掃除婦からなる地元のグループで、「自分の権利を知ろう《ノウ・ユア・ライツ》」のワークショップも開き、家事労働者にジェンダーバイアスによる暴力について教育している。

エスメは消息不明者《ディサピアード》のことを話しはじめた。ラテンアメリカ（系）の人間なら誰もがディサピアードのことを知っている。一九七〇年代の後半から八〇年代にかけて南米は暗黒時代だった。アルゼンチン、ウルグアイ、チリは軍事独裁政権の時代だった。政府が市民を誘拐し、秘密の場所に連行し、拷問し、殺害した。遺体が発見されることはなかった。遺骨が見つかることもなかった。アルゼンチンでは、政府がたった七年間におよそ三万人を消し去った。人びとは朝起きて、その日の仕事に出かけ、それから跡形もなく姿を消した。そのためアルゼンチンでは母親たちが「五月《マヨ》広場の母親たち」と呼ばれる組織をつくった。母親たちは白いスカーフを頭に巻き、消えた子どもの写真を掲げ、毎週木曜の午後三時半に大統領官邸前で二列になって行進した。いまも毎週木曜の午後に行進を続けている。この母親たちはいまや伝説的な存在だ。四〇年ものあいだ行進しているのだから。[*13]

エスメは不法移民のウルグアイ人で、グレゴリオ・アルバレスの独裁政権下で大人になった。ムヘレス・エン・ソリダリダーに入っている女性のなかにはアルゼンチン人もいて、彼女たちは、自分たちが選んだ国のこのアメリカでも、ミラマー市の近くの米国市民権・移民業務局（ＵＳＣＩＳ）に定例の手続きをしにいった不法移民が消息不明になっていると感じている。移民は家畜のように扱われ、何日も待たされ、その間トイレに行くことも床に座ることも許されず、ときには抑留キャンプに送られ、二度とその姿を見ることはない。だからエスメと一部の女たちは「あなたは一人じゃない《ユー・アー・ノット・アローン》」と呼ばれるサブグループを結成し、ミラマーのＵＳＣＩＳ事務局とは通りを挟んだ側に立ち、コーヒーや水やドーナツ、ポンチョ、スマホの充電器などを用意して、列に並ぶ移民たちにこっちに来るようにと声をかけている。エスメは、摂氏で三八度になる屋外の行列に並んで待っているあいだに赤ん坊を産んだ女性を目にしたこともあった。「あたしたちが目を光らせているからね、そんなことしてただですむと思ったら大間違いだよ！」　そう彼女たちは職員らに大声で叫ぶのだ。

　エスメの父親はアルバレスの独裁政権下で革命家として活動していた。夜の八時、夜間外出禁止令が出て国中が闇に包まれるとき、人びとは彼女の家にやってきて、ロウソクの灯りのもとで独裁政権を倒す計画を練ったものだ。頭上でヘリコプターの音が聞こえると、いまも彼女はひどく取り乱す。ヘリコプターの音がしたらテーブルの下に押しこまれたり浅い用水路に突き飛ばされたりしたのを思い出すから。「もちろんうちの父親はその革命家精神に劣らずひどい癇癪持ちで暴力を振るうし、お酒を飲むとますます始末が悪くなったのよ」と彼女は言う。「そりゃこっぴどくぶたれたよ。赤ん坊の頃からあたしはサバイバーだった。未熟児で生まれたし、それに女の子だったし。父親は男の子が欲しかったからね」。

　父親から暴力を受けて彼女はあやうく寝たきりなるところだった。最後に父の手が飛んできたときは一九歳だった。彼女はナイフをつかむと父親に立ち向かった。「そのときわかったの。あたしにはなんだってできるって」と彼女は言う。彼女には精神的にも性的にも虐待してくるボーイフレンドが何人かいたけれど、それがＤＶだとようやく気づいたのは、女性のためのシェルターでボランティアを始めてからだった。「虐待関係についてのワークショップを指導するようになって、あらまあ《オーマイガッド》、そういうことだったのかって」。夫には自分が受けた性的暴行のことは話していない。なんと言われるか心配だから。「男ってのはね、あたしがその時どんな服を着てたかとか、そんなことを訊くものよ。あの人だってそんなこと言わないともかぎらない。だから家の中でカタルシスを得るなんて期待できないのよ」。

　わたしの両親も目下揉めているのよと彼女に話す。

「あのね」と彼女が言う。「あたしは主婦に向いた性格じゃないの。台所に立つように生まれていないのよ。家事なんて大嫌いだしね。子どもの頃よく母親に言ったもんよ。「あたしはこんなことするために生まれたんじゃない。音楽家になるために生まれたのよ」ってね。そしたら母がこう言うの。「バイオリニストだってジャガイモを切らなくちゃならないんだよ」。それであたしを台所に追いやるのよ。あたしは勉強が大好きだった。旅をするのも大好き。野心家だったの。この世界にわくわくしていた。けど働いていた工場で事故に遭って、それからは夫が外で働くあいだ家にいて、そうなったからには、それに見合う働きをしなくちゃいけない。食卓には食べるものを並べておかなくちゃ。洗濯はしとかなくちゃ。お口は閉じておかなくちゃってね。あたしはいつだって反抗的だったけど、そうなると後ろめたい気持ちがしてきたの。反抗したらそのつけがまわってくるってことよね」。

わたしたちはデザートを注文した。彼女はティラミスを頼み、最近ニューヨークに出かけたときの写真を見せてくれた。フロリダの女性農業労働者によるボイコットと抗議運動を支援するためだという。エスメはハンガーストライキにも参加した——まあ食事を少しばかり抜いた程度のものだけど——それでいまもアドレナリンのせいでハイな状態だ。彼女は飛行機で行くことができなかった。州発行の身分証明書を持っていないから。それで同じ不法移民の女性たちと貸切バスに乗って向かった。バスに揺られていた一二時間、ＩＣＥに車を停止させられないかと片時も安心できなかった。ようやくバスから降りてニューヨークの凍えるような空気を吸ったとき、自分が生き返ったような気がした。こう話す彼女の口調は、ヒステリックなほどうわずっている。

エスメはわたしにぐっと顔を近づける。「ほんというと、あたしにとって移民の擁護がいちばん重要ってわけじゃないの」と彼女が打ち明ける。「あたしたちはね、他人の家を掃除して夫の後片づけをさせられる内気な女たちが家を離れ、記者会見を開いて、テレビのインタビューを受けて、議会の議員たちと話し合うのを手助けしてるの。あたしたちは賑やかな懇親会も開いてね、それであたしはこう言ったの。「レディのみなさん、漂白剤《クロロックス》の匂いなんかさせないで、きらきら輝く女性になりましょう！」 そうしてみんなそのとおりにしたのよ。あなたにも見せたかったなあ。あたしたちが髪をセットして、ロングドレスを着て、弁護士や医師や政治家たちと肩を並べているところを。女たちを家から出して、この世に存在する意味を与えたのよ」。

ママには何が必要なんだろう。生き生きとした人生をまた送るには、この世に存在する意味を見つけるには。ママがおしゃれをして出かけるのは王国会館《キングダムホール》（エホバの証人の礼拝堂）に行くときだけで、わたしはよくこう言って彼女をからかう。「イエスさまはママのこと最高だって思うよ。じゅうぶん目立ってるから」。でも教会におしゃれして行くのはママには仕事以外に行くところがないからとわかっているので、それでわたしは後ろめたい気持ちになる。

その晩、ジェイコブが薦めてくれたナオミというマンボに会いに、わたしはミラマー市まで出かけることにした。彼女はジェイコブの霊的な姉妹で、わたしをICEから守るためにお清めの治療をしてくれるという——ただし有料で。そう聞いて、なんだか公証人《ノタリオ》みたいだなと思った。[*14] 法外な金を払えばノタリオは移民関連の書類をつくれると言うのだが、弁護士資格は持っていない。移民コミュニティのハゲタカたちだ。

ミラマー市はわたしの泊まっているホテルから三〇分ほどの場所にある。ホテルのあるドルフィン・モールはマイアミ・デイド郡でも最大級のショッピングモールで、アウトレットの店がひしめき、インターネット通販大手の「アズ・シーン・オンＴＶ」の実店舗キヨスクにはキューバ人男性がたくさん配置されていて通行人の出身地を当てようと試み（「そこのかあさん《マミ》、ペルー人みたいだね、おたくペルー人？」）、それからセラミック製の小型のストレートアイロンで髪を直毛にしてあげようと申し出る。毎日このモールをぶらつくと、それこそ毎日、下半身不随の家族をウィンドウショッピングとパレタス（メキシコ発祥のフローズン・アイスのアイスバー）の店に連れだす人たちを見かけて、それでクラブビートが大音量で響くなか、わたしは悲しくなってくる。あたしってほんとに悲しいビッチだ。

タクシーの中でジェイコブから受けとったメールで、ティトーズのウォッカボトル一本とニューポートのタバコ一箱を持ってくるよう言われた。自分もそっちに向かっているところだという。あら素敵、であなたは何をするの？　とわたしが尋ねる。「誰が君のために通訳するの？　霊が何を言うか君にどうやってわかるのかい？」と彼が答える。ナオミのアパートメントのある団地には青々とした草が格子縞のように茂り、アヒルが楽しげにひょこひょこ茂みから顔を覗かせ、イモリやヤモリがすばやく壁をのぼったり降りたりしている。彼女の住まいからそれほど離れていないところに、エスメが話していたＵＳＣＩＳの登録所、あの移民を虐待する施設がある。お清めには、二七七ドル七七セントかかる。

ナオミの部屋の前でジェイコブと落ち合った。彼の顔を見るとなんだかほっとした。ジェイコブはたくましくて地に足がついた感じがして、タバコの香りらしきものもした。儀式の前に、ナオミがいくつか質問をしてきた。わたしを苦しめているものは何か、とか。しまったなあ。こう言ってみる――自分は移民についての記事を書いているけれど、自分が記事にする人たちを守ってあげられないのが心苦しい、と。あの人たちを守ってあげたい、というか、せめて自分がＩＣＥの夢を見てうなされないようになりたい、と。それは本当のことだし、話しても大丈夫なことに思えたけれど、詳しいことを話すのは控えた。だいたいが、見ず知らずの人間に自分の悪夢について話す気はない――「一語いくら」というなら話は別よ。

わたしは考えを決めかねていた。ブードゥーに興味があるのは、反植民地政策にそのルーツがあるからだけど、それでも移民のお清めなんてたわ言《ブルシット》にちがいないとも思っている。ICEから誰かを守ってやるなんて誰にもできないことだし、このお清めの値段だって高すぎるし、目下マイアミで移民のお清めを頼むハイチ人たちは、おそらくTPS（一時保護資格）を失うのが怖くて仕方ないんだ。ナオミもまた公証人《ノタリオ》なのか？　そうかもしれない。それでも何か力を持つ者かもしれないし。

ナオミは四角い白い紙に何かを書き留めた。きっと彼女の呼びだす霊にわたしがお願いする事柄だろう。彼女は裸足で、足の指の爪に明るい黄色のネイルを塗っている。部屋はひどく暑いから、わたしのマスカラが溶けて、下のまつげの生え際に固まっている。目の前には向かい合った二つの椅子。ナオミが片方の椅子に座り、もう片方にわたしが座る。床には赤い大きなシルクの布が敷いてあって、その縁に沿って白いろうそくが数本、チャチャ（色とりどりのビーズで飾られたマラカスのようなもの）が一組、霊へのわたしのお願いが書かれた紙、それからさまざまなアルコールの大きなボトルが並んでいる。さらに唐辛子を詰めたティトーズ・ウォッカの一ガロンも入る瓶。香水の瓶が一つ。ご要望のニューポートが一箱。ナオミが白墨みたいな白い粉を自分の顔にはたく。ジェイコブはナオミの脇に座り、クレオール語とフランス語で何かを唱えはじめ、ナオミが目を閉じる。空気が静まると、彼女ががくんと倒れ、体がぶるぶると震えだした。白目をむいている。それからまたぴんと背筋を伸ばして座り、目を開けると、今度は別人のようになっていた。男性の霊が宿ったからだ、とジェイコブが教えてくれる。彼女は椅子にだらりと座り、後ろにふんぞり返って足を大きく開くと、タバコに火をつけた（これもブードゥーではおなじみのこと。男性には女性の霊が宿り、女性には男性の霊が宿ることがしばしば。ブードゥーの霊はクィアの人びとを守り育むと言われている。[*15] ハイチのＬＧＢＴＱコミュニティの人たちを迫害するキリスト教諸派とは違う）。彼女の目は黒々と光り、おしろいを塗った白い顔はまるで仮面のようだ。彼女はジェイコブを介してわたしに話しかけ、ジェイコブが英語とクレオール語の通訳をしてくれる。

霊の名前はエマニュエル。ナオミの先祖の一人だという。彼は好物の酒をぐいと飲み、ジェイコブにも勧める。ジェイコブも酒をぐいとひっかけ、それからひどく咳き込んだ。わたしはほんのちょっぴりだけ飲んだ。ガソリンの臭いがするような味だ。ナオミはわたしに香水で両手を洗うように命じ、それから椅子を脇にどけた。わたしが赤いシルクの布に膝をつくと、彼女がわたしの全身に煙を吹きかけ――煙が顔にかかったとき、わたしは吸いこむかわりに息を吐いたから頭がくらくらしないですんだ――それから香水をわたしの首と背中にこすりつけた。そしてわたしのお願いの紙に火をつけると、その灰を、霊の好物の酒に加えた。それからどの方位に向かっても瓶から酒を一口ずつ飲むようにと言われたけど、わたしはジェイコブに、昼食を抜いたからアルコールを飲みすぎると吐いてしまうとエマニュエルに伝えてと頼んだ。するとその酒を水のボトルに入れてくれて、家に帰って何かお腹に入れてから飲むようにと言われた。霊からとくに誰か心配している者がいるかと尋ねられたので、はい、とわたしは答えた。とくに心配している人はたくさんいるのよ、と。何度かやりとりしたあとに、ジェイコブが言うには、エマニュエルがわたしを外の危険からしっかりと守ってやろうと申し出ているそうだし、夢やデジャヴ、風の吹き方、わたしの心のざわめき、虫の知らせなどを通してわたしにお導きも授けてくれるという。

そして、このブードゥーの霊はわたしが満足しているかを知りたがった。わたしが満足していることを態度で示したいと思っているか、ICEから守ってやることをわたしがどれだけありがたく思っているかを知りたがった。つまり、わたしが推察するに、このマンボは、このお清めがわたしにとってどれほどありがたいものだったかに値段をつけてほしいんだ――言い値の二七七ドル七七セントよりも多く払うことでね。わたしは二人と霊とに現金で二八〇ドルしか持ってこなかったと伝え、それでも自分は物書きなので自分の言葉は通貨と同じだから――ナンパの口説き文句としても最低!――これからわたしが霊のエマニュエルさんに詩を一編暗唱しましょうと申し出た。エミリー・ディキンソンの詩をいくつかそらで覚えているので、と彼に言った。愛の詩ですが、男の子についてではなく「死」についての詩なんです、と。ジェイコブが霊に説明するのにだいぶ時間がかかり、白墨のような真っ白い顔の、酒のまわったエマニュエルが、一瞬唖然とした顔をして、それからまた別の顔――いかにもうんざりした顔――を見せた。どう見ても詩を暗唱してもらいたくないんだ。なるほど、この連中はわたしにもっと金を払ってほしかっただけなんだ。公証人《ノタリオ》のくそったれめ。それから数ヶ月後に、青天の霹靂だったが、ジェイコブがスマホでメールを送ってきた。お金をいくらか貸してほしいという。理由は説明していなかった。「わたしは家族にだってお金は貸さないのよ」と返信すると、それ以降は連絡がなかった。

サロメ・アジェンデはエスメの友人で、家事労働者の支援組織ムハレス・エン・ソリダリダーの会員仲間。四八歳のアルゼンチン人。夫は無保険だという理由で地元のどの病院からも診療を拒否され、二〇一二年に脳腫瘍で亡くなった。一夜にして彼女は一家の唯一の稼ぎ手になってしまった。

初めて訪問する数週間前に彼女と電話で話したとき、サロメは泣いていたが、わたしにそれが聞こえないよう送話口を手でふさいだ。それから夫が最後の数週間に自分の治療記録をつけていた手帳を見てほしいと言った。電話を切ったあと、彼女に移民の子どもたちは他の集団よりも大学や大学院の卒業率が高いことを示すアメリカの国勢調査のデータをＳＭＳで送ったら、それを見て気持ちが明るくなったと話してくれた。彼女には子どもが四人いて、そのうち一人はＤＡＣＡ取得者だ。わたしには一つしか能がなく、成績以外の何かで人を励ますことができない。

サロメは背が高く、髪はまっすぐなダークブラウンで、いかにも女性的なその雰囲気は香りつきのタルカム・パウダーを連想させる。アメリカに来て一七年になるけど、もっぱらホテルやアパートメントで掃除婦として働いてきた。彼女はパグ犬を四匹飼っている。一四歳のトビン、それから子犬が三匹いて、ミーガン、アレックス、アシュリンという名前は、サッカーのアメリカ女子代表選手にちなんでつけた名だ。「カウチに寝そべってあの子たちがいっせいに飛び乗ってくるのが嬉しいのよ」と彼女が言う。寝るときは横向きでトビンを胸に抱え、膝の後ろにメーガン、背中にはアレックスがいる。アシュリンは娘のそばを離れない。

サロメは家に閉じこめられていた一五歳のときに、ハリソンという孤独なアルゼンチン人青年と出会った。彼は一歳年上だった。両親からほったらかされて育ったハリソンは、過酷にも幼いうちから自立して生きるほかなかった。一方、サロメの方の両親は独裁者然としていて、彼女は二つのことを守るように言われていた。学校に行くこと、そして家に帰ったら年下のきょうだいたちの面倒を見ること。つまりボーイフレンドはおろか友だちすらつくれなかった。それでも彼女はハリソンに惹かれていった。「彼との逢引はまるで「ソープオペラ」みたいだったわ」と彼女が言う。一年間こっそりデートを重ねたのち、ハリソンは彼女の両親と話をしようとしたが、両親は聞く耳をもたなかった。そこで二人は駆け落ちして結婚した。「いまから思えば、両親はわたしに勉強してほしかっただけだった。親なら誰でもそう思うわ。当時はこれが愛だと思っていたけど、ただ逃げだしたかっただけ」と彼女は言う。「子どもたちはこのことを知らないの」と言いながら自分の言葉に驚いているふうだ。「わたしたちがどんなふうに知り合ったのかってよく訊かれるから、こう話してるの。あなたたちのパパがたまたま外を歩いていて、玄関にいたあたしの前を通ったのよって。あの子たちには同じことをしてほしくないからね」。

夫婦には子どもが四人生まれ、子どもたちが二人の人生のすべてになった。週末になると海辺に出かけるか公園でサッカーをした。家でパーティを開いて交代で踊った。「自分たちが子ども時代にできなかったことをぜーんぶ、あの子たちにしてあげたの」と彼女は言う。マイアミでハリソンは化学工場の近くの建設現場で働いた。そして仕事に就いて二年後に病気になった。「最初はただの咳だと思って、お金を無駄づかいしたくなかったから医者にも行かなかった。アスピリンを飲んでただけ」。そしてとうとう医者に行くと、すぐに化学療法を受ける必要があると言われた。病院から法的資格について尋ねられた。彼には在留に必要な正式な書類がないことを家族が伝えると、病院は治療を拒否した。癌治療センターも同じだった。「亭主を家に連れて帰ってただ死ぬのを待てってことなの？そう言ったのよ」と彼女は振り返る。病院の人たちは申し訳なさそうにしていたかと訊くと「あの人たちは冷たかった。とことん冷たい人たちだった」。

するとと友人がサロメに、マイアミビーチから来た自称「ナチュラリスト」の女性を紹介してくれた。

サロメたちは万策が尽きていた。ジョアンナは背の高いブロンドの女性で、ステージ4の癌患者を自分の治療法で治癒させたことがあると話した。彼女はハリソンの食事を変えさせ、オーガニックのものを食べて、それから外国産のフルーツを買うよう指示したが、そのフルーツを見つけるためにマイアミ中を車でまわらなければならなかった。「どうしても失いたくない人がいて、その人が死ぬなんて信じたくないとなったら、誰でもあの外国産のフルーツをなんとかして見つけてくるものよ」とサロメが説明する。ある朝、わたしたちはリトル・ハバナにあるラテンアメリカの食事を出す食堂《ダイナー》まで車で行き、目玉焼きとブラックビーン、クリームとアレパ（トウモロコシの薄いパンケーキ）が大皿に盛られたコロンビア風の朝食を注文した。コーヒーは薄めで甘い。ボデガのコーヒーだ。アン・カフェ・レグラール（レギュラーコーヒー）はどこも似たような味。サロメはハンドバッグからマーブル模様のノートを取りだすと、わたしの方に押しやった。あのナチュラリストの治療を記録したもので、ハリソンがスペイン語で書いた大振りの震える筆跡もあれば、娘のオリビアが英語で書いた、いかにも少女っぽい筆跡もある。彼女は当時一六歳だった。

「お茶はどんなものでも飲んで大丈夫。オートミールはまるで奇跡みたい。吐くのが止まって、腹痛が和らいだ」。少女っぽいまるっこい字だ。

「寝る前に一五分、固形物を噛むようにこのジュースをよく噛んで飲むこと」。ハリソンが一五分のあいだ液体を噛むふりをするところをわたしは思い浮かべた。顎の筋肉は硬直化し、両唇のあいだから汁が垂れ、自分を間抜けみたいに感じながら、家族に自分が頑張って闘かっていることを見せていたのだ……たぶん自分でもそうだと信じていたんだ。

「生きるために俺はなんだってしている」

ハリソンの脳腫瘍は記憶力にも影響を与えたから、自分が癌であることもしょっちゅう忘れた。サロメは何度も繰り返し彼に告知しなければならなかったが、ついにそれもやめた。とうとう痛みが我慢できなくなると、病院に連れていった。救急救命室は誰が来ても断れないから。医師たちは彼にモルヒネを与え、それから家に帰した。このときまで家族は自費で治療費を払っていた。亡くなる少し前、心臓に大量に水が溜まったため病院から開胸手術を勧められた。術後は、子どもたちが代わる代わる父親の世話をした。ここにきてサロメは、毎日長時間、掃除婦として働いていたから。

「長くて半年しか生きられないのに、なんだって心臓の手術をするのかね？」と彼女がいぶかる。「医者ってもんはまるでマフィアだよ」。

ハリソンは二〇一二年に亡くなった。癌は喉や肺まで広がっていた。血液まで侵されていた。まだ四六歳だった。

このナチュラリストの治療で夫が治らなかったのはサロメもわかっているけど、それでも最後の三ヶ月間、夫の生活の質《クオリティ・オブ・ライフ》を高めてくれたとは思っている。「あたしたちは自然療法を信じてるの」とサロメが言う。「信じるしかないのよ。医療と自然療法のどっちか選ぶ人もいるけど、あたしたちには医療に払う金がない。亭主が痙攣を起こしても病院に行けなかった。だからあたしたちは自然療法を選んだのよ」。彼女は現在一人暮らしで、毎日できるかぎり忙しく過ごしている。「亭主が死んだときはひどく落ちこんだわ。この国でたった一人、四人の子を抱えて、ろくに仕事もなかったから。アルゼンチンに戻ろうかとも考えた。でも、ほら言うでしょ。こんな目に遭った人間は自分が最初じゃないし最後でもないって――わたしも自分にそう言い聞かせたの」。サロメとどんな話をしても、いつも話の終わりは決まっている……生贄の子羊のメタファーだ。「亭主は子どもたちのためにそれこそ人生を捧げたの。あの子たちの未来が開けるように」と彼女が言う。「息子は勉強して学位をとるって亭主の墓前で約束して、いまバイトしながら勉強してるのよ」。

マイアミに二度目に行ったときには、サロメはアメリカ市民の息子を介してグリーンカードを取得していた。会ってすぐに彼女に自信がついたのがわかった。以前と気分が変わったかを訊いてみた。

「グリーンカードを取ってから、正直前より開き直るようになった。警察に止まれと言われたら、こう訊き返すの。なんだってあたしを呼び止めるの？　って。車の事故に遭っても、もう保険に入ってるから、こう言うのよ。呼びたければ警察を呼びなさいって。前に一度、まだ不法移民だったときに車が事故に遭った時には、相手のドライバーが警察を呼ばないよう息子が現金で四〇〇ドル持って駆けつけてくれた。でもいまはもっと自信がついて自分に誇りが持てるようになったわ」

ある晩、わたしたちはリトル・ハバナにあるこぢんまりしたキューバ風のバーに車で向かった。世界でいちばん有名なモヒートを最初に出したというビラを貼りだしている店。店で出されるこのカクテルはちょっとした演出で煙がもくもく立ちのぼり、サトウキビのストローがついている。フェドーラ（フェルト製の中折れ帽）をかぶったカリブ人男性のバンドが、パナマ出身のルベン・ブラデスやプエルトリコ出身のエクトル・ラボーのサルサを歌っている。サロメは小さなピンクの傘を添えたライムグリーンのマルガリータを注文した。グリーンカードのおかげで安心して暮らせること以外じゃ最近の様子はどうか、とサロメに訊いてみた。「そうねえ、いまあたしは二〇《はたち》歳とか二五歳くらいでしていたはずのことをしてるわ。一六歳のときに父親の家を出て、それから亭主の家で暮らして……けどようやく自分だけの場所を見つけたの。あのとき生きられなかった人生を、あたしはいま生きてるのよ」。子どもたちのことも話してくれたけど、彼女は少し泣いていた。父親がいなくなって子どもたちが寂しがっているという。「それはともかく、さあパーティに出かけましょうよ」と彼女が言う。それはただのジョークで、わたしをホテルに送ってくれるだけかと思ったら、彼女はわたしをドライブに連れだし、なんとワインウッド中をまわってくれた。ここはもともと倉庫街だけど、現在はマイアミで最高にホットなナイトスポットになっている。この界隈を何度も車でぐるぐるまわりながら、彼女はたびたびはっと息をのみ、自分がどれほどグラフィックアートを愛しているか声を潜めてつぶやいた。どのナイトクラブの正面にもカラフルな壁画が描かれ、彼女はそれらをうっとりと眺めている。そのうち真夜中近くになり、わたしがあくびを嚙み殺しはじめると、そんなに若いうちから婆さんみたいな生活をしていてどうするの、と叱られた。用心棒の脇で長い列をつくる、ぴちぴちのドレスを着てハイヒールを履いた女の子たちを指差して「あらまあ、あの子たちなんて素敵なの《アメージング》」と彼女が言う。それから明日の晩、今度はエスメとそれからイサドラというムヘレス・エン・ソリダリダーの現会長を連れてまたここに来たいと言いだした。

　次の日の夕方、まだ早い時間からサロメが車で迎えにきた。最初に車を停めたのは、彼女の通うダンススタジオだ。インストラクターのウリエルにわたしを会わせたいのだという。彼はキューバ人で、スタジオのドアにかかっている巨大な写真の彼は、タキシードから腹がはみだし、けばけばしい金時計と手の甲のタトゥーをこれ見よがしにちらつかせている。階段をあがった先には、中年女性の一団がいて、皆レギンスにビーチサンダルを履き、ビキニ姿のピンナップガールをあしらったロゴのついた揃いのタンクトップを着ている。全員がサロメを見ると、頬に挨拶のキスをしあう。「半分は年配の女性だよ」とサロメが言う。「これまでこんなことしたこともない女たちばかり。あたしだって亭主が生きてるうちは絶対にやらなかった。あなたたちの悪魔を戸口に置いていきなさい、ってウリエルが言うから、そこにあたしのも見つかるでしょうよ。ダンス教室があたしの教会、あたしのセラピーになったの」。ウリエルは一列に並んだ女たちにサルサの動きを教えるのに忙しいので、彼には会わずにかわりに彼の妻と会ったけど、彼女は脂肪吸引を受けたばかりでそろりそろりと歩いていた（毎週月曜はクラス全員が彼女のかかっている美容外科医院のロゴつきのタンクトップを着ている）。ウリエルは数年前にメキシコから国境を越えてアメリカに来たのだけれど、キューバ人であるため政治亡命が認められていた。

「ウェットフット・ドライフット政策」を知っているだろうか。マイアミの政治と人口統計がこの政策によって永久に変わった、って言いすぎかな？　一九九五年にビル・クリントンは一九六六年のキューバ難民地位調整法（キューバ出身者であれば誰でも渡米後一年で在住権を申請できた、キューバ難民に対して特恵的な法）を修正したが、修正の柱となったのがウェットフット・ドライフット政策だった。[*16] この政策で、沿岸警備隊への指令も変わった。キューバ難民はキューバとアメリカのあいだの海上でつかまったら（ウエットフット）送還されるか第三国へ移送されるかだが、いったん無事に上陸したら（ドライフット）アメリカでの滞在が許可され、永住資格や市民権を取得する道が開けた。この方針は陸路での入国にも適用された。ときにはキューバからの亡命者《エミグレ》が中米まで飛行機で飛び、そこからアメリカとメキシコの国境を越えることもあった（ダスティフット）。国境を越えるときに抑留されても、[*17] キューバのパスポートを見せればメキシコ人や中米の人間と分けられて、亡命の手続きに進むことができたけれど、概してこの措置をほかのラテンアメリカ系移民が温かい目で見るはずはなかった。バラク・オバマは退任間際の二〇一七年一月一二日にこの政策を撤回した。[*18]「だからあたしたちは運がよかったのよ」とウリエルの妻が言う。

「でもあたしたちだって移民に変わりはないわ。あたしたちはみんな移民なんですよ」と彼女があわてて付け足す。

ハイアリアのエスメを迎えに行く途中で、サロメが夫とは実は離婚してからまた再婚したと教えてくれた。二人は二年間だけ離婚していた。「アメリカに来た夫婦は、女が働いていると別れちゃうのね」と彼女が言う。「あたしも働いてたからいろいろ問題が出てきてね。それであたしたちの仲も破綻して、離婚して、別々のところに住んで、あたしは独身女の生活にすっかり慣れてきていた。そしたらあの人が頭を冷やして、あたしがいなくて寂しいと言いだして、あたしのためにギターでセレナーデを弾いたりしてね。それでまた一緒に暮らすようになって、あたしはもうそのままでかまわなかったんだけど、あの人がまた籍を入れたい、そうしたら永遠に一緒にいられるって言うんでね」。

エスメを迎えに行くと、彼女は興奮を抑えきれない様子で車に乗りこんできた。さてこれからイサドラを皆で迎えに行くという。いまは夜の九時。夫と息子からエスメに電話がかかってきた。「女性陣と一緒なの。夕飯はコンロの上に置いてあるから」とひそひそ声で彼女が伝える。

イサドラの家まで一時間かかった。もう夜の一〇時だ。イサドラは車に乗りこむと、興奮した声で「あのアラブの族長《シーク》どもが住んでいる」豪邸のところを車で通りたいと言いだした。赤紫色《フクシア》のトップスを着て、肩に触れるほど大きな銀の輪っかのイヤリングをつけ、髪を歌手のドリー・パートンみたいに逆立てている。女たちは豪邸に目を瞠り、イサドラは気分が落ちこむといつも高級住宅街を長いこと散歩するのだと教える。「あら、あたしは絶対ムリ」とエスメが言う。「豪邸を見たらそれだけでストレスがたまっちゃう。あそこを掃除しなくちゃいけないのか、って思うから」。サロメはＧＰＳを使うのが苦手だし、イサドラだけがこの界隈を知っているから、どこに連れて行かれるのやらわたしにはさっぱりわからない。そのうちやっと、噂話《チスメ》に花が咲くなか、どうやら街からだいぶ離れたカジノを目指しているらしいとわかった。わたしが翌日朝五時の飛行機に乗らなくてはならないことを伝えると、彼女たちは今夜の冒険をワンランク下げてくれた。イサドラがどこで曲がるか何度も指示を出し、車は結局近くのフォート・ローダーデールのビーチの真向かいにあるポリネシア風のティキバーに向かった。

イサドラはパンチボウルにさっそく目をつけた。これはラムの金魚鉢ねとわたしが言うと、彼女の目がいたずらっぽくきらりと光った。メニューをパラパラ眺めながら、雑談で自分はボリビアで国際関係の弁護士をしていたとイザドラがわたしに語りだした。ロシアとの関係が専門だったという。六年間ロシアに住んでいてロシア語が堪能。そしていまこの国に一六年間いて、掃除婦として働いている。「いいってことよ!」と彼女は言う。「こうなるのはわかってたんだから」。イサドラとサロメは「ゲーター」を試してみたがる。「これって鰐《ココドリロ》のことよね?」と二人が訊く。口に手を当てて笑い声を押し殺しながら。全員がモヒートを頼むことにしたら、記念グラスに入って運ばれてきた。「あら親切なこと。まあどのみちグラスはお持ち帰りするつもりだったけど」とエスメが言う。

さてここから仕事の話になる。家を掃除するのは簡単そうに見えて、危険な仕事だ。彼女たちのなかに実際に襲われたことのある者はいなかったけど、全員が、仕事中に体を触られたりレイプされたりした女性や、給料を盗まれた女性、精神的虐待を受けたがICEに通報してやると雇用主に脅され沈黙させられた女性を知っていた。ある掃除婦は、家に入るのにセキュリティシステムに間違ったPIN(個人識別番号)を入力したせいで警察が来て、警察に移民業務局に通報されて、結局は強制送還されてしまったという。また掃除婦は部屋から部屋、仕事から仕事、業務用冷凍室から業務用オーブンまでと急激な温度変化に幾度も晒されるせいで、なかには顔面麻痺になる者もいる。オーブンを掃除するにはスイッチを入れなければならず、そうすると化学物質の煙が出る。煙を吸わないようにしても、紙のマスクを通してどのみち入ってきてしまうことがある。掃除婦は偏頭痛や発疹に悩まされる。サロメは高齢者夫婦の家で一五年間働いた話をしてくれた。妻が亡くなったあと夫は再婚したが、相手の女性は認知症の初期段階にあった。彼女が自分の母親からもらった指輪をなくしたとき、しかも指輪は金《きん》ではなく模造品だったが、それでも彼女はサロメが盗んだのだと責めたてた。サロメは指輪を探すのを手伝いにその家に行き、ピアノの上に置かれたままだったのを見つけた。「こっそりここに置いたんだろ！」と女が叫んだ。「アンタが盗んで、それからここに戻しといたんだね！」彼女の夫はうつむいてただ床を見つめている。サロメを疑っていたわけではないが、妻の機嫌を損ねたくなかったからだ。サロメはその場で仕事をやめた。「生まれてこのかたあんなに侮辱されたのは初めてだよ」と彼女は言う。「模造品のアクセサリー一個で生計の手段を失うようなアホなこと、あたしがするとでも思ったのかね」。

彼女たちに怖い夢を見てうなされることがよくあるかと訊いてみた。ここ最近、わたしがとくに好んでする質問の一つだ。

この国に住んで何年になりますか？

怖い夢を見てうなされることがよくありますか？

毎晩だよ、と女たちが答える。エスメは夜ごと抑留キャンプの夢を見るという。それから、自宅に皆を匿わなければならなくて、誰も物音一つ立ててはいけないといった夢も。あるとき強い不安に襲われて眠れなくなり、ワインを一杯飲んで、それから一杯、もう一杯とやって気づいたらひと瓶空になっていた。「父親がアル中だったから、自分は我慢してたのに」と彼女が言う。わたしも自分が見る怖い夢のことや、自分のメンタルの問題を打ち明けて、それから自分が薬物治療にどれほど救われているかという話をした。「その手のものの餌食にはならないって心に決めることはできない？」とエスメに訊かれた。「自分の悪魔に負けないと自分に誓うことはできないかな？　あたしはそうしたよ」と彼女が言う。「負けないように自分を訓練した。唯一やめられないのは一日にシャワーを四度浴びることね。それに自分で決めたある種の食品には手をつけないことにしている。でもそれで全部よ」。

「それって……ＯＣＤ（強迫性障害）っぽくないかしら」とわたしが言う。

「あたしたちが書類をもらったら、精神科医はさぞ金持ちになるだろうね。だってみんな頭がイカれてるもん」とイサドラが言うと、全員がアハハと笑った。

（移民とはそりが合わない曲だが）「スウィート・ホーム・アラバマ」がバーのラジオから流れてくる。

「この歌、だあいすき」とエスメが言う。「あたしはこの歌を「スウィート・ホーム・ハイアレア」って呼んでるよ」。いきなりエスメが声を張りあげ歌いだした。ほろ酔いだったから。バーにいた常連客の白人たちが何人かわたしたちを見たから、わたしはそわそわしだし、自分がそわそわしていることに自分で悲しくなった。わたしたちは、わたしたちを取り巻く豪奢な邸宅《マンション》に驚嘆し、そこの掃除をすることは頭から追い払いながら、相変わらずこのかなり「レッドネック」な歌を歌いつづける――ラティネックスのわたしたちが歌うのに苛立った客の一人がいきなりＡＫ－47をとりだしてわたしたちを倒し、そのあと床に寝るわたしたちに近づいてきて処刑方式で頭を撃ち抜くところをわたしは思い浮かべた。それからわたしたちをじろじろ眺める白人たちの視線を感じながら、わたしは持っていたグラスの酒を、自分の頭のてっぺんから勢いよくかけた。女たちが大喜びで囃《はや》したて、わたしは身の毛もよだつような金切り声をあげた。こんな声出すのは、空前絶後のことなんだけどな。

# 第4章　フリント

　初めてわたしがフリントを訪れたのは二〇一七年、ここの水道に鉛が含まれていたことが全米で大ニュースになってから一年後、そしてミシガン州保健福祉局長官のニック・ライアンや同局の最高医療責任者イーデン・V・ウェルズなどの五人の名だたる官僚が、水の安全性について一般市民に誤った情報を与えたことによる過失致死罪で告発されて二ヶ月後のことだった。[*1] この州が住民に毒を飲ませている状況を、わたしは自分の目で見たいと思った。

　この水汚染という重大局面よりはるか前からフリントはすでに八方塞がりの状態だった。かつてフリントの人口の半数を雇用していたゼネラルモーターズが、一九九〇年代に市のほぼすべての工場を相次いで閉鎖した。[*2] 二〇一四年までには人口の半数がこの地を去っていた。[*3] 自動車工場の労働者とその家族、そして彼らに食事や衣服、娯楽を提供することを生活の糧としてきた人たちだ。現在フリントにいるのは、ここを出ていくことができないか、あるいはどうしても出ていきたくないという理由からこの地に残った人びと。一九六〇年代には最高で二〇万人が住んでいたけれど、現在この市に住むのは一〇万人に満たない。[*4] 二〇一六年にはフリントの住人の四五パーセントが貧困線以下の暮らしを送っていたけれど、これは全米で人口が六万五〇〇〇人を超える都市では最も高い割合だ。[*5]
この市の住民が減少し、肌の色が黒や褐色の住民が増え、市がより貧しくなるにつれ、公共サービスは弱体化した。[†] 消防士や警察官は削減され、放火があちこちで起きた。ゴミの収集は民営化された。フリントでは九軒に一軒が空き家になっている。[*6] 住民は市の提供するサービスを受けるのに桁外れの水道料金を払わなければならない……水はいまだに有害だというのに。多くの家庭では溜まった請求書が数百ドルにもなった。なかには小切手を切って救いの手を差し伸べようとする教会さえ出てきたほどだ。
フリントの不法移民コミュニティが水汚染によって被った影響は、このコミュニティに特有の深刻なものだった。フリントの水路から検出された有毒な鉛の量を示すビラはすべて英語だったし、戸別訪問で水道水を飲まないよう伝えて回っても、不法移民はノックするのが移民業務局の人間ではないかと恐れてドアを開けなかった（また、このニュースが報じられる前の週に食料品店で強盗が起きていたという）。オバマ大統領が緊急事態宣言を発令し、州兵がフリントに配置されると、不法移民はますますドアを開けようとしなくなった……今度、戸別訪問しにきた人間は制服姿だったからだ。[*7] フリントに住む不法移民のなかには、メキシコからアメリカに来ている同じ家族の者が心配して電話をかけてくるまで水道に鉛が入っていることを知らなかった者たちもいた。かけてきた家族はユニビジョン（アメリカのスペイン語テレビネットワーク。スペイン語で「ウニビシオン」）で水汚染の報道を目にしたのだ。[*8]
ラウラ・ムガベロという名の地元の移民支援団体のリーダーが、わたしをホテルまで迎えにきて、市の中心部を車で通り、居心地のよいこぢんまりとしたメキシカンレストランに連れていってくれた。ラウラは八〇年代風のカーリーヘアを銅褐色に染めている。女性向けの雑誌によれば、女性は目と唇のどちらかを選んで強調すべきだそうだが、彼女は両方とも選んでいた――黒々としたアイシャドウに真っ赤な口紅をさしていた。わたしたちは飲み物を注文した。彼女はサルサ（ソース）がやけに甘すぎると言ってつきかえした。地元で活動するラウラのことを夫が知っているという店のオーナーが自らテーブルまで来ると、このレストランは白人客に人気だから彼らに合わせてサルサを甘くしているんですよ、と説明した。オーナーは謝ると、かわりにもっと辛くてスパイシーな料理を二品持ってきてくれた。

ラウラはメキシコ生まれだ。父親は渡り鳥労働者《マイグラントワーカー》だった。一九八二年一月一日以前から不法移民としてアメリカに滞在していたから、結局は一九八六年の「移民改革統制法」による恩赦によってある程度の法的地位を獲得したけど、家族の合法的な呼び寄せなど考えられなかった。母親とラウラとまだ赤ん坊の妹は、父親に連れられてラウラが九歳のときに国境を越えた。彼女は涙をこらえながら、リオグランデ川を渡る際に、母親がしっかりした足場を見つけて渡りきる直前に自分の目の前で川の中に滑り落ちてしまったことを振り返る。最終的に三人はフリントに向かい、一九九四年に父親はそ

---

† フリントの国勢調査の結果を見ると、黒人人口が二〇一〇年、二〇二〇年とそれぞれ五六・〇九％、五五・七四％。ヒスパニックが三・八七、四・八七％である。一九七〇年に七〇・一％を占めていた白人は二〇二〇年には三二・四六％に減少している。不法移民は国勢調査に答えていない可能性が大きい。
また、フリントの空き屋率についてはより悲観的な数字も目に付く。一例として“42 percent vacant: Forum explores Flint’s “everyday remaking of place” after abandonments”というパネル紹介記事を挙げておく。ネットで容易に検索できる。

の場でＧＭの自動車工場に雇われた。ＧＭが最後の自動車工場を閉鎖するのはそのわずか数年後だった。

市は当時と様変わりしていた。夕食後、わたしたちは市のラティネックスの住む地区であるイースト・フリントを車でまわり、ラウラはわたしに、子どもの頃に自分が住んでいてすでに取り壊されてしまった家のあった場所や、通っていた学校のあった場所を教えてくれた。彼女の母校もすべて廃校になっている。この地区にはハイスクールが四校あったけれど、二校が廃校になっていた。人口が流出したとはいえ、残った二校は超満員だという。ここは、グランドファーザーズ・クロックの工場の残骸があるところ。ここは、かつてビュイック工場《シティ》があったところで、二三五エーカーの工場跡地は現在、菱形金網《チェインリンク》の塀と有刺鉄線で囲われ、一面がピンク色の花をつける雑草に覆われている。ここは、かつてのゼネラルモーターズ工科大学があった場所で、ここから多くのエンジニアが巣立っていったが、石碑に刻まれたその大学名はほとんど判読できない。シェビー（シボレー）の工場は公園にする話もあったけど、いまもそのまま放置されて、雑草がはびこりウォッカの瓶が散乱している。空のペットボトルが半端なく増えたので、誰かが金網の中の空いてる場所に無造作に押しやり、敷地全体がまるで現代アートの作品みたいだ。一軒家やアパートやトレイラーハウスは片っ端から落書きされ、芝生には薄汚れたおもちゃの木馬が不気味に佇んでいる。

わたしはマルガリータ・ダビラと日曜のミサに出るために、この界隈で唯一スペイン語の礼拝を行っている場所ですとポスターで宣伝している教会に行くことにした。マルガリータは六八歳、メキシコ系アメリカ人の移民活動家で、小ぶりの縁なしメガネをかけ、髪は短いブロンドのカーリーヘアだ。

ホテルに迎えにきてくれた彼女の車は真っ赤なピックアップトラックで、ミラーには宝石をはめこんだロザリオがかかっている。聖アロイシャス教会はフリント市の郊外にあるから、信徒たちは車で教会まで行かなきゃならない。今日は子どもたちの初聖体拝領を祝うことになっているという。

道中でセサールというベネズエラ人男性を拾っていく。彼は政治亡命の認定を請願しているところで、自分の車を持っていない。前の週には市内バスで教会に行こうとしたけれど、ここの公共交通機関はあてにならず、午前八時のミサに出るはずが着いたのは午前一一時だった。故郷では検眼士をしていたと彼が教えてくれる。一度だけ彼と二人きりになったとき、わたしの腕に触れて彼がこうささやいた。「俺たち全員がメキシコ系移民ってわけじゃないんだよ」。それから自分の名前と電話番号を書いた紙をそっとわたしに手渡した。

聖アロイシャス教会の入り口では礼拝者たちが列をつくり、それぞれ中に入るときに聖水に指二本を浸し、それから自分の額と唇と胸のところで十字を切る。親たちが、初聖体拝領だから全身白ずくめの、ちっちゃな新郎新婦に見える子どもたちの写真を撮っている。

フリントの街を歩くと板を打ちつけた家が目につくけど、その次に驚くのはバーと教会の数の多さ。フリントの住人はとくに信仰心が強いのかとマルガリータに尋ねると、たんに教会が提供するサービスがないと困るからで、それは州が何もしてくれないからという。水汚染自体は恐ろしいことだけど、彼女の話ではそのおかげで以前より多くのサービスを受けられるようになったそうだ。「ここにあたしたちがいるってことに、やっと気づいてくれたのね」。

不法移民である教会員が数人、礼拝のあとに会衆席でわたしと話をするために集まってくれて、ドーナツとスタイロフォームのカップに入ったブラックコーヒーが用意されたテーブルを囲んだ。皆、両手を前に組んで座り、ブートキャンプ（新兵訓練基地）なら満点の姿勢だ。マルガリータが教会のフェイスブックに投稿し、わたしの訪問を事前に知らせてくれていたが、それはわたしがするはずの自己紹介（自力でカルトから脱出した人間）とはほど遠く、周囲の人間が好むわたしの紹介（イェール大学の博士課程の学生）で、そんなごたくを書いたのでは互いの距離が離れてしまう。それでもわたしが何を聞きに来たか全員が承知していて、皆それぞれ話してくれる用意ができていた。

彼らは両腕を大きく広げ、最初に事件がニュースになったときに寄付された飲料水の箱で、この部屋がどれほどいっぱいになったか教えてくれた。「見渡すかぎり箱だらけ」とある女性が語る。「いつもあたし言ってたのよ。ニュースになっているから支援を受けられたんだって。時間が経てばわかるわよって。そのうち何もなくなるってあたしにはわかってたのよ」。いまこの会衆席は空っぽだ。「それでも水をもらえたことには感謝してる。この世界には水さえ手に入らない人が大勢いるから」とリリアナという女性が言う。汚染された水の話をする前に、まず一同は神のご加護について話を始めた。リリアナが自分の受けたご加護の話を切りだした――あとからリリアナが癌と闘かっていると知るのだけど――そしてわたしも自分の受けたご加護について告白してから、ようやく質問に移るのを許された。「そうね、最初にうわさが立ったの」とリリアナが言う。「何かひどくまずいことが起きてるんじゃないかってみんな思ったわ」。水が赤錆色をしていて、それはそれはひどい味がしたのだけれど、住民が市当局に電話をしても、頭は大丈夫かと相手にされなかった。そのうちゼネラルモーターズが、まだ残っていたトラック工場の一つでフリントの水を使うのをやめた。水のせいで部品が腐食するのを懸念したのだ。リリアナの息子のジュニアが言うには、ＧＭの従業員は水の件を家族に伝えていたが、その話が外にもれることはなかった。ジュニアは書類を持っていて、不法滞在じゃない。彼の仕事の一つは、家を一軒一軒まわって濾過装置を設置し、使い方を住民に教えること。ラティネックスのコミュニティには書類のない者もいると承知しているから、同僚を車に待たせておいて、彼が自分だけで住民に会ってペーパーワークを済ませることも少なくない。社会保障番号のない人たちが相手のときにする、iPadでスクロールやスキップをする動作をしてみせてくれた。それでも、あんたは水道会社、つまりは市当局の人間と一緒だから信用できない、と言われてしまうという。「でも、それが何ですか？　って言うんだ。ぼくだって同じラティーノですよ。僕はあなたとそっくりだし、あなたにこうして会えたんですからってね」。

「コミュニティのなかにはかなりの不信感があるの」とマルガリータが言う。「州政府がこの水は金《きん》でできていると言っても、誰も飲もうとはしないでしょうよ」。

リリアナの娘のカレンの話では、子どもたちの血液中の鉛の濃度を調べてもらったところ、全員が同じ値だったという。戻ってきた自分の検査結果の値もまったく同じ、さらに自分の母親も、父親も、ほかの誰もが同じ値だった。全員の結果がまったく同一だったのだ。カレンがコミュニティに訊いてまわると、近所の人たちもやはり同じ値だと口々に報告した。この検査は環境保護庁（EPA）とミシガン州の州環境品質局（DEQ）が実施したものだった。「この検査をしたのが州だとわかったとき、あたしはこう言ったの。それじゃ信用できるわけがないって」。

「たとえ値が本当だったとしても正確ではないわ。あの人たちは言わないけど、体内に入った鉛は血液中に留まるだけじゃなく、骨の中にも入るんだから。相当深くまで入るから検査では見つからないのよ」とリリアナが言う。研究によれば、子どものときに鉛に曝露されると深刻な長期的影響が生じる怖れがあるという——高血圧や腎機能障害、さらに知的障害、たとえば発話・言語理解・記憶力・

巧緻運動機能・行動自己制御の問題など。[*9] 有色人種の子どもの方が幼少期に鉛に曝露される可能性がはるかに高いため、フリントの子どもたち世代全体に何が起きるかを考えると暗澹たる気持ちになる。州が彼らの血と骨を、行動自己制御や言語理解が損なわれるほど汚染しているというのに、待ち受ける未来の可能性について、子どもたちにどんな約束ができるというのだろうか。ミシガン州政府は、これから一五年のうちに一発の弾丸で始末されるだろう水汚染の被害者のために、一体いくつの墓を用意しているのだろうかと考える——知的障害や精神疾患のある有色人種のがきを警察がどんなふうに扱うかは誰もが知るところだもの。

　ボトルウォーターを使わなきゃならないとなると、あらゆる家事に支障が出る。リリアナは一日に水を四、五ケース消費する。幼い孫たちは短時間のぬるいシャワーしか浴びられず、風呂に入ってはだめと言われて泣きだし、おばあちゃんは意地悪だと文句を言う。「熱い湯を使うと毛穴が開くから、鉛が皮膚を通して吸収されちゃうのよ」とリリアナは言う。「鉛は皮膚から吸収されない、吸収されるのは胃や腸を通してだけとよく言われるけど、それはウソ。熱い湯で毛穴が開くと、そこからどんどん深く入っていくの。だから、ぬるま湯か水のシャワーにしてるのよ」[*10]。

　リリアナは二〇年前メキシコからアメリカに渡ってきた。わたしの母と同い年だ。掃除婦として働いていたけれど病気になって仕事をやめて、現在は家で五人の孫の世話をしている。自己チェックと年一回のマンモグラフィー検査でここ何年もとくに問題はなかったのに、二ヶ月前に乳癌と診断された。それが鉛入りの水と関係があるかは不明だけど、彼女は楽観主義者で、嫌なことは考えない性格だから、その可能性については口にしたくないという。

「ミシガン州に来てから、たいていの移民と同じで、あたしも来年こそはここを出ていくから、来年こそは、来年こそは……って言いつづけてた。でも結局出ていかなかった。全部ウソ。フリントは好きじゃないけどミシガンは大好き。緑が好きだし、自然が好き。それにミシガンには鳥がたくさんいるしね。夫は呆れてるよ。あたしが毎朝夜明けにベッドを抜けだして、鳥たちが目を覚ますのを見に行くから。鳥たちと一緒に起きるのが好き、あの子たちの歌を聞くのが好きなの」。自分でも鳥を飼っているのかリリアナに訊いてみた。長い沈黙のあと、「鳥を自分だけのものにはしない。逃がしてやったよ」と彼女は言った。

「夫が小鳥を何羽かプレゼントしてくれたけど、カゴに入れておくのが嫌で、ある日外に出て、あの子たちをみんな逃がしてやった。青い鳥が二羽と緑の鳥が一羽。あの子たちには野生に戻ってほしかったから名前もつけなかった。みんなよく庭に戻ってきてくれたよ。今日はどんな日なの、ってあの子たちとよく話をしたものさ。いつお腹がすくのかい、と訊いてみた。あの子たちはじっと耳を傾けていたよ」

母親に癌があると告げたのは息子だった。移民の親が医者に行く場合、子どもが通訳するのは珍しくないけれど、その日は医者が息子と長いこと話しこんでいたから、二人の表情から何か良くない話だと彼女にもわかった。それから医者は彼女をハグすると、「残念ですが《ロ・シエント》」とひと言言った。「癌《キャンサー》」のスペイン語は「カンセル」だが、医者はこの告知を息子に委ねたのだ。彼女は一人になるために家に帰り、とにかく一人になりたかったけれど、家族がひしめき合って暮らす家ではそれもかなわない。「誰とも話をしたくなかった。自分にこう言いきかせたんだ。自分で治してみせるし、きっと大丈夫。乗り越えてみせる、ってね。いつだってあたしは前に進んできたし、邪魔するものは何だって追い払ってきたんだから」。それから病気についてありとあらゆることを勉強し、医者に訊くべきことはすべて訊いた。ところがあるとき医者たちからメキシコに帰るように言われた。ここでは放射線治療がかなり高額で、彼女が自費で払えそうにないからだ。帰りたいかと息子のジュニアに訊かれた。「どこにも行くつもりはないよ」と彼女は答えた。

わたしと初めて会ってまもなく、リリアナは化学療法を開始した。もっと安い料金で治療してくれる医者をマルガリータが見つけてきたからという。わたしがフリントを去ったあとも、マルガリータは定期的にリリアナの様子を知らせてきた。ある日彼女がリリアナを病院に連れていったあとに、わたしにスマホでメールをよこし、吐き気がひどいから彼女が治療をやめようかと思っている、と知らせてきた。リリアナを元気づけようと、わたしは美しい鳥の写真を彼女にスマホで送った。黒いくちばしに黄色と黒の目をした青い鳥のスミレコンゴウインコ、アメリカオシドリとその愛らしい黄色の幼鳥、間抜けな顔のニシツノメドリ、ヒルビリーイエローの羽冠のキンケイ、アマゾンの王子様のアカコンゴウインコ……。鳥たちの写真を次々に送ったけど、返信はなかった。

後になってわたしはこんな夢を見た——化学療法のせいで彼女の髪が抜けてしまうと、タカが飛んでくる。リリアナの家の外には、彼女が庭に置くタネのびっしり詰まった餌箱と、彼女の家を囲む大きく成長した樹々に惹かれて、庭でおなじみの鳥が集まってくる。はじまりは、彼女の目の前で一羽の猛禽がナゲキバトを捕らえて飛び去ったこと。それで気分が悪くなり、彼女は家の中に引っこんだ。それから目の前で同じことがまた起きた。今度獲物になったのはショウジョウコウカンチョウで、猛禽は家の屋根に飛びのると、略奪品を自らの臓物に取りこんだ。毎日リリアナは吐き気を忘れようとしばらく外に出ることにしていて、そんなときに頭上を飛ぶタカたちを見かけるようになった。大きさはまちまちだった。近所の人が言うようには犬や猫をさらっていけそうには見えないけど、殺すことならできそうだ。まもなく庭で見つめる彼女の頭上をタカたちが円を描いて飛びはじめ、タカたちの下でいくぶん怖がりながらも、その威厳ある姿を眺めるうちに、彼女はまるで自分の手足が操り人形のようにタカの翼に糸でつながれ、鳥たちの動きを自分が自在に操れるような気がしてくる。あれは渡り鳥だ。「たぶん迷ってしまってるんだから、あたしが暖かな場所に導いてやらなきゃ」。そう彼女は考えた。自分が体を動かし飛ぶ真似をしてみせ、鳥たちに動けとはっぱをかけないと、鳥たちは死んでしまうだろう。この家を出なくちゃ、この病気とおさらばしなくちゃ。気分が優れないのは家を出ることができないからで、それはこの家を囲む大樹の巣から猛禽たちが離れられないのと同じことで、鳥たちはずっとここにこうしていて、その日の彼女の動きに合わせて彼女の頭上を飛びまわっては、狩りをしたり、夜に帰宅する彼女の夫に糞を落としたりする。

テオドロに会ったことはあっても、彼は黙って静かにしているから、その存在に気づかなかったことだろう。彼はミサのあとに教会の会衆席でわたしが会った移民の一人だ。彼が話をしているとき、わたしは何度も彼と目を合わせようと試みた。誰かが視界をさえぎると、彼はたちどころに口を閉ざし、苦しげな顔をするから。テオドロは孤独でトシのいった男だけど、本人いわくまだ五六歳だという。彼はまるで一本の樹木だ。口はへの字にまがり、しわが樹皮の溝のごとく深く刻まれ、笑うとさらに年をとって見える。夜も遅く、彼が仕事から帰ったあとにわたしたちは電話で話をするのだが、彼との会話はどす黒く固まった樹液のように感じられる。

テオドロは一九九八年八月二〇日にアメリカにやって来た。彼は正確な日付を覚えていた。彼の一五歳になる息子が、ミシガン州で一番人気のチャイニーズレストランで働くためひと足先にアメリカにやって来てから二年後のことだった。息子は、友人を通じて店が人を募集していると聞いたという。テオドロの方は最初にキュウリ農園で働き、それからレストランで皿洗いやコックをし、その後はフォルクスワーゲンや武器、皿洗い機、プラスチック製品、石鹸などのさまざまな工場で働いた。

なかでもお気に入りの職場はデトロイトにあるチョコレートとお菓子の工場で、そこで一〇年間働いた。初めのうちはトイレ掃除をしていたけど、工場のオーナー夫妻は彼が働き者だと気づいて、こう言った。「テオドロ、そこはもういい。これからはグラノーラのところで働いておくれ」。そこで彼は青い作業着《ラブ・コート》をまとい、スイーツ担当になった。

「チョコレート工場で過ごした年月《としつき》は、人生で最高のときだった」とテオドロがわたしに語る。「そこではキャラメルをかけたポップコーンやペカンパイ、チェリーボンボンやナッツが入った小さな亀の形のチョコレートの作り方を覚えた。香りももちろん最高だけど、何より気に入ったのは、そこにある機械《マシン》。「流れ作業のしょっぱなに俺が蜂蜜にピーナッツを入れて、それからそれがチョコレート・マシンに入っていって、そこではチョコレートがカーテンみたいに滝のように流れ落ちたり、間欠泉みたいに吹きあがったりして、上から下からシャワーみたくチョコレートを浴びせるんだ。すごいだろ？　それで、ここまででチョコレートはかなり熱くなっていて、今度は冷却トンネルに入っていく。夜間のシフトで働いて、一晩中チョコレートを作ったこともあったが、そんなとき工場は静かでひんやりしていて、そこでほんの一握りの人間が世界中の人たちのためにチョコレートを作ってるんだ。俺は腕がいいから、まわりの誰も彼もを手伝っていた。「それはお前の仕事じゃないんだ」と上の者には言われたがね。でも皆でチームになって働きたかったから、ちょっとでも時間が空いて、同僚の作業が遅れ気味のときは、上の者の言うことなど無視したよ。そこにいた最後の年、かなり年季の入ったオーブンを入れてね。グラノーラをずいぶん長いこと炙ってたオーブンで、そこから炙られて褐色になった天にも昇るようないい香りのやつが出てきて、それで一〇人で同時に八〇個のトレーを使って作業した。冷却エリアには金属探知器があって、かまど《バッチ》に不純物が入っていないか確認するんだ。天国《パラダイス》みたいな香りがしたよ。嘘みたいな話に聞こえるかもしれんが、俺はこの目で見てたんだものな」。

それから、この会社はオハイオ州から来たオーナーに売却され、今度のオーナーはアメリカ市民だけを雇うことにした。二〇一二年の一月一日にボスたちはテオドロにこの決定を伝えた。「ほんの二時間ほど働いたところで呼ばれたんだ。「テオドロ」とボスたちが言ったよ。「お前を置いとくわけにはいかないんだ。この会社はもうわれわれのものじゃないんでね」とさ」。ボスたちは、彼がこれまで雇ったなかでもとびきり優秀な従業員だったと証明する書類をくれて、これを次の雇用主に見せたら、きっとトイレ掃除に戻らなくてすむだろうと言ってくれた。

「その人たちがあなたにそう言ったの?」とわたしが尋ねる。

「ほんとにそう言ってくれたさ」と彼が答える。

彼が一人で暮らすのは、二〇〇九年に——むろんキャッシュで——買った家だ。一人でいるのをどう思うかと訊いてみた。「ときどき悲しいことばかり考えちまうが、機嫌よくしてなきゃならないから、なんとかそうしてるよ」と彼は言う。

「どうして機嫌よくしてなきゃならないの?」と彼に尋ねる。

「そしたら寂しくないだろ」

彼は二頭のピットブル、グレイシーとベラと暮らしている。グレイシーは二歳の薄茶の子犬、ベラはその母親で六歳だ。彼はどちらも「子犬たち《パピーズ》」と呼んでいる。二匹を保護したあと、地元の機械工のところに寄って、庭に置く木製の大きな犬小屋を買ってきた。犬たちは毎日何時間も外で遊んで泥だらけになるから、風呂に入れてやらなきゃならない。グレイシーは熱い風呂に入るのが大好きで、石鹸で体中を洗ってやると、気持ちよくなってバスタブのなかで眠ってしまうから、タオルにくるんで抱えて風呂から出してやらなくちゃならないが、手足が重たくて、まったく困った甘えん坊だ。

裏庭の木にテオドロがタイヤをつるし、グレイシーとベラを膝にのせてすわり、一緒に揺れているところを想像してみた。初めのうちは地面にほとんど足が着いていたのだけれど、もっと高く、もっと速くと漕ぐうちに、とうとうテオドロは自分が落ちたら犬たちも一緒に落っこちる気がして、どっちか一匹でも落ちたら自分も犬たちも揃って落っこちる気がして、犬たちと自分が一心同体で動いている気がしてきて、それはこの家に彼らだけでいるときも、この庭に彼らだけでいるときも、この広いミシガン州に彼らだけでいるときも同じことで、この世界に彼らが互いを愛する以上に彼らを愛してくれるのはだーれもいないんだ。

グレイシーとベラに水道の水を飲ませているのかとテオドロに訊いてみた。

「いいや。あいつらにいつもやっているのは、フリントの住民に寄付された小さなボトルの水だよ」と彼が言う。自分の配給分をやっているんだ。

水に鉛が入っていたことをテオドロが知ったのは、それが世界的なニュースになったときだ。「不法移民は蚊帳《かや》の外なんだ」と彼は言う。テオドロが配給センターに行ったら、州発行の身分証明書（ＩＤ）を見せるように言われた。現在ミシガン州では不法移民は州のＩＤを持つことができないからＩＤなどなく、ほかをあちこちまわって、ようやくＩＤがなくても水をもらうことができた――犬たちのために水が欲しかった。車のトランクにボトルウォーターのケースを入れるのを制服姿の男たちが手伝ってくれた、と感心した口ぶりで教えてくれた。州兵を怖がってはいても、彼らに畏敬の念も抱いている。

寂しいのはわたしも同じ。わたしが心安らぐのは、パピーミル（工場《ミル》のように子犬を大量に繁殖させる業者）から来たわたしの犬といるときだけ。あの子を迎えたのは、トランプが大統領に就任した週のこと。動画で黒のラブラドールとジャーマンシェパードがＰＴＳＤを患う退役軍人の力になり、泣いている彼らの顔に飛びつき、自分たちの体で彼らの体をかばっているのを見て、わたしは枕に顔を押しつけて泣いた……わたしも守られたかったから。わたしは自殺念慮が半端なく強くて、それである晩、パートナーがわたしにまさにこう言った。これまであなたのそばに子犬がいたことなかったよね。保護犬を引きとろうと思ったけれどうちに庭がないのでダメだと言われたから二人してペットショップに出かけたんだけど、それはただ、わたしがリストカットに走らなくなるよう、しばらくのあいだでも気分転換できればと思ったから。店の人がフランクを連れてきてくれた。ボストンテリアの男の子。茶色いやつ。ほんとにあらまあ、って見た目の子。両目が見えなくて、歩くこともままならない。パートナーが彼を抱えてわたしの膝にそっとのせると、たちまち眠ってしまい、足がしびれてきたのでわたしが立ちあがったら、パンツを噛んで、また床に座ってとおねだりしてきたから、わたしはパートナーを見上げてこう言った。うーん、あたしたち、この子を置いてけないよ。自分の本の前払金をまだもらっていなかったから、予約購入というかたちでわたしたちは彼を連れだした。まったく怪しげなビジネスだよ。彼を家に連れて帰り、クレートに入れて、真夜中にわたしがパニック発作を起こすと、二人で彼を出してわたしの胸にのせ、人生で初めてわたしは自分が守られている気持ちがした。彼は純粋無垢な子ども時代を思わせる匂いがした。うーん。子ども時代などじゃなく赤ん坊みたいな匂いがした。神様がわたしのために特別につくってくれたものみたいな匂いがした。彼を生かしておくためにわたしが自分を生かしておくかぎり、わたしたちはきっと大丈夫だ。

だから、テオドロが自分の配給分の濾過水を犬たちにあげていると聞いて、わたしは死にたい気持ちになったけれど、その死はそれほど苦しみのないもの……たとえば樹木、彼のような樹木に生まれ変わらせてくれる類いのものだ。ピットブルたちの写真をスマホに送ってほしいと頼んだらそうしてくれた。犬たちはまるまる太っている。毛並みがつやつや輝いている。自分の水をあの子たちにあげるのはどうしてかと訊いてみた。そうだな、あいつら言葉は話せないけど、もし話せたとしたら、言いたいことは山ほどあると思うよ――そう彼が言った。

一年近く経ってわたしはまたフリントに戻ってきた。知事のリック・スナイダーが、鉛の値が二年のあいだ国の基準を超えていないことから、ミシガン州はフリント住民への水の無償提供をやめると宣言していた。[*11] とはいえ、当局は鉛に汚染された水道管のうち、わずか六二〇〇本を取り替えただけで、一万二〇〇〇本は放置されたままだ。[*12] 住民は自分たちに毒を盛った市に高い水道料金を払わされるだけでなく、今度は自分たちが飲むためのクリーンな水を買わなきゃいけない。

マルガリータはわたしが戻ってきたので大喜びし、自宅でもてなしてくれると言い、わたしと話をしてもらおうとフリントに住む移民の女性数人をランチに招いていた。この特別な催しのために、彼女は手作りのトルティーヤ、ライス、牛ひき肉のポテト添えを用意してくれた。ところが、女たちはさまざまな理由から顔を出さず、なかにはニューヨークから来たよそ者と話すことの居心地の悪さを、見え透いた口実でごまかす人もいた。だから、かわりにマルガリータの夫のケニーと会ったんだけど、彼はいかにもタフガイ然として振る舞うタフガイで、自分の妻にそんなに興奮しないでもっと落ち着くよう何度もいさめている。彼女はコミュニティのための計画で頭がいっぱいで、誰彼となく手を貸しているのだと彼が言う。ケニーはしばらくのあいだ、まあ一〇年ほどだけれど刑務所で過ごし、ばかな間違いを何度かした。警察を毛嫌いしていて、ブタども《ピッグズ》と呼んでいる。ケニーは『セルピコ』（一九七三年）の筋書きを話してくれたが、これは警察内部の腐敗をテーマにしたアル・パチーノ主演の映画だ。それであるときパチーノの演じる人物が、ドラッグのおとり捜査中に顔面を銃で撃たれるんだけど、ケニーはそれを実話に基づいてるんだと言う。

「あんた、それ実話に基づいてなんかないわよ」とマルガリータが言う。

「ばかいえ、実話をもとにしてんだよ」とケニーが言う。

「あんたは何でもかでも実話をもとにしてると思ってるのさ」

「実話をもとにした映画はそりゃあたくさんあるぞ」

ケニー自身の物語、つまり彼の人生で起きたこととは、ラティネックスのとある警官が仲間に潜りこんできてケニーに近づき、ケニーの背中を押してあれこれやらせて、そのせいでケニーは逮捕されたというのだ――しかもその同じラティネックスの警官の手で。法廷審問でケニーの母親はこの警官を叱りとばした。「あんたは自分の側の人間たちを裏切ったんだよ」。「これが自分の仕事だからね」と警官は母親に答えた。「おれは命令に従ってるだけだよ」。

翌日、マルガリータは友人のサルマ・ピンソンにわたしを紹介してくれた。わたしたちはフリント文化センター内にあるスローン博物館で落ち合った。ここはフリントの歴史を紹介する博物館で、とりわけ自動車産業の盛衰に焦点を当てている。サルマはここに何度も来ているけど、わたしは初めてだ。博物館内に置かれた水飲み器の上の張り紙には、「水飲み器を使用しないでください。無料のウォータークーラーをセルフサービスでご利用ください」と書いてある。館内の展示には、街の建物群のミニチュア、銃砲やピストルのコレクション、組合のジャンパー、全米自動車労働組合（UAW）がレイバーデイ（九月の第一月曜日）に開くピクニックを描いた壁画、それからフリントの座り込みストライキを等身大のマネキンを並べて広大な空間に再現した展示もあり、そこではストライキを決行する自動車労働者の母親や妻たちが、警察の催涙ガスを浴びた息子や夫たちが息を吸えるよう工場の窓ガラスを叩き割っている。アセンブリラインのゲームコーナーもあり、アセンブリラインの割り当て作業をこなす時間を測ってくれて、時間切れになるとけたたましくベルが鳴る。サルマはこのゲームがお得意だ。

　サルマ・ピンソンは移民裁判所に出廷する予定があるという。どんな服装で行くか決めているのかと尋ねると、まだだと言う。彼女が裁判所に出廷する話を聞いて、わたしは彼女が着ていく服装を一足先に考えてみた。

　彼女のヒーローは、いまは亡きメキシコ系アメリカ人歌手のジェニー・リベラ（二〇一二年に四三歳で飛行機事故で亡くなった）。カリスマ的なとんでもなく色っぽい女性で、彼女の歌う「船長《シン・カピタン》はいない」はサルマのお気に入りの曲だ。歌詞の一節に「あたしの船に船長はいらない／だってあたしは嵐をたった一人で乗り越えたんだから」とある。

「あたし彼女とそっくりなのよ」とサルマが言う。

わたしがイメージした移民裁判所に着ていく彼女のドレスは、ジェニーが二〇一〇年のラテン・グラミー賞の授賞式で来ていたやつだ。ロングドレス。色はロイヤルパープルで袖はベルスリーブ。深いVカットに胸と胴とヒップはぴちぴち。膝あたりからアコーディオン状にフリルが広がり、足もとも前面ではシースルーに近くなる。ドレスには黄色いマリーゴールドの刺繍が施され、肩にかけているショールの色もマリーゴールドイエローだ。サルマは腰まで届くほど長い真っ黒な髪で、頭頂部だけは白いけれど、あと二ヶ月のうちに髪をすべて脱色するつもりだ。出廷日までにはブロンドになっているだろう。相手の心をくすぐる媚びるような優しいブロンドではなく、そう、氷のように冷たいブロンド。素敵とは言えなくても、見るものをどきりとさせるだろうし、彼女は綺麗に見えるよりそっちのほうがいいとわたしは思う。

サルマには自閉症の息子がいる。フェリペはいま二三歳。DACAを取得する資格があったが、彼女は息子に申請させなかった。息子の情報が彼に不利なかたちで使われないかと心配だったから。息子はスペイン語を話せないから、強制送還されたらどうしようかとサルマはびくびくしながら暮らしている。メキシコで息子に何ができるというのか?「向こうの人間はあの子みたいな若者にはひどく辛くあたるから」と彼女は言う。

サルマが移民裁判所に出廷することになったのは、あるICEの係官が彼女を逮捕する理由を探してつけまわしたからだ。抗議しても無駄だったと彼女は言う。

係官は彼女を拘置所に連れていった。そこでひと月のあいだ窃盗や麻薬がらみの容疑で捕まった女たちと一緒に拘置されていたが、女たち全員が、サルマの拘置は不当だと文句を言った。当時、彼女には弁護士がついていなかったし、現在もついていない。誰も彼女の件を引き受けたがらなかった。

彼女は電話をかけてくる。電話の向こうで泣きだし、自分のことではあまり希望は持てないし、息子がこの先どうなるのかわからないと話した。

「出廷日に何が起きるかわからない。神さまが何をお望みなのかわからない」。けれど、わたしには神さまが何をお望みかわかっている。神さまが見たいのは、あの超カッコいいロングドレスを身にまとい、がんこで、船長《シン・カピタン》などいないサルマだ。

イビーはメキシコで生まれた。父親はアメリカ市民で母親はメキシコ国籍だ。両親が離婚したのち、父親が親権争いに勝ったから、イビーが一一歳のときに父親と暮らすためテキサス州に来て、それから二〇〇九年に父親がインターネットオークションのeBayでフリントに家を買ったのでここに引っ越してきた。彼女はシングルマザー。赤ん坊のリディアを生んだのは二一歳のときだった。妊娠中に――水汚染危機の最中だった――彼女が健康への不安を訴えるたびに、医者たちはもっと水を飲みなさいと答えるだけだった。「熱があって吐いていると伝えても、もっと水を飲むよう言われただけで、とにかくコーラを控えてもっと水を飲む必要があるって言うだけで、いつだって相手にされなかった。けど水道の水以外には買うお金がなくて、だからそれを飲んでたのよ」。

イビーと赤ん坊に会ったのは、ある日の午前中に開かれたラティーノ・リーダーズの会議の休憩時間だった。この団体は大半がフリント社会のメキシコ系アメリカ人のメンバーからなり、この街をラティネックスの、とくに移民の人びとにもっと居心地のよいものにしたいと願っている。彼らは自分の名刺を持ち、なかなか素敵なものだけどメキシコとアメリカの国境地帯の英語のアクセントで話す。会議は英語で行われた。イビーは会議のあいだメモをとり、手を上げて気の利いた発言をした。ほかの人たちはそれに頷き、メモをとっている。彼女の父親が別室で赤ん坊の面倒をみている。午前一一時、持ち寄ったタコスを囲んで休憩をとった。イビーがわたしのところに来ると、怒った顔でわたしのノートに自分の電話番号を書きなぐった。彼女は頭にきていたから、誰かともっと話をしたかったんだ。それに彼女は若くて、それはそれは若くて、満月みたいな顔に、長くて真っ直ぐな黒髪をきっちり真ん中で分けている。わたしは赤ん坊と交流をはかろうと努力した。この一歳の赤ん坊に、バイリンガルなのはいいわねと声をかけた。

水が汚れていると気づいた日のことをイビーは鮮明に覚えている。「ある日シャワーを浴びていて自分の肌を触ったら、体中にネバネバした膜が張りついていて、シャワーの水でも落ちていなかったのよ。まるでゼリーみたい。汚れてるって感じた。自分んちの水がうちの水と同じか確かめに近所の人が水入れを持ってきたの。水は黄色くて茶色の膜が張ってた。それでも市から受けとった手紙には、とくに問題はないし、こちらで目を光らせていると書いてあった。そしたらあたしたちに何ができるっていうの?」

イビーには蕁麻疹と発疹が出たから、妊娠中にステロイドを処方された。医者たちは皮膚の炎症の原因を調べるどんな検査も行わなかった。それから赤ん坊が生まれた。時が経つにつれてイビーが気づいたのは、赤ん坊が母親の自分に反応しないし、また何か動くものがあっても反応しない、それにひどく怯えているみたいに、耳をつんざくような声でしょっちゅう泣くことだった。だけど医者に連れていくと、しばらく様子を見るしかないと言われただけだった。「医者たちは検査して、これからは数ヶ月おきに検査が必要だって言ったの。持久戦になるよ、ってね」。

医者は四ヶ月待ったのち、ようやく、鉛中毒のせいで赤ん坊の目が見えていないと診断を下した。

「最初にあの子が発作を起こしたのは、生後三ヶ月のときだった。夜はいつもあの子のベッドに寝かせてたけど、あの晩だけは、何かの理由であの子を抱いてきて一緒に寝ていたら、突然あの子が怖いくらい激しく震えだしたの。あの子を抱きあげ金切り声をあげて父のところに走っていった。あんなに悔やんだり罪の意識を感じたことはないわ。母乳を与えることが子どもにしてやれるいちばん安全でベストなことだと世間じゃ言われてるわね。だけど、あの発作が起きたのは、体内に鉛が入った場合に母乳をあげると鉛を赤ん坊に移してしまうって言われだしたあとになってからだったのよ。その話を聞いて心臓が止まったわ。そんなことが起きたのがあの子がお腹にいたときか、生まれたあとかはわからない。でも、将来あの子に遅れや何かの障害が出てきたら、あの子に謝っても謝りきれない。ひどく罪を感じてるのよ」

イビーの赤ん坊は視力を取り戻したけれど、水質汚染が彼女の小さな体にどんな長期的影響を及ぼすかは誰にもわからない。待つのはイビーにとって拷問だ。イビーの母親にとっても拷問だし、フリント社会にとっても拷問だ。でも、政府にとってはそんなことはない。連中はわたしたち全員に、ラティネックスに、黒人に、死んでほしいと願っていて、わたしたちに死んでほしくて、ときにはわたしたちの血管にこっそり何かを滑りこませ、ゆっくりと殺そうとするし、ときには銃を撃って撃って撃って撃って撃ってまた撃って　撃って撃って撃ってまた撃って　撃って撃って撃って撃って撃ってまた撃って　撃って撃って撃ってまた撃って　撃って撃って撃って撃ってまた撃って　撃って撃って撃って撃ってまた撃って　撃って撃って撃ってまた撃って　撃って撃って撃って撃って撃ってまた撃って[*13†]、そうその血に餓えた欲望を満足させるまで撃って、それでも結局、神様には神様のお考えがあるのだと牧師さんたちは口にし、主に答えを与え給えと親たちは最後の最後まで乞い願うことだろう。

　わたしはジャーナリストじゃない。ジャーナリストはわたしがしたようなやり方で個人的なかかわりを持つことは許されない。ジャーナリストはわたしの知るかぎり、自分たちが書く話の顛末をわたしのように乱暴に変えたりはしない。わたしは水を送る。わたしは移民関係の弁護士とともに戦う。わたしは資金集めをする。わたしは強制送還を止めるべく超自然の霊たちと取り引きする。わたしは、移民の子どもが両親のために面倒ごとをなんとかしようとするように、彼らの両親の面倒ごとをなんとかしようとする。だってこの人たちは皆わたしの両親だから、そしてわたしは彼らの子どもだから。たとえ彼らの子どもでなかろうと――実際には彼らの子どもなんだけど――わたしという存在の特許が取得され、大量生産されて、ウォルマートで不法移民に売られてしかるべきだ。わたしの職業は移民の娘。わたしの仕事は単純明快だった。すなわち、次のストーリーを語ること――政府はフリントの人びとに死んでほしかったか、あるいは彼らが死んでも何とも思わなかったし、どっちにしろ同じことで、だから政府は、フリントの人びとがこれ以上ない怠慢のせいでゆっくりと殺されるという案を実行に移したのだ。わたしがフリントで目にしたのは、政府がいたるところで不法移民を扱うやり方の縮図だし、政府はこの国での彼らの状況をできうるかぎり危険で心をむしばむ非人間的なものに

† 原註を参照。一九九九年二月五日付けの『ニューヨーク・タイムズ』紙の記事によると、四日の午前一二時四四分に、ギニアからアメリカにやってきて二年以上経つ二二歳の犯罪歴もなく武器も携帯していなかった青年に向かって四人の市警の警官が四一発も撃った。それを受けて撃つ（shoot）の語を四一連ねている。

して、わたしたちが自主的に国外退去するよう仕向けている。わたしがフリントで目にしたのは、わたしがいたるところで目にしたもの、わたし自身の毒を盛られた血と骨の中に感じてきたものだ――それは穏やかに、静かに、誰もどこも責任を問われることなく、殺されてしまうということだ。

これまでの人生でわたしがした最高に白人っぽいことは、白人の女優で歌手のゾーイー・デシャネルの写真を見て何度も前髪を切ろうとしたことじゃない。わたしが人生でした最高に白人っぽいことは、フリントを訪れていたときに、ここの若者たちを救おうとしたことだ。フリントにいたとき何度かわたしは姑息なことをして、それは子どもたちを一緒にニューヨークに連れていく旅を提案してみたことで、それはつまり子どもたちのためにパンドラの箱を開けたいと思ったからだ。この街の夜景。スカイライン！　スカイラインだよ！　ティーンたちにニューヨークを見たことがあるかと尋ねて（「見たことない」）、それからニューヨークを見てみたいかと尋ねたけれど（「よくわかんない」）、なんと、そんな答えが返ってくるなんてまったくの予想外だった。子どもたちはここから出たがっているとばかり思っていたのに。てっきりブロードウェイで大成功する夢でも見ているものかと。きっと訊きたいことがいろいろあるはずだと。答えてほしいことが山ほどあるはずだと。ジプシーキャブ（電話呼び出し専門の流しのタクシー）やSAT（大学進学適性試験）の成績、人生や避妊における代替の「プランB」とかの話をしてやれると思っていた。ところがあろうことか、わたしがそこにいるあいだずっと、ティーンたちはわざとわたしを無視した――わたしに話しかける気などこれっぽちもなかった――そこで仕方なくティーンたちの会話を盗み聞きしたんだけど、こっそり耳にしたところでは、彼女たちは地元のバーのウェイトレスになりたいとか話していて、そうすれば信じらーんない額のチップが稼げるからだというので、わたしは卒倒してしまった。だって、わたしはパパがもらってきたチップのおかげで大きくなって、それがもたらすのがどんな人生かわかっていたから、彼女たちをそこから救いたかったのに。高校生のときわたしは白人のやっている大学準備《カレッジプレップ》プログラムで社会的流動性をうのみにしていたから、それとフリントで目にしたこととにどう折り合いをつけたらいいか皆目見当がつかなかった。それに、両親が亡くなるか、心安らかでいる――なるべくなら両方の――場合のみ、パニックから一時的にせよ逃れられる……そんな世界観をわたしは抱くようになっていた。それで、心安らかでいてもらうだけの場合にはお金がかかるから、わたしはそのために働かなくちゃいけないし、この三〇年、両親がわたしのためにどれだけたくさんの血を流したかグラム単位で知っているから、わたしはそれを金貨で返さなきゃならない……そんな風に感じていた。わたしと同じように考えないこのキッズたちが理解できなかった。それはいやでも自分たちの責任だと思っていたのに――この子たちはエイリアンだった。どうやって話しかけたらいいかさっぱりわからなかった。だから、話しかけなかった。

マルガリータと一緒に車で街をまわっているとき、「カレッジ・エントランス・エッセイ」（大学入試応募時のエッセイ）を書くのを手伝ってやれそうな子は思い当たらないかと彼女に尋ねると、いないよと言われ、それでもしつこく訊くと、やっぱりいない、誰も思いつかない、と言われたから、「ならオーケーよ、いいのよ、いいの」とわたしは答えた。

初めてフリントを訪れて三日目、わたしはオピオイド常用者の友人のマックスにスマホでメッセージを送り、ここの水を飲もうと思っているのよと伝えると、そんなことするものじゃないときっぱりとした返信があった。わたしは、わかった、わかった、けどあんまり後ろめたい気がして、ここのひどい水を飲んだらちょっとは気が楽になると思うんだな、と送った。そうしたら、自分の言っていることがわざとかつかつの生活をしたがる白人の女の子みたいな気がして、そんな自分に嫌気がさしてルームサービス用のナイフでリストカットでもするかという気分になったけど、それだともっと白人っぽいことに思えて、結局水も飲まず、リストカットをする気も失せて、ホテルに戻った。だけど、ホテルだと何事につけて無料でボトルウォーターをくれて、歯を磨くのにもくれて、一階には客が持参のマイボトルに水を補充するための機械もあって、一階のテレビは年がら年中フォックスニュースを流していて、なのに支配人は黒人で、毎朝わたしがコーヒーを飲みにいくと、きまって微笑みかけてくれる——わたしが、黒人の彼とラティーナのわたしのどちらにも死んでほしいと願っている国の、上品な街《グッドシティ》の悪い娘《バッドガール》だとも知らないで。

# 第5章　クリーヴランド

　これはあくまで趣味の問題なんだけど、わたしは子どもが嫌いだ。小動物はかわいいと思うけれど、それは目が大きくて頭の小さな哺乳類を可愛いと思わせる生物学的プログラミングのなせるわざで、この子たちは成長すれば、したたかな、あるいは麗しい生き物になる——子熊は大人の熊に、子象は大人の象に、雛鳥は鷲になる。ひとの赤ん坊は言葉を話さないから退屈でいらいらさせられるし、少し大きくなって子どもになると、甘ったるい声を発するから神経に触るし、いざ大人の人間になったら、ありとあらゆる動物のなかでも最もおぞましい怪物になる。とはいえ、キッズたちは、大人がやりかねない類いのこと——たとえば、フレンチブルドッグを繁殖させたり、開胸手術をしたり、気の利いたジョークを飛ばしたり——はしないから、そこは好感が持てる。だいたいキッズはわたしのことなど気にも留めないけど、それはわたしがあの子たちを放っておくから。わたしはあの子たちをリスペクトしている。やあ元気？　と声をかければ、最悪《テリブル》と答える。それで両者ともうまくゆく。

　ところが、アメリカ市民である三人の少年が、クリーヴランド・ホプキンス国際空港でこれから強制送還される父親にさよならを言っている動画をネットで見たとき、心臓が止まった。少年たちはわたしの弟を思いださせた。つまり、あの子たちは男の子で、痩せていて、褐色で、一度も上手に散髪されたことのないぼさぼさの真っ黒な髪をしていた。わたしは弟より一〇歳年上で、メンターだけど母親という感じではなく、いわばホビットにとってのガンダルフみたいなもので、この動画はわたしのなかに彼らを守りたいとの勇敢なる衝動を目覚めさせた。さっそくわたしは少年たちの弁護士に連絡をとった。あの子たちの力になりたいのです、とわたしは言った。あの子たちのロールモデルになりたいのです。あの子たち、犬は好きですか？　弁護士を介して少年たちに手紙を書いた。「最初の世代の移民はこの国に来て必死に働きますが、つらいこともたくさんあるし、ひどい扱いを受けることもよくあります。それでもどうしてそんなことをするのでしょうか？　それは子どもたちのためです。つまり、わたしたちのためです。両親の払った犠牲に報いることができるかどうかは、わたしたち次第なのです。つまり、両親よりももっとうまくやり、子どもの頃見ていたよりも良い生活を送ることです。そのための最も良い方法は教育を受けることだとわたしは皆さんに伝えたいのです」。そう書いたのだから、たしかにわたしは洗脳されている。

数ヶ月後、少年たちに会いにオハイオ州ウィラードに出かけた。ウィラードはわたしがこれまで行ったどこよりも田舎、長いドライブのあいだ延々と広がる農地を通り過ぎたけれど、そこではわたしの安物のスマホはまったくつながらなかった。ウィラードは肥沃な土壌――人びとはマックと呼んでいるが、これは泥のことだか肥やしのことだか――で有名で、農業がにわかに活気づいたおかげで、メキシコから季節労働者が植え付けや雑草とりや収穫など農場の手伝いにやってくる。わたしがウィラードを訪れる前に、移民労働者のために商業会議所が開く予定のウェルカムホーム・パーティをめぐって大騒動になっていた。あるヴェトナム帰還兵が地元新聞の編集長に宛てた手紙で怒りをぶちまけた。[*1]「私をはじめ多くのヴェトナム帰還兵が、また朝鮮戦争の帰還兵もが、自分たちのためにウェルカムホーム・パーティが開かれるのをずっと待ちつづけている。なのに、なんだってウィラード市商業会議所は、よりによって移民労働者のウェルカムバック・パーティなんぞを開こうなどと考えるのか？」パーティを企画することについてのシティ・ミーティングで、ある女が吐き捨てるようにこう言いながら、夫とともに憤然として部屋を出ていった。[*2]「あたしは思いやりのある人間よ。でも、ここに来る人間はまっとうな方法で来ているべきよ。不法入国者を匿っているって話を聞いて、あたしは頭にきてるんだよ」。市の人口はおよそ六〇〇〇人で、九四パーセントは白人だ。[*3]そんなところにその少年たちは暮らしている。

　わたしの犬がまだ子犬だった頃に撮った最高にキュートな写真を何枚かみつくろってきたのだけど、それは、子どもはだれでも子犬が好きにちがいないと思ったから。ところが来てみてわかったのだけれど、四人のうち三人の子どもが犬を怖がっていた（三人の男の子の下に女の子も一人いた）。それからピエロも怖がっていた。わたしが来たのは絶好のタイミングだった。子どもたちはピエロがどんなに怖いか誰かと話をしたくて仕方なかったから。

　子どもたちはピエロの夢を見て何度もうなされている。突如一家の大黒柱になった母親が長時間そとで働いているから、家で監督者もなくずっと子どもだけで過ごしているせいで、ホラー映画をあれこれ観ていたところだ。自分たちが観ていると教えてくれたYouTubeの動画では、野原の上を飛ぶドローンが、大なたを手に子どもたちを殺そうとしているピエロを映しだしている。アンドレスは一四歳、オマールは一一歳、エリアスは一〇歳、そしてグレタは六歳。「いいかい、あいつら大なた《マチェーテ》でみんなを殺すんだよ」とオマールが言う。「マチェーテ」は英語で「マシェティ」と発音するのだと教えると、「あいつらマシェティでみんなを殺すんだよ」と子どもたちが口々に言う。

この動画は「ドローンで殺人ピエロを狩り出せ！　ほら見つけたぞ！（クリック誘導《ベイト》じゃないよ！）」と称するもので、つくったのは二人のプレティーン（九歳から一二歳のあいだ）の少年たち。彼らが野原にドローンを飛ばすと、野原から白塗りの顔におもちゃの大なたを持った背の高い男がいきなり飛びだす。少年たちの演技はお世辞にも上手とは言えないし、大なたもとうてい本物には見えず、まったく一ミリも信じられないしろもの。やれやれ、とわたしは思った。子どもってやつはこれだから。

父親のハビエル・キンタニーリャは、一六年間、アメリカに住んでいた。二〇〇八年に無免許で車を運転していたところを停止させられ、地元警察からＩＣＥに通報された。二〇一一年に国外退去命令が出はしたけれど国内にとどまることを許され、義務として半年ごとに移民業務局に出頭していた。ところが、二〇一七年三月にアポの通りに出頭すると、面会した職員からいきなり国外退去の準備をするよう命じられた。

国外退去までの数週間、ハビエルと子どもたちはウィラード中の家を訪ねて、彼の滞在許可を求める嘆願書に署名してほしいと頼んでまわった（裁判所は滞在許可を与えるか否かを決めるときにコミュニティの支持を考慮することもあり、嘆願書はこの件への支持を結集するのに役立つ）。けれども、彼らを思いやってくれる者は一人もいなくて、結局は徒労に終わった。その日が来てもハビエルは荷物を詰めることもせず、自分の出入国書類を入れたファイルを用意しただけだった。何かが、誰かが土壇場で止めてくれるものと思っていた。「みんなで空港に行ったけど、最後の最後まで望みを捨てていなかったの」と妻のパトリシアが言う。いよいよ別れの言葉を言うときが来ると、ハビエルは妻に愛していると言い、それから子どもたちの面倒をしっかり見るよう約束させた。そのかわり自分も戻ってくると約束した。パトリシアと子どもたちが家に戻ると、家の中はまだ彼と同じにおいがしていた。彼のスニーカーは床に脱いだまま、彼の汚れた服は洗濯カゴのなか、彼の歯ブラシは洗面所にあって、その朝使ってまだ乾いていなかった。髭剃りはシャワーのところに置いてあった。そのうちに錆びてくるだろう。彼はいたるところにいたけれど、消えてしまっていた。

　どちらの側も毎日電話で話す約束を守ったけど、ここにきてハビエルは変わってしまった。家族と離ればなれになり、犯罪者のごとく強制的に追いだされた心の傷が、精神の健康を蝕んでいた。国を去る前からそれは始まっていた。国外退去の日が近づくにつれて、気が短くなり、むっつりと黙りこんだ。足首につけた監視装置《モニター》は一回の充電で八時間しかもたないため職場で充電しなくてはならないことも屈辱的だった。パトリシアは足首モニターの充電器にしょっちゅうつまずいた。「まるで別人みたい」と彼女は言う。「自分の本音を伝えて、わたしたちと離れていて寂しいと言いたいのに、どうしてかそれができないの。お前たちに会えない、お前たちが何をしてるかわからないって言って、それで頭にきちゃってるのね。いらいらして年中怒ってばかり、年中機嫌が悪いのよ」。

　一家を担当する移民関係の弁護士のピーター・マクシミリアンは、男性からの庇護に飢えた子どもたちに好印象を与えている。身なりもよく、自分のオフィスを持っていて、それこそ子どもたちにとっては信じられないことだ。彼ほどの力を持つ人間を子どもたちは知らなかった。アンドレスはとくにのぼせあがっている。ある土曜日、ピーターがわたしも入れて一緒にランチをしようと、クリーヴランドから子どもたちを迎えにきた。子どもたちが行きたがった店、アップルビーズはそこから四五分もかかる距離にあり、子どもたちがピーターにあまりわがままを言わないよう見張っていてとわたしはパトリシアから言われていたから、子どもたちのやりたいことはこうしてわがままを言うことなんだとピンときた。結局かわりにウェンディーズに行くことにしたけど、それはものの五分で行ける店だったから。アンドレスは、この店が一六歳という年齢制限に例外を認めてくれればいいのにと文句を言う。そうすればここで働けるのに。彼は一四歳。「僕はもうこの家の主人《あるじ》なんだから」と車の後部座席でアンドレスが言うと、すかさずグレタからパンチをくらう。ハビエルがいなくなったということは、家族のうち車を運転できる唯一の人間もいなくなったということ。だから一家は車もなしにオハイオの田舎に閉じこめられている。アンドレスは三マイル歩いて食料品店まで行き、重たい袋をいくつも抱えて戻ってくる。レスリングのチームに入る予定だったけど、いまは幼いきょうだいを世話するために学校が終わったらまっすぐ家に帰らなきゃならない。母親が働いているあいだ、彼がきょうだいの面倒をみる。パトリシアは仕事が終わってから英語のクラスに通う日もあり、家に戻るのが夜になることもある。いつも疲れてくたくたで、それでも家に帰ると掃除をして、料理をつくって、それからカウチに腰をおろし、お絵かきをするグレタの髪に指を滑らせながらも、その目はほとんどまばたきもせず宙を見ている。

コネチカットに戻って一週間ほどしてシャワーを浴びていると、少年たちから電話がかかってきた。オマールは科学の宿題をやっていて、それでAをとりたいと思っている。彼は質問があると言う。冬のあいだは木は死んでいるのかな?

わたしは即興で話をしようとし、自分の知っているありとあらゆることを頭の中でかき集めた。冬について、植物について、死について、セントラルパークのカモたちのことでまったく同じ質問をした『ライ麦畑でつかまえて』の主人公ホールデン・コールフィールドについて(「セントラルパークにいるカモは冬のあいだはどこにゆくのだろう?」)、この子たちがいくつになったら「隠喩」とは何かを説明してやれるのか、とか、それでも隠喩が何かを知っていることがこの子たちを救ってやれる場合もあると思うのだけど、とか。パートナーが小声でささやく。し・ら・べ・な《ルック・イット・アップ》。

木はどうやって冬を乗り越えるの？　オマールがわたしに訊く。死んでもおかしくない気がするけれど。太陽の光がなくてどうやって生きられるの？　わたしはタオルを体に巻いて、急いでコンピュータに駆け寄る。「樹木は休眠状態《ドーマンシー》と呼ばれる冬眠と似た状態になり、それにより冬のあいだも生きられる」とスクリーンの表示を読みあげる。休眠状態の意味はわかるかな？　これはスペイン語で「眠る」という意味の「ドルミー」(dormir)から生まれた言葉だよ、とわたしは嘘をつく。クールでしょ？　冬のあいだずっと眠っていて、起きたらまた春になっているのよ。

ハビエルは以前、工場でクッキーの袋詰め作業をしていた。よく金魚の形のチェダークラッカーを家に持って帰ってきてくれた。これはみんなのお気に入りだった。アンドレスは彼の生物学的な子どもではない。パトリシアは一八歳の若さで彼を産んだ。アンドレスが一歳のときにハビエルと一緒になったのだけど、彼はアンドレスを血のつながった子どもと同じにかわいがった。ハビエルがアンドレスの世話を焼く様子には何だか特別なものがあると彼女はいつも思っていた。「彼はほかの誰よりもあの子にはあれこれ与えていた。アンドレスはいつだってほしいものを全部手にしてきたのよ」。彼らは家族に変わりはなかったし、養子の手続きはひどく複雑で費用もかかるため、正式な手続きを先延ばしにしていた。ところが、少年たちの年齢が上がり、どうして自分たち全員が同じラストネームではないのか訊いてくるようになると、ハビエルがアンドレスを養子にしておいた方がよいとはっきりしてきた。そこで数年前に夫婦が判事の前に出ると、判事は養子の要請をしに彼女のもとに来る全員に同じ質問をしています、とパトリシアに告げた。「わたしがこの許可書に署名する気になるようなことを何か一つお話しなさい」。

「あの子はほかの父親を知りません」とパトリシアが答えた。「ハビエルは夜勤で働いていたので日中はいつも子どもたちのそばにいて、赤ん坊の頃からアンドレスの面倒を見てくれました。お風呂に入れて、いつもオムツを換えてくれました」。「それで充分ですよ」。そう判事が言ったのをパトリシアは覚えている。一家はその晩お祝いをした。毎晩ハビエルが仕事に出かける前に、一家全員が夕食後に座ってコーヒーを飲み、おしゃべりをし、テレビで夜のニュースを観ることになっていた。家族皆がニュース中毒だったし、いつだってひっついていた。「車にガソリンを入れるだけでも、六人揃って出かけたほどよ」。

パトリシアは小柄で、紫色に塗ったハート型の唇に、黒髪を後ろで束ねて洒落た結わえ方にしている。わたしと会ったときは、片方の手には紫のアクリルネイルをつけ、もう片方の手の爪はやすりをかけて丸い形の短いネイルにしていた。透明の角ばった眼鏡をかけ、ダーク系の控えめでごく平凡な服装。彼女は内緒話をするときのようなささやき声で優しくわたしに話しかけ、とくに弁護士のピーターがいるときはそうだった。ピーターはスペイン語が話せない。座っているピーターに群がって、自分たちのスマホで面白おかしい動画を見せる子どもたちを眺めながら、彼女がくすくす笑う。あの子たちをご覧なさいな。彼きっと逃げだすわ！　いまに癇癪を起こすわよ！　あの子たちにきっと我慢できなくなるはず！　ハビエルと一緒のときの彼女はどんなふうだったのかとふと思う。彼女のちょっと媚びるような親しげな笑い方に、意味ありげなアーモンドの形の瞳。二人はどんな秘密を持っていたのだろうか、二人だけのときはどんなジョークで笑ったのだろうか。離ればなれになって、何もかもうまくいかなくなってしまう前までは。

オマールはやせっぽちで、上唇はアメジストの彫刻のようだ。この子は孤独を愛するタイプなのと母親は言う。わたしが来て家族全員リビングに集合しているときも、彼だけはいない。自分の部屋にこもっていることが多い。一家とウェンディーズに出かけても、皆のテーブルの向かいの二人がけ席を選んで一人で座る。こっちに来て隣に座ったらとわたしが声をかける。わたしはいくつかとオマールが訊くから、当ててみてと言うと、一九ぐらいかなと彼があてずっぽうで答える――希望をこめてそう推測するのは、彼がわたしのことを好きだから。君のお母さんくらいの年齢だよ、と言うと、彼の顔が真っ赤になった。

「オマールは泣かないのよ」とパトリシアが教えてくれる。「一度も泣いたことがないの。冷静で芯が強いけど、父親が元気かどうか誰よりもしょっちゅう訊いてくるの」。学校で彼はクラスメートたちから嘲笑されているという。「お前のお袋もメキシコに送り返されればいいのに」と言われるのだ。わたしがオマールに夜は眠れるかと尋ねると、父親はほんの数週間いないだけだと自分に言い聞かせるのだという。「昨日の夜は、パパがいないから寂しくてちっとも眠れなかった」。それで母親のベッドにもぐりこんだ。わたしはジェフ・キニーの書いている『グレッグのダメ日記』シリーズの第一巻を彼に持っていった。弟のお薦めの本。まぐれあたり! なんとオマールはこのシリーズに夢中で、地元の図書館で借りていたけど、自分では一冊も持っていなかった。オマールからこの本にサインしてほしいと頼まれた。わたしは著者じゃないけど、物書きではあるし、それは彼にしたら最高にクールなことなんだそう。だから、サインしてあげた。

ハビエルが国外退去させられる前に空港で撮った何枚かの写真で、泣いている顔はエリアスだけ。彼は一〇歳。父親とモールに行けなくて寂しいとエリアスは言う。あそこで僕のわがままを聞いてくれて、お菓子を買ってくれたのに。それからへんてこな声で笑わせてくれたことを思い出すと寂しいと言う。ハビエルが子どもだった頃大変な人気だったテレビシリーズ『エル・チャボ・デル・オチョ』(八階の少年)の主役のチャボは大人の役者が演じていたが、ハビエルはそれに似た声を出していたんだ。「ときどきこの世界がぱかっと割れて、自分がその中に落っこちていく夢を見るんだ」と彼が言う。わたしが母親と話していると、エリアスが二階にあがり自分の成績表をとってきて見せてくれた。文系科目にはBやCがちらほらあったけれど、数学は一〇〇点満点。ひまつぶしに好んでやるのは、頭の中で小数点の入った掛け算をすることだという。わたしがコネチカット州に戻ったあと、エリアスはあらたまった挨拶文とカメラのレンズが上を向いたひどい写りの自撮り写真を何枚か送ってよこした。ある朝早くには、全身ドレスアップしたグレタの写真を送ってきた。真っ白のロングのチュールスカートにレースの襟がついたデニムのベスト。きっちり結ったポニーテール姿でバレリーナのポーズをきどっている。送ってきたのは朝の七時二四分！　オハイオ州とコネチカット州には時差はない。妹が可愛いと思ったけれど、その気持ちを共有する相手が誰もいなかったのかなと思った。

「おはよう、カーラ。今日の調子はどう?」

グレタは手に負えない。自分のジョークでヒステリックにげらげら笑い、兄弟を自分がどれだけ嫌っているかでランクづけし、それは実は好きな順でもあるのだけど、その勝者、たいていはアンドレスにパンチを浴びせる。年がら年中お絵描きしていて、その絵を自分で壁に貼り、それから美術評論家みたいに顎の下に手を添えて、絵の素晴らしさに感嘆の声をあげる。兄弟の携帯を盗んでは、パトリシアに自分がどれほどママを好きかメッセージを送る。母親がカウチに一緒に座っていても、隣の部屋にいてもかまわない。ときどきわたしにも、何行もずらずらと続くエモジ(絵文字)に「グレタ」

とサインして送ってよこす。あるとき彼女に、フラシ天の子犬を入れたピンクのフラシ天のハンドバッグを持っていった。神さまが公平なお方なら、彼女が大人になったらキャバプー（キャバリアとトイプードルのミックス犬）みたいなおバカなトイブリードを甘やかし、バッグに入れてどこにでも連れていくような財力のある女性にしてくれるだろう。父親がいなくなったあとグレタが食べるのをやめてしまい、体重がかなり減ったとパトリシアが教えてくれた。わたしが訪ねたときも、ほとんど食事に手をつけていなかった。

ニュースではたいてい国外退去、つまりは空港の場面で話は終わる。けれども国外退去の一つひとつの背景に、打ちのめされた家族、結婚の終焉、親権争い、一夜にして両親《ふたおや》ではなくひとり親による単一の収入での養育に変わる子どもたち、孤児になり養護施設や里親に預けられる子どもたち……がいる。ある調査では、国外退去後に一家の収入がおよそ七〇パーセントも下がることがわかった。*4 別の調査では、抑留または国外退去の措置を受けた移民の両親のもとに生まれたアメリカ市民の子どもは、同世代の子どもよりPTSDの発生率が高いことがわかっている。*5 ハビエルは子どもたちをメキシコに呼んで一緒に暮らしたいと思っているが、そのことでパトリシアと喧嘩になっていた。「子どもたちをメキシコに連れていくなんて勝手な話よ」と彼女は言う。「あの子たちの国はここなの。議論したのはあの子たちがアメリカで教育を受けられるかどうかだけだったわ」。メキシコで子どもたちを待っているのはコーヒー農園だ。もっとも、オハイオにいたところで、希望があるようには見えない。

少年たちは、この家に父親がいない最初の冬が来ることを心配している。一家には車がない。そしてここはオハイオのど田舎だ。何もかもが遠すぎる。秋からハイスクールに通うアンドレスは、コンピュータを使う必要がある宿題をするために何マイルも歩いて地元の図書館に行くけれど、冬が来たら日が暮れるのも早くなる。わたしは友人たちを呼んで資金集めのパーティを開き、一家に中古のMacBookを一台買ってインターネットを一年間使えるだけのお金を集めた。これはわたしがときどきやることだ——わたしの大好きな、困っている移民の人たちのために、知っている人を呼んで資金集めのパーティを開くんだ。毎回献金してくれるのは同じ人たち……年配の白人のヒッピーたちや移民の親を持つ者たちね。連日ルーフトップの飲み会での自撮り写真を投稿するハーヴァードの元クラスメートたちや、シリコンバレーのスタートアップで働く若者たち、ハッシュタグをつけてご立派な結婚式を開き、生まれた赤ん坊が男か女かを伝えるのに余念のない人たち……なんかは献金してくれない。夜の八時頃、そろそろ意識が飛びそうだから今日はもうおしまいにしたくてブラインドを全部閉め、眠りに落ちる直前の束の間の甘美な瞬間に、わたしは海外旅行中のそんな連中が「止まれ」の標識に串刺しにされるところを夢想する……。

それはさておき。わたしは少年たちのためにすべきことをリストアップした。あの子たちにカードを書く。あの子たちのパソコンにパスワードを設定する。「studyhard（一生懸命勉強して）」と。学校のおかげでわたしは抜けだせたから、あなたたちも抜けだせるのよとあの子たちに伝える。抜けだすんだよ。それってどこから？　ゲットーから？　わたしは子どもの頃、自分で覚えているよりもっと貧しかった。それでも両親は揃っていた。わたしは子どもの頃から悪夢によくうなされたけれど、この子たちは悪夢の中を生きている。

わたしは六〇〇マイル近く離れた場所にいる。わたしは一家を訪問するまでトラクターを見たことがなかったし、あの子たちもニューヨークを見たことがない。アメリカには野原に大なたを持ったピエロはいない。[*6] それでもリトルロックには、少女たちに石を投げた白人の母親たちがまだ残っているし、[†] アンドレスとオマールとエリアスとグレタの母親も父親同様に国外退去させられたらいいのにと願う白人の母親たちがいる。野原に大なたを持ったピエロはいないが、善人ぶってネットでピニャータ（おもちゃや人形をつめたくす玉人形）を買うふりをして駐車場であなたを待ち伏せ、拘留してしまうＩＣＥの係官たちがいる。僕たちが良い成績をとったら、ニューヨークシティに連れてってくれる？　コネチカットはクリーヴランドに近いの？　この国でいちばんいい大学はどこ？　僕はハーヴァードに行くぞ。誰のパパもとりあげられないように、ピーターみたいな移民関係の弁護士になってやる。

一日のはじめは、シャワールームの床に裸で座って頭にシャワーを浴びせる。耐えられるぎりぎりの熱い湯がわたしの頭を激しく叩く。湯を浴びているときだけ心が安らぐ。この一〇日間、頭痛が影のようにわたしにつきまとった。一四二時間ひっきりなしの頭痛、一〇段階で八のやつ。医者からコデインを勧められたのだが断った。前に一度歯を抜いたあとパーコセットを飲みすぎて二四時間吐きまくったことがあるから。ＣＴスキャンとＭＲＩ検査を受けて、神経科医に診てもらったけれど、ど

---

† 一九五七年、公民権運動の最中にアーカンソー州リトルロック市のリトルロック・セントラル高校に九人の黒人生徒が入学しようとしたが、それを阻止しようと州兵が、のちには登校を護衛するために連邦軍が出動する騒ぎとなった。白人の男女が、登校する途中の黒人生徒を取り囲み、つばをかけたり罵ったり石を投げたりした。それを踏まえての表現。

の検査の結果からも診断はつかなかった。原因不明の偏頭痛だと言われた。ヨガを試したことがあるかと医師らに訊かれた。

「ストレス性の頭痛だよ」。ある朝、レオネル・チャベスを訪ねたときに言われた。レオネルは四五歳のエクアドル人男性。彼を逃亡者とみなすＩＣＥに逆らって、イェール大学のキャンパスの外側にあるメソジスト教会に身を潜めている。彼はいまサンクチュアリ[†]にいる。二〇〇七年に家族で旅行中に方向を間違ってカナダ領に入ってしまったので、ＩＣＥに目をつけられた。二〇〇九年に判事は国外退去を命じたけれど、それでも何とか身を潜めて暮らし、気づかれないで済んだ。二〇一六年には、退去命令を受けても半年ごとに出頭すれば米国に滞在することを許可された。ところがトランプ政権になると、当局が滞在許可を出すことをほぼやめてしまったから、二〇一七年七月には、その月の終わりまでにこの国を出ていくよう命じられた。ハビエルとまるで同じだ。国外退去の予定日に彼は教会にサンクチュアリを求めた。この場所にはＩＣＥの係官たちも立ち入ることができない。彼が教会内で暮らすようになって、すでに三ヶ月以上経った。

「たぶんね」とわたしが言う。「だからってどうすればいいのかしら?」

彼がこちらをちらりと見て、「いつだって何かすべきことはある」と挑戦的な物言いをする。「たとえば俺だ。俺は自分の考えをコントロールしている。自分にストレスがかかることは考えないようにして、何か違うことを考える。ここんとこずっとそうしてるよ」。

この偏頭痛が起きたのはごく最近。月曜にレオネルを訪ねたら、火曜に起きたときに頭が痛くて、それから二日間部屋を真っ暗にしてベッドに寝ているしかなくて、ときどき救急救命室に駆けこんで偏頭痛用カクテルの点滴をしてもらった。腕が常用者の腕みたいに見えてくる。それからまた彼を訪ねた。偏頭痛はいっこうにやむ気配がない。これから偏頭痛を予防するために毎日投薬が必要になるだろうし、症状が出たらただちに救急医療のお世話にならなきゃならない。それらがわたしの一部になり、レオネルがわたしの一部になり、そしてこのサンクチュアリの運動が、これまでに経験したことのないかたちで、わたしとわたしのトラウマに響いてくるのね。

レオネルは二〇年前のある日曜日の午後二時にコネチカット州に着いた。家族ぐるみの友人がやっているロティサリーチキン（回転式串焼きチキン）のレストランで皿洗いを募集していた。皿洗いはこの地に着いたばかりの者に人気の仕事だ。給料はたいしてもらえず、労働時間は長いし、退屈で疲労困憊する仕事だけど、レオネルは着いたとたんに仕事のチャンスに恵まれたことに胸躍らせた。シャワーを浴びたあと、アメリカの土を踏んで三時間後にはアメリカで最初のシフト勤務を始めた。それこそレオネル。しかもレオネルはハンサムで、カウボーイみたい。いや、カウボーイじゃないな。口に楊枝をくわえたバッドボーイって感じ。いや、ごめんなさい。それもちがうわ。『イングロリア

---

† 本章に出てくるサンクチュアリ（sanctuary）はたいへん幅広い意味を持つ語である。一九八〇年代以降、ＥＵにおいて（とりわけドイツのものが目立つが）中世の「教会アジール」（Kirchenasyl）が復活した。ギリシャ語語源の asyl は英語では asylum（アサイラム）にあたる。サンクチュアリとアサイラムは本章の文脈ではほぼ同義と言えよう。なお、Church Law Center（教会法センター）の掲載している次の短い文章は興味深いものである。https://www.churchlawcenter.com/church-law/churches-as-sanctuaries/（一六七頁†サンクチュアリ・シティも参照）。

ス・バスターズ』のブラッド・ピットのまさしくエクアドル版。ナチを殺しまくる小柄のいかした男。

　レオネルは以来、アメリカで暮らし、この国にしっかりと根を下ろした。レストラン業界を去ると、依頼に応じる建設作業員になり、まともな収入を得ることができた。妻はソフィアという名で、夫婦にはどちらもＤＡＣＡを取得している二〇代の娘と息子がいて、二人は彼と同じ家に暮らしていた。それから一二歳になる娘のダイアナもいるけど、彼女はコネチカット州で生まれたアメリカ市民。ダイアナは両親と英語で会話する。年長の子どもたちはそれぞれ仕事で忙しいけれど、ダイアナはサッカーの練習が終わるとほとんど毎日、教会にいる父親を訪ねてくる。まるで木にしがみつくナマケモノみたいにダイアナはいつも父親の体にぶらさがっている。犬が大好きですてきな計画を持っている――いつかエクアドルまで出かけて野良犬を保護し、アメリカに連れて帰って、グローバルサウスのいわくいいがたい魅力《ジュヌセクワ》を付加価値として高く売ってやろうというもの。彼女が一八歳になるまで待って、そしたらわたしからベンチャーキャピタリストに紹介しよう。ソフィアは集会や徹夜の抗議行動、記者会見の場でつねに飛び抜けた説得力を持つ語り手だ。アドリブで話して、その場の全員を涙ぐませる。わたしが彼女にちょっとひるんでいるのは、ハグされてこちらをのぞき込まれると、すごく痛いよとつい言いたくなってしまうから。

　サンクチュアリで過ごす時間が数日から数週間、さらに数ヶ月間と延びるにつれて、レオネルは暗く沈みこむようになってきた。「しじゅう自分と闘かっているのさ」と彼は言う。「どんどん憂鬱な気分になって、何もかも置いてここから逃げだしてしまいたくなる。俺を見捨てないでくださいと主に頼むんだ。今日も一人で過ごすとわかってる日には、朝起きたり、飯を食ったりする気にもならないもんだよ」。

体重は落ち、サンクチュアリに来て二ヶ月ほどして自分で切った髪は、縮れてぼさぼさに伸びている。着ている服は足首モニターにゆるくかぶさる柔らかな生地のもの。大きめのスエットパンツのときもあれば、ショートパンツを履くときもある。レオネルは泣くことがない。「癇癪を起こしそうになったら、悲しい映画を観るか、悲しい歌を聴いて、それで泣いて全部吐きだしちまう。けど泣いてるのは映画や歌のせいだ。俺はこの件では泣かない。俺が泣いたってあいつらを喜ばせるだけだからな」と彼は言う。何かで頭をいっぱいにしておきたくて、紙のように薄い板を使って、さほど大きくはないけれどそれでも精巧な聖書台をこしらえ、中央に十字架を立てた。

　国外退去命令が出された不法移民を教会に迎え入れるには、逃亡者を匿っていると解釈されることのないよう慎重にやらねばならない。最初に教会は、自分たちがイエス・キリストの信徒として自らの信仰に従い、サンクチュアリを提供するかたちで教会にできることをしているだけだとＩＣＥにはっきりと伝える。つまり、ＩＣＥ本部にファックスを送り、この移民はここに辿りついたからここにいるだけで、教会が彼らを「匿っている」などと非難されるいわれはないと宣言する。当事者の全員が移民の所在は知っている。フロリダの民間企業ＧＥＯグループから支給された監視装置《モニター》を足首につけているからだ。[*7] そしてサンクチュアリが機能するのは、ＩＣＥには信仰の場に無理やりには入らないというポリシーがあるから。このポリシーを破るにはＩＣＥ本部の特別な許可が必要だけど、これまでのところそのようなことは起きておらず、移民関係の弁護士がわたしに言うところでは、そんなことが起きたら「地獄がひっくり返ったような騒ぎになるだろう」。評判に傷がつくのは間違いない。武装した制服姿の男たちが、司祭やラビやイスラム教指導者《イマーム》が身を呈して塞ぐ扉を無理やりこじ開ける図は想像するにドラマチック。いまのところは大丈夫でも、いつ起きてもおかしくない気がする。

このサンクチュアリ運動にかかわる活動家や宗教指導者は、当局がこうした計画を練っている可能性は十分あると考えている。とはいえ、ＩＣＥが押し入ろうとすれば、教会員たちが体を張って扉を塞ぐべく教会に駆けつけることだろう。

アメリカでは、移民が教会にサンクチュアリを求める慣わしは一九八〇年代にさかのぼる。八〇年代に教会のネットワークは、中米の暗殺部隊を逃れた五〇万人ほどの難民を受け入れた。一九世紀、アメリカには黒人奴隷たちを運んだ地下鉄道《アンダーグラウンド・レイルロード》があったけれど、それに似たまがりなりにも組織と呼べるものが、人びとをメキシコ経由で全米で五〇〇を超える祈りの場に移送した。政府は情報収集すべくこの運動にスパイを送りこみ、ローマカトリック教会の司祭二人、尼僧一人、プロテスタントの牧師一人を、共謀して外国人を密入国させた容疑で告発し、彼らは最高二五年の禁固刑を言い渡された。ただし判決には執行猶予がついた。

とはいえ、サンクチュアリの慣わしは、もっとずっと古くから存在する。旧約聖書の中でモーゼの律法は都市のいくつかを「逃れの町」とするよう定め、そこでは偶発的に人を殺めてしまった者は告発を免れた。聖パウロは、助けを求める見知らぬ者は誰であれ、その正体は天使かもしれないと教え、また中世の教会はその塀の外に、避難してきた民に手を出させない領域をつくった。古代ギリシアの人びとは、懇願する者を追い払うことは、ゼウスそのものを追い払うことになりかねないと信じていた。[†*8]

レオネルは土壇場になってサンクチュアリに逃れようと決心した。一家が最初に当たってみた教会はサンクチュアリになるのを断った。教会側は滞在が短い期間になるとの確証を得たかったのだけれど、レオネルとソフィアにはそれを保証できなかったから。「自分の家が火事で燃えているときにこう言われるようなものだよ。手を貸してやってもいいが、その前にひと月分の家賃を払えってね」とレオネルは言う。そこで地元のラティネックスの権利擁護団体「正義のために戦うラティーノ」（ラティーノ・ファイティング・フォー・ジャスティス）に連絡をとると、この団体がヴィンヤード教会のリサ牧師に助けを求め、牧師がイエス・キリストも同じことをしたはずと考えてレオネルを受け入れてくれたのだ。

レオネルの部屋は二階の、以前は牧師の事務室に使われていた部屋だ。隅に置かれたベッドは低いツインベッドで、薄くて平たい枕と、かぎ針編みの茶色の毛布が載っている。壁の時計の針はここ三ヶ月、一二時二二分で止まったまま。この部屋に入るとなんだかラスベガスにいるみたいな気分になる。どこにも窓がなくて、あるのは壊れた時計が一つきり。壁にはアクリルの風景画が並んでいて、エアコンの上のグリーティングカードのコレクションはレオネルが飾ったものだろう。クッキーやチップス、紅茶やインスタントコーヒーを詰め込んだ棚があり、部屋の中央には小さなテーブル一つと

† サンクチュアリ・シティ（sanctuary city, ciudad santuario）は、アメリカ、カナダに存在する、不法移民に対して寛大な政策をとっている自治体である。一九八〇年代から教会主導で始まり、やがて自治体レベルに広まった。ニューヨーク、サンフランシスコ、サン・ディエゴなどの大都市圏も含まれる。ただし、連邦法と対立すると短絡的に考えるべきではない。また、自治体としては、市より上の州レベル、逆に下のレベルの学区などもサンクチュアリを宣言しうる。旧知のジェフリー・アダチ氏（法曹家、政治家、作家。一九五九–二〇一九年。池田に訳書あり）は、サンクチュアリ・シティは不法移民を「匿っている」という意味ではない旨を強調していた。https://sf.gov/information/sanctuary-city-ordinance を参照。

椅子が数脚置いてある。ある晩、家族や地元の活動家がこの部屋に大勢で押しかけ、床や椅子やベッドに座っていたから、わたしはレオネルに何時に寝るのか訊いてみた。「みんなが帰ったあとさ」と彼は言う。

何度か彼を訪問したうちのある日、わたしが席に着こうとしたとき、ちょうどレオネルは家族に向かって、南アフリカの写真家ケヴィン・カーターと彼の撮った写真の話をしていた。スーダン飢饉のときに大きなハゲワシが痩せ衰えた幼児に近づく瞬間を写したあの写真だ。カーターは鳥を脅かして追い払ったけど、子どもに手を触れることはなかった。写真は一九九四年にピュリッツァー賞に輝いたが、その数ヶ月後にカーターは自殺した。[*9]「あの写真に命を奪われたようなものだ」とレオネルが言う。この話が口をついたのは、餓死しかけた子どもたちのことを話題にしていたときで、そもそも世界中で本当に苦しんでいる人びとと比べて自分たちがいかに幸運かというもっと大きなテーマの話をしていたときだった。レオネルがケヴィン・カーターに興味を持つのもわからなくはない。悲劇の現場に自ら足を運んでおきながら、そこで目撃した苦しみを和らげるような積極的な行動をなぜ起こさないのかが彼には理解できない。どうして皆、善良な男が神の家でやせ衰えていくのをただ眺めていられるのかが彼には理解できない――そのあいだも相変わらず季節は流れ、毎晩家族が帰ると教会は空っぽになり、彼だけがもろもろの思いを抱えたまま、一人ぽつんと暗がりにとり残される。わたしは何も言えなかった。

レオネルがサンクチュアリにいるあいだにたくさんのことが起きた――学校での銃撃事件、特別調査官による大統領とその選挙活動に関する調査で連日飛びだす爆弾級のニュース――けれどレオネルといるとき、わたしはこうしたニュースをめったに話題にしなかった。天気の話もしない。今日はどれほど寒いかとか暑いかとか、雨がどのくらい降っているかとかは、誰かと会話を始めるためのいちばん気楽なやり方だけど。教会に入るとすぐにわたしは、彼に季節の変化を気づかれないよう上に着ている服を脱ぐ。いつも同じような服を着るよう心がけている。外の世界のことを思いださせて、少しでもつらい気持ちにさせたくない。彼を訪問しようと思ったら決まって事前に連絡し、五分でも遅刻しそうならスマホでメールを送る。ところが、ふと気づいてみると、わたし以外の訪問者――教会の高齢の婦人たちやイェール大学の学生たちなんか――は事前の連絡もせずいきなりやってくる。彼のことを時間だけはたっぷりある人間と思っているみたいね。わたしたちは何時間もたわいもない話をして時間を過ごす。彼がそこにいると思うだけでわたしは悲しくなる。誰かがたったいま殺されている最中で、わたしは目隠しされながらも、それでも無理やりそれを見させられている……そんな感じ。銃弾がスローモーションで宙を進むのに、わたしにはそれを止められない。

次に起きたことを話す前に、わたしが一五歳の頃にした、ちょっとしたことの話をしておこうかな。当時パパは配達人の仕事をしていて、そのレストランのオーナーが、配達人――全員が移民でほとんどがメキシコ人――を監督する店長を新しく雇った。この男はプエルトリコ人――アメリカ市民ね――で、すぐさま配達人を邪険に扱うようになり、彼らを「ウェットバック」（アメリカに不法入国するメキシコ人、ひいてはヒスパニック全般への蔑称）とか「スピック」（これもまたヒスパニックへの蔑称）などと呼び、ＩＣＥに通報するぞと脅しては、怒鳴りつけたり、わざと挑発するように顔を近づけたりした。それでパパは少しばかりうつっぽくなってしまった。わたしは『大統領の陰謀』をちょうど一〇回観たところで、それで何をしたかというと、自分のためにポット一杯の紅茶を淹れて、とびっきり上流階級っぽいアクセントを練習し[*10]、６９をダイアルして自分の電話番号を非通知にし、それからレストランに電話をかけた。そして店のオーナーに代わってほしいと頼んだ。それから自分は大都市の新聞で番記者を務めている者ですがと名乗り、たったいま、おたくの店の客から厨房で人種差別的な暴言が聞こえたとの内密な情報が入ったけれど、そのことで何かコメントはありますかと尋ねた。オーナーは自分がその件に対処するから、どうか記事にしないでほしいと懇願した。さあ、それはわかりませんね、とわたしは言った。特ダネになりそうな話ですから。結局、店長はクビになり、パパの不安の種も消え去った。自分のしたことをあとでパパに話したらカンカンに怒っていたけれど、それから一四年間、自分が筋の通らないことをしたとは一度も思ったことはないし、一人の男をクビにさせたことに後ろめたさも感じていない。わたしはまた同じことをするだろうし、次はわたしのアクセントももっと上達しているはず。

というわけで、わたしはレオネルの弁護士と喧嘩になった。わたしはレオネルについて新聞に記事を書いていたのだけど、レオネルから彼の弁護士が、わたしからすれば職務怠慢としか思えないやり方で彼を扱っていることをだいぶ前から聞いていた——レオネルとコミュニケーションをとるかどうかで言えば、ほとんどとっていなかった。それで、弁護士に電話をかけて、ボブ・ウッドワード的な質問を並べたんだけど、それは勘のいい人間なら職務怠慢のことを訊いているとわかるような質問で、彼は遊び場のいじめっ子みたいに明日の夜八時きっかりに教会で会おうとわたしに言ってきて、それからレオネルとソフィアのいる前でわたしを怒鳴りつけ、わたしのことなど信用するなと二人に言い、それはつまり彼がわたしを信用していないからで、二人はうつむいて床をただ見つめていたんだけど、いったい二人に何が言えるだろう……二人の人生は彼の手中にあるのだから。だから、わたしは二人のために口をつぐみ、それにわたしは争いごとが好きな人間ではないから——ひっこみ思案だし、すぐ泣くし――だから家に帰ってわんわん泣いた。それでも数週間後、彼の怒りをなだめようと高級なスコッチウィスキーを送ったのは、それはまだあの男と連絡をとれる関係でいる必要があったからで、連絡がとれればレオネルをまだ助けられるにちがいないと思ったから。わたしと対面するためにこの弁護士は、とんでもなく長い時間が経って初めて教会に足を向けざるをえなくなり、それこそ権利擁護団体の「正義のために戦うラティーノ」がずっと実現させたかったことだった。弁護士がそこにいるあいだに団体の連中は新しい作戦について彼に話し、弁護士もその作戦でやることに同意した。その晩、団体の幹事がわたしに大丈夫かと電話をかけてきて、気にかけないで欲しい、あの作戦はうまく運んだよと言ってきた（そう、大事なのは作戦だ！）。感謝祭の日に、青天の霹靂のごとくレオネルは釈放された。ついに外に出られたんだ！　彼が電話をくれて、わたしは泣くのをがまんしようとしたけど、それというのも主役は名だたる弱虫のわたしじゃなかったから。レオネルとの会話はどこかぎこちないものになった。レオネル、やっと足を伸ばせたかな？　って感じ。それからまもなくフェイスブックで、泣いているソフィアに付き添われて彼が初めて教会の外に足を踏みだす写真を見た。ありがたいことにわたしはもう結婚していたし、パートナーとのあいだに将来子どもを持つこともない身だ。だから、これまで目にしたいちばん美しいものは何かと訊かれたら正直に答えられる――その写真だった。

数週間後、わたしはパートナーと一緒に車でレオネルとソフィアの家に向かった。ドアを開けてくれたレオネルは、シャワーを浴びたばかりで髪がまだ濡れていた。とても元気そうね、とわたしが声をかける。「変わったのは場所だけさ。俺はまだ囚われの身だよ」と彼が言い、足首のモニターを指差した。いまもまだつけている。移民裁判所の判決が出るまで、まだ何時間も、何ヶ月も、ひょっとしたら何年もかかるかもしれない。わたしたちは彼の家を素敵だと褒めた。彼の家を見たのは初めてだった。それから夫妻はさっそく本題に入った――ほんの少し前から近くの教会を男性がサンクチュアリにしているという。名前はフランシスコ・バルデラマ。彼もまたエクアドル人。

国外退去命令を受けた人のほとんどは、サンクチュアリに駆けこむことはない。現時点で国外退去命令に抗ってアメリカで教会で暮らす人間は四二人しかいないもの。特別な類いの人間でなければサンクチュアリには駆けこまない。彼らは特殊な例なんだ。

大好きになった不法移民の人たちから学んだのは、わたしたち不法移民全員が、ちょっと独特の、現実離れした、物議をかもすものを共有しているということ。わたしたちは少しばかり法を超越した感じでこの世界に住んでいる。法を守っていないというわけではない。むしろ、くれぐれも法に触れないよう注意しなければならない――交通違反の切符ですら国外退去につながりかねないから。わたしたちは税金だって払っている。一九九六年に国税局は、社会保障番号がなくても税金を払うことができる特別な規定をもうけた――これはＩＴＩＮ†（個人用納税者番号）のことで、その広告は移民の住む地区ではいたるところで目にするものだ。

とはいえ、不法移民のわたしたちのやることはすべて、厳密には法に反している。わたしたちは不法な存在なのだから。わたしたちの多くは程度はさておきアメリカ大陸の先住の民であり、国境などそもそもあるべきじゃないと考えている。キング牧師が「不当な法律」とは「道徳律と調和しないもの」だと定義したことに、わたしは賛同している。そしてここでいう道徳律の高度なものとしては、人びとが飢えや貧困、暴力や機会の欠如を経験する場合には、それもとりわけ自国の状況がアメリカによってつくりだされたものである場合――これって人びとがそこから移動してくる大半のグローバルサウスの国々にあてはまるよね――には、人びとが移動する権利、居住地を変える権利を持つことができる、というのが挙げられる。当たり前すぎてびっくりじゃない?

フランシスコ・バルデラマとレオネル・チャベスの経歴はかなり特殊。幼い子どもがいるし、自分たちが愛していて、どうしても捨てたくない生活がある。まだ働き盛りで、何十年にもわたる人種差別的な虐待や肉体労働にも屈することがなかったし、どちらも顔を上げて堂々と教会に入っていった。希望をやすやすと捨てたりしない強い信念の持ち主。とはいえ無頼なところもある。破天荒でがんこで開拓者《フロンティアマン》そのもの。何もないところから何でもつくることができ、強固な意志と不屈の精神だけで、素晴らしい家庭をゼロから築きあげたし、困ったときには集まってくれるコミュニティもなんとか見出した。フランシスコはとても流暢な英語を話すし、彼の家にある革のカウチと薄型ディスプレイのテレビは、文句なく合法的だがちょっと驚く手口で郊外型の大型商業施設を出しぬいた成果。ところ

---

† 在日アメリカ大使館/領事館のHPには次のようにある。興味深いので、長くなるが紹介しよう。「ソーシャル・セキュリティー・ナンバー(社会保障番号、SSN)は、米国籍の方及び米国の永住権を持つ方(グリーンカード保持者)、米国籍以外の方で米国内で働く許可を得た方、あるいは米国連邦年金受給のために社会保障番号が必要な方のみが取得できます。/ソーシャル・セキュリティ・ナンバーを取得する資格のない方には、納税申告用として米国の税務当局である内国歳入庁IRSにより個人用納税者番号(ITIN)が発行されます。この納税者番号は連邦所得税の納税目的にのみ使われます。身分を証明するものでも米国内における滞在資格や就労の資格を与えるものでもありません。」

が、いまのフランシスコの家は見捨てられた動物園、そう世界の終末が到来して蜘蛛の巣のはびこる野生動物の楽園。年老いた飼い犬は一日中一人ぼっちで、ある日突然お父さんが消えてしまった理由《わけ》がわからず途方にくれている。二羽のインコ、ブルーとバーディは日がな一日歌っているが、その騒がしい鳴き声は誰の耳にも届かない。フィッシーと名づけた金魚がただ一匹、暗がりの中を泳いでいる。

フランシスコの妻のフロールは、言葉づかいも柔らかく控えめだけれど、それでもよく笑う女性で、そんなところに娘たちがわたしたちに話してくれた家での彼女の様子がうかがえる。娘たちの話じゃ、フローラは「ぶっ飛んで」いて「クレイジー」。夫婦にはアメリカ生まれの子どもが三人いて、ブリアンナは一六歳、フラニーは一三歳、ジョニーは五歳。この子たちもかなりぶっ飛んでいる。娘たちはフランシスコにそっくりで、がんこで、エネルギーに溢れ、じっとしていられない。フラニーは有名な女優になって「白人たちが間違っていることを証明」したいと思っているし、ブリアンナは「STEM教育」(科学、技術、工学、数学)の教科の成績は抜群で、将来は看護師になりたがっている。ジョニーは、物議をかもしそうだけど、警官になりたいという。子どもたちは毎日学校が終わると教会の父親を訪ね、毎晩、教会を出て父親のいない家に戻る時間になると、ジョニーは泣いて、それを見たフランシスコも泣いてしまう。

どうしてこういうことになったかはわからない。わかっているのはただ、初めのうちわたしには、サンクチュアリにいるまた別の人間と会うのに抵抗があったこと。レオネルとかかわっていたことで、わたしはホームシックにかかってしまったようなものだったから。なのに、それでも気づいたら、パートナーと毎週教会に出かけてこの一家と夕食をともにしていた。それから週に一度よりも頻繁になった。フランシスコとフロールは、わたしが最近かかったホームシックを癒そうと、エクアドルの美味しい家庭料理をつくってくれて、まるで湯たんぽを抱いてベッドに入っているみたいな気分にしてくれた。ソパ・デ・ボラという、肉とバナナの団子が入ったスープや、(パートナーは丁寧な口調で六杯目を所望したが)エンセボジャードというマグロとユッカの温かいスープを飲んだら、体がぽかぽかして、つい眠くなってしまう。それから一家とピクショナリーというボードゲームやシャレードというジェスチャーゲームで遊んで、それも皆スキンケア用のマスクをつけた顔で、それはくつろいだ気分だった。緊張することもいっさいないし、胸の奥にしまっておかなきゃならない記憶もいっさいなくて、まるで突如、この世界でいちばん愛情深くて、いちばんこじれていない家族ができたみたいだった。ただしこの家族は地獄の中にいた。わたしが親知らずを抜いたとき、パートナーは仕事に行かなきゃならなかったから、わたしが静養できるよう教会でおろしていった。わたしは教会の地下でカウチに横たわり、フランシスコが毛布をかけてくれて、カウチのすみの邪魔にならないところに腰かけて、インカ帝国のドキュメンタリーをわたしが観るあいだiPadをずっと両手で持っていてくれた。フロールはわたしのために特別にひねったためんどりで特製スープをつくってくれた。わたしの本当の家族は、ひどくヤキモチを焼くようになった。「あの人たちはあんたを利用してるんだよ」とママがしばしばスマホにメッセージをよこした。ママと話すかわりに、またも一家と笑ったり抱き合ったりしてわたしがくつろいだ夜を過ごしたことに、ママは怒り狂っていた。あの人たちのことでもう何も言ってこないで、とわたしはママにきっぱりと告げた。

ある晩、教会でバルデラマ一家と夕食をともにしていると、レオネルとソフィアが自分たちの入っている宗教団体の信者たちとともに前触れもなく顔を出した。サンクチュアリを出て以来、レオネルとソフィアはフランシスコとその家族のことがどうにも気がかりでいた。ここを訪問するのがレオネルにとってつらいのは見て取れたけど、知らぬふりをする後ろめたさの方が彼にはもっと苦しかった。二〇人ほどの人数で、ギターを持ってきた者もいた。全員が輪になった。するとだれかがわたしの腕をつかんで祈りの輪に引きいれた。わたしはレオネルとフランシスコのあいだに座った。祈りが始まって一時間、跪いた信徒たちが、男も女も自分の胸を叩きながら、ひたすら神に許しを求めて叫んでいる。わたしは彼らをまじまじと見つめていた。何人かは本気でやっているようだけど、全体的にかなり芝居がかった感じがした。わたしは神に許しを乞うべく祈りはしない。それはわたしには謝ることが一つもないからで、それよりも神さまのほうこそ、このわたしに説明すべきことが一つか二つあるのではないかと思えたからで、だからわたしはただむっつり黙って、腹を立てながらそこに座っていたのだけど、それでもポジティブな空気を出そうとそれなりに努力はした。信心深い移民の共同体の場を台無しにするような人間にはなりたくなかったから。苦しむ人びとの人生に神が果たす役回りには敬意を払うけど、あくまで苦しむ人びとの人生にかぎってのことなの。

ひときわ騒々しく胸を叩いていたうちの一人が、この二組のサンクチュアリ・カップルを集団の真ん中に引きいれた。「この二つの家族のために祈りましょう」と言うと、彼女がわたしの手も取った。「えっと、あたしは家族じゃないので」と言うと、彼女は首を横に振り、「かまわないわ。イエスはあなたを愛しているの」と言う。そんなわけでわたしたち五人が二〇人ほどの祈りの輪の中心に立つと、皆がこう言った。「目を閉じて手をつなごう」。わたしはまだレオネルとフランシスコに挟まれていたので、二人の手をぎゅっと握った。二組の夫婦は目を閉じて、頭《こうべ》を垂れた。祈りが始まる。歌が始まったとたん、フランシスコとフロールが互いの腕の中に倒れこんだ。ポロポロとこぼれた涙がフロールの淡青色のシャツを伝ってゆく。レオネルとわたしは泣かなかった。わたしたちは手を握ったまま、指をしっかりからませ、見つめ合った。それからレオネルがわたしを招き寄せて、二人でフランシスコとフロールとソフィアに両腕をまわし、しっかりと抱きしめた。

祈りの輪が終了すると、わたしは席に戻った。そして次の祈りの回の始まる切れ間に、いまがチャンスとばかり静かにその場を抜けだした。それからフラニーとブリアンナと一緒にフランシスコの部屋で座っていた。戻ってきたレオネルがわたしの顔を見て、こうからかった。「悪魔祓いの儀式はだいぶこたえたかな？　無神論者さん」。

審議待ちの移民裁判が溜まっていくなか、フランシスコの件ものろのろと進んでいる。月日の経つのが早くも、また遅くも感じられ、法律手続きの期限とさらなる祈りの輪だけが時を刻んだ。パートナーとわたしはフラニーとブリアンナの生活にますます大きな役割を果たすようになった。二人はわたしたちを「ママたち」と呼びはじめた。彼女たちのお気に入りのレストラン、要はコネチカット中のティーンのお気に入りのレストラン「バッファロー・ワイルド・ウィングス」で夕食をとるために夕方六時に迎えに行くからと言うと、六時一分には「六時一分だよ」とブリアンナからスマホでメッセージが届く。わたしたちとの友情記念日を、少女たちはブリアンナの誕生日の二月二三日と決めた。その晩、わたしたちは『ブラックパンサー』（二〇一八年の、黒人が主人公のスーパーヒーロー映画）を観せに二人を連れていった。若き有色人女性である彼女たちを発奮させてやろうと思ったから。そう、わたしは説教好き。ところが、映画の最初から最後までフラニーがずっとスマホで何やらメールを打っていて、ものすごくショックだった！　その一、二ヶ月後、今度は二人がうちに泊まりにきた。二月二三日が二度目にまわってきたときも、彼女たちの父親はいまも奇跡を祈っていて、わたしたちはTシャツにきらきらのり《グリッターグルー》で友情記念日の文字とハートをデコレーションした。フラニーがわたしたちのアパートメントで宿題をしてもいいかと訊いてくることもよくあって、そんなときは車で学校まで迎えに行くのだけど、染み一つないナイキのエアフォースワンを履いているティーンたちの前で彼女がばつの悪い思いをしないよう、少し離れたところで待っていた。それからわたしのデスクの前に彼女を座らせ、隣に椅子を持ってこさせ、方程式を一つひとつ解く彼女に$x$の求め方を教えようとして失敗した。教科書の問題の答えがすべて載っているウェブサイトは答え合わせのためだけに使うのよ、カンニングをしてはだめよと約束させると、その決めごとを彼女は面白がった。わたしたちをあれこれ挑発するのが楽しくて仕方ないんだ。カンニングしちゃおうっと！　この宿題出すのやめよっかな！　先生に口答えしちゃおうっと！　彼女がこうしたことをやるかやらないかはどのみちわからないけれど、それでもわたしたちがそんなことはやめなさいと懇願し、成績がどれほど大事か説教し、教師に不当に扱われたら校長先生と直接話しなさい、などとしつこく言うのが彼女には嬉しいんだ。あるとき大学には行きたくないとフラニーが言うから、「あらそうなの」とわたしが言って、それなら針と糸を持ってきてあなたの耳とわたしの耳を縫いつけちゃうから、そうしたらあなたはわたしが行くところにどこでも行かなくちゃならないよ、それでわたしは大学に行くからね、と彼女に言った。彼女はそんなのクレイジーだと考えたし、わたしのことを「変な奴《ウィアドウ》」とまで呼んだくせに、それでも興奮しながら父親にわたしの言った言葉をそのまま繰り返し、自分の耳をそんなにしてまでわたしを思ってくれるんだとご機嫌だった。

ある晩、教会の地下で一緒に夕食の支度をしていると、突然ジョニーが年上のブリアンナに、どうしてパパは家に帰れないのかと訊いてきた。父親は教会で働いていて、休みのない特別な仕事だからといった当初の説明ではとっくに納得しない年頃になっていた。パパを帰してくれない悪い男がいるのよ、とブリアンナが答えた。するとジョニーはわたしの顔をまじまじと見て、どうして恐竜は死んだのかと訊いてきた。ジョニーは恐竜に夢中だ。五歳にしてはかなりの専門家で、だからジョニーには理由がわかっている。それでも、わたしの口から聞きたいんだ。そこでわたしは、隕石が地球に衝突して塵が太陽の光をさえぎり、恐竜の食べるものがなくなって飢え死にしたんだよと説明した。「そうだよね」とジョニーは同情するように言った。恐竜の絶滅はジョニーの知っているただ一つの悲劇。ジョニーはヒロシマのことを知らない。ホロコーストのことを知らない。ネイティヴアメリカンの辿った「涙の道」のことを知らない。彼が知っているのはただ父親が家に帰れないこと、そして恐竜が死んだことだけ。

それが最初でもまた最後でもなかったけれど、滞在許可の要請を地元の移民業務局が却下したとの知らせをフランシスコが受けたとき、コネチカット中の宗教指導者が州都ハートフォードにあるICE事務局の前で徹夜の祈りを開始し、その権限でフランシスコに滞在許可を与えるよう指示して欲しいと懇請した。彼らはテーブルを置いて、子どもたちと一緒に写ったフランシスコの写真を並べ、額縁のまわりに小さな願かけのろうそくを飾った。写真は家族の以前の暮らしを伝えていた――公園で遊び、果物狩りをし、パーティのために着飾った一家。ブリアンナは長いこと写真を見つめていた。そして「これじゃまるでパパが死んじゃったみたい」と小声で言った。それからパートナーの胸に飛びこみ、すすり泣いた。「こんなこといつ終わるの?」とほとんど声にならない声で彼女が尋ねた。車にぎゅうぎゅうに乗りこんで一家とニューヘイヴンに戻る途中、少女たちに悲しい曲をかけてと頼まれた。大きな黄色のまん丸なお月さまがハートフォードを抜けるわたしたちの車のあとをついてきて、少女たちは後部座席で立ちあがり、写真を撮ろうとサンルーフから身を乗りだし、華奢な体を風で吹き飛ばされそうになりながら、お月さまが良いことの起きる兆しであるよう祈ったけれど、ニューヘイヴンに着く頃には月は姿を消していた。

「フランシスコを家にいさせて!」フランシスコのためにわたしたちが開く抗議集会で、毎回ジョニーはそう叫ぶ。何もかもがジョニーを混乱させている。「フランシスコ」はジョニーのなかでは教会にいる男のことになり、この男は怯えていて危険にさらされている。大人になったわたしたちは誰もが、両親がつねに正しいわけじゃないこと、そしていつかは死んでしまうこと、そして彼らもまた脆くて弱い人間であることに気づいた瞬間を覚えている。けれども、ジョニーの場合、それは彼の理解を超えたナラティヴのなかで起きている。そのせいでジョニーのなかで解離が生じている。自分の父親である「フランシスコ」という名の男の話をしたかと思うと、これもまた自分の父親である「パパ」と言う名の男の話をする。ピザを食べに行くと、「フランシスコ」のためにピザを一切れ持って帰りたいと言う。フランシスコとは、食べ物を持っていかないとお腹をすかせてしまう誰かなんだ(ジョニーは父親に持ってゆこうと学校の昼食に出たスナックまでとっておく)。ある朝、水族館に行く途中でダンキンドーナツに寄ったとき、ジョニーはピンクの砂糖衣とトッピングのかかったドーナツを一個頼んだ。ドーナツを渡すと、ジョニーはそれを紙袋にきっちり詰めて、袋の端をくるくると丸めると、「これはフランシスコにとっておくんだ」と言った。パートナーとわたしが自分で食べなさいといくら言ってもきかなかった。ジョニーの姉たちが急に思いつめた、悲しそうな顔をした。どうやら弟のこんな行動を前にも見たことがあるらしい。

フランシスコは甘いものを食べ過ぎてお腹をこわしているのよとわたしは嘘をついた。するとようやくジョニーは食べる気になり、ドーナツを嬉しそうにぱくぱく食べた。

フラニーもまた解離状態になるときがある。ときどき過去にあったこと、一年半前までは本当でもいまは違っていることを現在形で話す。ある晩フランシスコが、自分は一五年間勤めた工場の仕事に出かけるとき、いつもずいぶんと早起きしてたんだと話したら、フラニーがこう言った。「パパ、何言ってるの？　いまだってパパは仕事に間に合うように毎朝五時に起きてるでしょ」。それは違うとフランシスコは優しく娘に言って聞かせた。彼女は最近よく眠れない。くたくたに疲れていても、いっこうに眠れず、朝の四時まで起きていることも珍しくない。父親のことが頭の中をぐるぐるまわっているからだ。


ある晩、姉妹がわたしたちの部屋にお泊まりに来たとき、いつか家を買うつもりなのと一人が訊いてきたけれど、それは自分たちの部屋が欲しかったからだ。もちろんよ、いまはまだ真剣に考えていないけど、きっといつかはね、ってふうにわたしたちは答えた。わたしたちは姉妹の学校に登録する緊急連絡先になった。あらたまった場所に出かけるときやクラス写真を撮るときは、彼女たちにメークをしてやった。パートナーはあちこちお迎えを頼まれることもあり、そんなときはつべこべ言わずに迎えにいった。わたしたち四人だけで、ちょっとしたクリスマスのお祝いもした。生まれて初めてもらった、靴下にぴちぴちに詰まった実用的なプレゼントに、彼女たちは大はしゃぎしてくれる優しさを持ち合わせていたが、それは彼女たちの欲しかった新作のジョーダンではなかったからだ。映画に出かけたさいには四人で証明写真ボックスにぎゅうぎゅうづめに入って、わたしたちの膝に女の子たちの骨ばったお尻がのっかり、フラニーはその写真を切り抜くと、スマホのケースの背に貼った。冬になると、夕暮れどきに、雪の降るなかボストンコモン公園でアイススケートをし、殺人的な猛暑の夏には、彼女たちをレッドロブスターに連れていき、夕食後に駐車場でわたしが吐いて皆に慰められた。あるとき、わたしにニューヨーク訛りがないのはなぜかと彼女たちに訊かれた。「内面化されたレイシズムって何かわかる?」とわたしが逆に質問すると、わからないというので教えてやった。わたしは愛されていると感じていたし、わたしもまたあの子たちのことを愛していた。あの子たちの親ではなかったけれど、それでもわたしたちは何かではあった。

　自分の子どもは欲しくない。わたしは母親にはなりたくはない。そのことはとうの昔にわかっている。わたしは一度も赤ん坊の人形で遊んだことがない。新生児を抱っこしたいと思ったこともない。子どものためにどんなことだって犠牲にしたくないし、ただでさえ面倒を見る人間が多すぎる。それに、午前一一時なのにシルクのガウン姿でウイスキーのジンジャーエール割りを手に風呂場でずぶ濡れになってる異様な振る舞いの母親のおぼろげな記憶など、自分の子どもに残したくはない。えっ、あたしったら、あの子たちを沈めようとしたの?　いやいや、あの子たちとの関係は別物だ。学校行事に顔を出すと、あの子たちの若い母親だと思われるか、自分のママだとあの子たちから紹介されて、そんなときブリアンナとフラニーはいたずらっぽい笑みを浮かべ、わたしは自分が二重スパイになった心地がする。それでもわたしは出かけたし、いまもフラニーの学校のバンパーステッカーを買おうとわたしは一ドル札を数えている。わたしたちの車の、同性愛の女子サッカー選手でセックスアイコンのトビン・ヒースのステッカーの隣に貼るために。だからこれっぽっちも嘘じゃない?!

悩んだり苦しんだりしているキッズに会うと、この世界についてわたしが知っていることをすべて教えたくなる。多くのことじゃないし、要するにこういうこと。ハーヴァード大に行きな。めちゃくちゃお金を稼ぎな。契約書は読んでからサインするんだよ。組織検査の結果を聞く両親につきそわなくちゃならないときは、カルーア（コーヒーリキュール）の小瓶二つと携帯用のマウスウォッシュを持ってくんだよ。わたしは自分でもいま挙げたようなアドバイスに従いながら、自殺念慮に待ったをかけて、バカみたいに必死になって社会の高みにのぼろうとしていたけれど、そんなときこの子たちに見つかって、さあ、どうする？　って思ったけれど、それでもこの子たちには心を開いて、わたしはこう言う。かわいこちゃんたち、学校に行きな、はしごをのぼっていくんだよ。卒業式じゃね、開会の挨拶をする次席の卒業生なんぞ殺《や》っちまいな、くれぐれも事故に見せかけるんだよ。総代のあんたのやる別れの辞の中で、あんたの学校中に言ってやりな。警察はブタで、ＩＣＥはナチだとね。で、あんたたちは十字架の下にただ一人いた使徒ヨハネ、イエスの最も愛した使徒でたぶんイエスの恋人だったヨハネで、それであんたたちは聖なるみことばに語られているんだ、とね。カモミールティーとドラァグクイーンのルポールの番組が待つわたしの家に逃げてきな。いつだってあんたたちの居場所があって、わたしはあんたたちを愛している。永遠に愛してるから。

# 第6章　ニューヘイヴン

それは八月のニューヨーク、夜の一二時まであと一時間ほどで、ようやく眠れるかなと思えるほどに暑さはおさまっていた。ここにはちゃんとしたエアコンもないし、わたしたちの住む三階の部屋は、もとは服飾工場だった建物の屋上に建てられていて、屋上は四方を低い壁で囲まれ、壁から少し離れたところにわたしたちの部屋の窓があったから——これは再開発による地区高級化《ジェントリフィケーション》を企む奴らの密告のせいで家主と揉める前のことだ——わたしたちは窓からツインサイズのマットレスを引っ張りだして屋上の床に敷いた。その晩はまだ暑かったけど、わずかに風は吹いていた。ママとパパが一つのマットレスに体をねじ込み、弟とわたしはもう一つのマットレスに寝て、皆で星を見上げたと言いたいところだけれど、ニューヨークの有名な光害《ひかりがい》のせいで星は一つも見えなかった。それでも月は出ていて、どこからともなくポン、ポン、ポンと音がして、それは子どもたちが花火で遊んでいる音か、路地裏で警官がわたしたちの誰かに発砲する音のどちらかで、アイスクリームを売るへんてこなトラックが「藁の中の七面鳥」とか「あなたの耳はたれてるの?」といった、わたしたち移民っ子の誰一人聴いたこともない曲を流し、一台の車がサルサを大音量で鳴らしながら通り過ぎ、酔っ払ってハイになったか、それとも何かに怯えた女の人が金切り声をあげている。夜は永遠に続くかに思えた。両親はまだ三〇代で、二人はまだ愛し合っていて、わたしはテレビで初めてビヨンセが「クレイジー・イン・ラブ」を歌うのを観たばかりで興奮にしびれていた。わたしは両親に年をとらないでと約束させた。二人はたしかに約束してくれたのに、年をとってしまった。

パパはいま前立腺癌の恐怖に怯えている。ちなみにパパは医師の勧めにさからって組織検査を受けようとしない。組織検査を受けたくない理由は、パパが死にたいと思っているから。わたしたちが次の前立腺検査の結果を聞きにいくまで二週間あるけれど、医師たちはおそらく今度も組織検査を受けるように勧め、パパは断固それを拒否し、その時がわたしがこれまでの人生でずっと覚悟してきた瞬間になるんだろう。二四年前にニューヨーク行きの飛行機に乗って以来、わたしのしてきた何もかも、もしくはわたしに起きた何もかもが、この瞬間にわたしを備えさせるためのものだった――英語を学び、前髪を切り、奴隷解放宣言を記念する弁論大会で二位になり、体重を増やしたり減らしたり、ペットショップからあの病気の子犬を買ってきたり、そうした何もかもが、このときに備えるためのものだった――両親は病気で、保険に入っておらず、このくそレイシストの国で仕事を失って老いていく。

移民の親を持つ子どもの多くが知る「ねじれた逆転」とは、あるときから両親が自分の子どもになってしまうことだ。そして自らの抱く「アメリカン・ドリーム」は、この招かれざる国で両親が尊厳を保ちながら老いて死ねるようにさせることに化けてしまう。そこが、一般のアメリカ人が年寄りの面倒をみることと、わたしたちが年寄りの面倒を見ることとの違い。一つには、不法移民が就ける仕事はたいていアメリカ人のやらない仕事で、それは健康な若い移民をとりこみ、彼らを恐ろしく老けさせる。ある時点で肉体労働はもうできなくなる。そして老いてゆく不法移民にはセーフティーネットがない。[*1]医療保険を購入することもできない。不法移民の半数が社会保障費を払っているけれど、誰一人給付を受ける資格がない。おそらく自分の家も持っていない。四〇一（k）プランのような確定拠出年金にも、どんな退職年金プランにも入っていない。貯金があったとしても粗末なものだ。高齢者というものは彼らにつけこむ恥知らずな連中のかっこうの餌食になりやすく、不法移民のコミュニティはなおさら多くのハゲタカを引き寄せる。シンクタンクの移住政策研究所（MPI）によれば、不法移民のおよそ一〇パーセントが五五歳以上だという。[*2]この国は不法移民の若さも、夢も、労働もとりこんでは、それに報いるものを何も与えずにただ不法移民を邪険に追いやってしまう。

パパはいまサラダをつくる仕事をしていて、マンハッタンのお偉いさん方に供している。パパがサラダをつくっているところをこの目で見たことはないけれど、きっと腕はいいはずだ（いつかサラダ用の野菜を手際よく刻む方法を教えてくれたことがあった。それはサーフボードに立ってかわるがわる片足でバランスをとるようなもので、そのリズムなら素早く刻める）。パパはいつだって自分の仕事を、それがどんな仕事だろうとこのうえなく上手にやってきた。アメリカにきて最初の一二年はタクシーの運転手をしていて、ウーバーはもちろんマップクエストもなかった時代に、五つのボロウとニュージャージー州の一部まで、市全体のどの通りもどの角も記憶していた。その後はレストランで働いた。そしていまや厨房の最長老。年下の男たちは皆、尊敬の念を込めてパパのことをドンと呼ぶ。

最近になってパパは新しい職場に移った。知人から勧められた職場で、勤務時間も、待遇も、労働環境も良くなるからと誘われたから。パパは人の話をすぐに真に受けてしまう。この新しいレストランでパパは三日間働いたけど、わずかな賃金で一日中働かされ、終業時刻まであと一時間というときに、そのたった一時間で厨房や鍋類、冷蔵庫、レンジ、オーブン、シンクを掃除し、皿類と皿洗い機を洗い、ゴミを出し、床を掃いてモップをかけ、ダストシュートを掃除するよう命じられた。三日のあいだ、一日が終わる頃には体がボロボロだった。「もうこんなことをできるトシじゃないよ」。パパはそう言った。だからその店をやめた。ところが元の職場はパパをもう雇ってはくれなかった。切羽詰まったパパは、毎朝一日のはじめにラティネックスの職業紹介所に顔を出すようになり、来る日も来る日も紹介所からあちこちのレストランの「オーディション」に送られ何週間も経ったけど、どれも無駄骨だった。

パパが事の次第をすべて話してくれたのは、ある晩、ミッドタウン・マンハッタンにあるホテルのレストランでパパと夕食をとっているときだった。パパと会うため、パパの仕事が終わる頃をみはからって、この店にわたしが招待した。パパの仕事はたしかに終わっていたけど、それはわたしが考えていたのとは別のレストランでのお試し勤務《トライアルシフト》が終わったという意味だった。この向っ腹の立つ一部始終はひと月以上もわたしに伏せられていたわけだけど、それはパパが命じたことで、わたしのメンタルがもろい《フラジャイル》のを家族がわかっていたからで、もとをただせばわたしが二一歳のとき引き起こした一件のせいで、そのときパパは真夜中にニューヘイヴンまで来て、部屋のバスルームの冷たいタイルの床でビール瓶数本とカミソリの刃の脇に転がるわたしをニューヨークのわが家に連れて帰ってくれた。初めのうちパパはレストランに入るのを拒んだけど、それは自分の服装がこの場にふさわしいものではないと思ったからで、それでここではわたしのお金があれば大丈夫よと納得させた。ウェイターにもこれがわたしの父親よといささか派手派手しく紹介したけど、それはパパをまごつかせない程度のもので、ただわたしにとってそこにいるのが父親だというのがとんでもなく大事なことだと言いたかっただけで、その場の三人ともそれを心得ていてほしいと期待したからだ。それからパパにステーキにするようしつこく勧め、二人のためにワインを頼み、パパのメニューに合うお薦めのワインについてウェイターとパパとの会話を通訳したけれど、それはふだんのわたしならブルジョワ気取りと軽蔑することで、それからパパがワイングラスをまわして香りを嗅ぐのにもつきあったけど、これもふだんのわたしならまったく勘弁してよと思うことで、それでクロノピンをこっそり一錠飲むあいだ、パパはステーキをカットしながら苦々しげに、それでもさらりとこの仕事の一件をあらいざらい打ち明けて、それでパパが話していたあいだずっとウェイターがそこにいたのに気づかなくて、わたしはクロノピンをもう一錠、おかわりのワインとともに流しこんだ。それからパパが帰ったあと、自分の部屋にあがって、ホテルに備えつけのタオル地のローブをはおり、明かりをすべて消し、何も感じずただ意識が遠ざかったのだけれど、ともかくメンタル《フラジャイル》が崩れそうな感じはしなかった。わたしは光り輝くグアダルーペの聖母を見たインディオのファン・ディエゴのような気分だった。それは彼が求め、同時に必要とした奇跡だった。神がわたしに暗闇と死を与えてくれた気がして、わたしはこう言った。ありがとうございます、エホバの神よ。ありがとうございます。これは意識の喪失ですか？　わたしは彼らの涙を見なくてすみます。これが解放というものですか？

　自分の秘密が明るみになったとたんに、パパは職業紹介所で自分の撮ったピンぼけの写真をスマホで送ってくるようになった。わたしは自分にこう言い聞かせた。わたしには、どうして自分が成功しなければならないか、かなり成功しなければ、統計的に異常なくらい成功しなければならないかを自分に忘れさせないためのものが必要なのよ、と。だから自分をどやしつける意味で、こうした写真をスマホに保存している。パパが写真を撮ったのは、職業紹介所の待合室に座り自分の名前が呼ばれるのを待っているときだった。最初の写真にはおそらく七〇代後半の男性が写っていて、ボタンダウンの緑のシャツにカーキ色のズボンという格好で、パイロット用サングラスをかけている。男の口はへの字になっている。パパの話では、この男は皿洗いを希望しているという。次の写真の男性はおそらく四〇代後半で、黒の野球帽をかぶり、グレーのセーターにえび茶色のズボンをはいている。パパによると、この男は脳卒中を起こしたことがあるという――右腕が麻痺し、右足を引きずっている。彼もまた皿洗いを希望していた。彼がとんでもなくすばらしい皿洗いなのは確かだけれど、どんなふうにかはわたしにはわからない。こうした写真を送ってくるときに、パパはこんなメッセージもつけてきた。

「俺たちがお荷物でないというまた新しい証拠」

　パパがお荷物だなんて誰が言うのよ？

「こうした男たちが仕事に就けないのは見ていてつらいよ。俺たちがインビジブルな存在なのはこの紹介所に来るしかない事情のせいだ……高齢だとか……病気だとか……あのいまいましい書類のせいだ。わかるかい？　考えごとがゴマンと頭に押しよせてくるんだ。多すぎてもうお手上げだ」

「その人たちにも面倒を見てくれる子どもがいるといいね」とわたしが返信する。

　つまり、何が言いたいかというと、その人たちにもわたしみたいな子どもがいたらいいねってこと。

誰も彼もにわたしみたいな子どもがいればいいのにと思う。移民の親を持つ子ども一人ひとりに早いうちから手を差しのべることができたなら、必ずどの子もわたしみたいにしてやれる。もしそうならないなら、そのときはわたしがみんなの子どもになればいい。

　オクタビオ・マルケスは六六歳のグアテマラ人で、白い無精髭を生やした日雇い労働者だ。わたしが彼のことを知ったのは、なんと雇い主から給料を盗《と》られたと彼が話す動画をオンラインで観たから。動画のどこかで彼がアメリカ人は移民よりもペットの方を大事にすると言ったけど、それにはわたしも反論できない。オクタビオを支援する移民労働者センターに彼を気遣うメールを送ると、返信で、移民労働者センターのあるブルックリンの青い有蓋貨車《ボックスカー》で彼と会ってみないかと誘われた。ある朝、わたしが訪問すると、労働者たちがコーヒーを淹《い》れて卵料理をつくっていた。行きがけにウォルグリーンに寄って、わたしはオクタビオのために素敵なカードを選び、それに四〇〇ドルを入れておいた。彼がいくら盗られたのかはわからないけど、これはパパが一週間で稼ぐお金なので、その額にした。

　少しお金のことを話そう。わたしが貧しい環境で育ったのはすでにおわかりだと思う。では、現在はどうか説明させてほしい。うちの家族にとって貧困とはハリケーンの中を歩くようなもの。わたしは両親に傘を一本、また一本と買ってやり、そのたびにほっと一息つくのだけど、あるときが来ると傘が破けてしまう――要は何もかもが付け焼き刃。雨はひとまず止んでいる。スペイン語では雨が止むことを「エスカンポ」と呼ぶ。雨はいま「エスカンパード（晴れ間）」にある。そのうちまた降りだすだろう。さしあたっていまのわたしには自由に使えるお金がいくらかある。でも永遠には続かない。そこそこうまくやってきたなと思うときにわたしの感じる後ろめたさは――いまのところ、わたし自身の傘が破れるまでの話だけど――いわば毒を盛られているようなもの。年がら年中自分のことをいやらしくて、汚れていて、二日酔いで、鼻持ちならない奴だと感じている。自分を浄化してくれると思えるこうした特別なやり方で、湯水のごとくお金を使わないかぎりだめなんだ。

　そこでどうするかというと、たとえば、わたしがディナーに出かけるとする。それで気がかりな一日を過ごしたときは、両親にテイクアウトのディナーを届けさせる。レストランの厨房で褐色の人を見かけたら、このアメリカのどの厨房にもメキシコ人が一人はいるにちがいないと思い、それで誇らしくも、また悲しくもなる――安らかに眠れ、アンソニー・ボーデイン（アメリカのシェフで作家でテレビ番組の司会者。うつで二〇一八年に自殺。メキシコ系ではない）、あなたも彼らのことを理解してくれる仲間《ホーミー》だもの。それで、もしもわたしに給仕してくれるウェイターが褐色で、わたしの見立てでは若すぎたり、あるいは年をとりすぎたり、あるいはこの仕事をするには疲れすぎたりしていたら、とんでもない額のチップを置いてくることになる――それはフリーランス稼業のわたしにとっちゃだけど。そうは言っても、わたしには誰かれ構わずとんでもない額のチップを置いてくるほどのお金はないな。それでも、パパのもらったチップでわが家が食いつないでいたときに、パパにチップをはずんでくれた一人ひとりを、嘘ではなくて本当に一人ひとりをわたしは覚えている。この一五年間というもの、あの優しいプエルトリコ人の秘書たちのことをずっと思ってきたし、それはいつだってラティーナの重役秘書たちで、白人のお偉いさんたちではまずなくて、それでパパが家に帰ってその晩ずっとどんな気分でいたかを覚えている。まるで死んだようだったパパが生き返ったみたいだった。音楽もないのにダンスを踊り、立て続けに冗談を言って、シャワーから出てきたときはまるでティーンエージャーみたいに見えた。気前のいいチップが貧しい一家をどんな気分にしてくれるかをわたしは知っている。気前のいいチップの一つひとつが、シモンが十字架を運ぶイエスを助けた情景を思い起こさせる。

オクタビオに紹介されたあと、わたしは重たい封筒を彼に手渡したけど、それはぎこちないものだった。わたしは彼のことを知らない。お金が入っていることは言わなかったけど、そもそも見ず知らずの人間のわたしが、なんだって彼にグリーティングカードを贈るのか？　彼は封筒をあちこちに置き忘れるから、とうとうわたしは、オクタビオ、そこにお金が入っているのよ！　と口にした。彼は封筒を開けずにそのまま仕舞って、わたしたちはこう言い合った。さてこれからどうする？　自分たちは友だちか何かなのかな？

とりあえず二人でランチに出かけた。彼は小柄で、まるでぺらぺらの紙人形みたいだった。レストランまでかなり歩いたけれど、わたしたちの歩幅は同じだった。店に着いてみると、店長らが代わっていたとわかってオクタビオはがっかりし、オーナーも面識のない人物になっていた。彼はわたしにいいところを見せようと思っていたんだ。彼はリブのシチューとカモミールティーを注文した。年配の移民たちが経験する差別のかなりは、若い移民によるものだとオクタビオがわたしに話す。年配者に聞こえるところで、連中はまだここにいるのかなどとわざと大声で言ったり、この仕事をするには年を食い過ぎているよと面と向かって言ったりする。でもオクタビオには自分の価値がわかっている。雇用主に何か仕事を頼まれると、いつだってまた声がかかる。オクタビオの話では、七二歳になる友だちは、競り合う誰よりもみごとに木の化粧床を張ることができて、若い連中は太刀打ちできないのだそうだ。

家族を持たない高齢の男性としてこの地で暮らすことを日頃からどう感じてるか尋ねてみると、気が滅入るし不安だよとオクタビオは答えた。「何が参るって孤独だよ。人がいっぱいいる部屋にいても寂しいんだ。不安や苦痛にどうしようもなく苛まれる。医者はとくに問題はないっていうが、俺には自分が病気だとわかっている」。友人たちも似たような問題を抱えているのかと尋ねると、彼らも同じだけど症状はまちまちだという。「この国で年老いてゆく男たちのなかには、自分を見失っちまう者もいる。女房がいても浮気したり、酒やクスリに溺れたり――鬱憤ばらしのため、辛いことを忘れるためにさ。そうだな、年寄りの移民が一〇〇人いたら一〇人はうつか不安に負けるか、あるいはもっとひどいことになるよ」。

　不法滞在の生活が若者に及ぼす影響を長期的に調査している、ハーヴァード大学の教授ロベルト・ゴンザレスの研究が頭に浮かんだ。移住者生活がもたらすありとあらゆるストレス要因のせいで、被験者たちは慢性頭痛、歯痛、潰瘍、睡眠障害、摂食障害を発症することがわかった。[*3] 研究でそれがわかったなんてちょっとおかしな話だ。だってわたしは二九歳で、わたしの潰瘍は、どんな医者も、和らげることはおろか原因を突き止めることすらできないのに。わたしの胸の下のちょうどお腹のまん中に傷口がぱかっとあいて、そこが痙攣して、出血して、いつまで経っても傷が消えない……そんなふうに感じる。ときにはやむなく救急救命室に駆けこむこともあるし、あれこれ調合したものを飲んで、薬を飲んで、お茶を飲んで、それでもあいかわらず血は流れて……それで傷の痛みが最高にひどくなるのは、ICEの係官たちが一人の男性と彼の子どもを逮捕するのを阻止すべく人びとが「人間の鎖」[*4] をつくる話を一日かけて読んだあとになって、机に向かって両親について書こうとするときだ。

　そんなふうに三〇年、四〇年、五〇年と過ごすことを想像してほしい。たしかにオクタビオは病気だ。わたしたち全員がいまいましい病気にかかっている。これは公衆衛生の危機ではある――でもって、移民は医療制度への負担だとか病気のキャリアだとか決めつける右派のプロパガンダに油を注ぐことなしに、この問題についてどう話したらいいのかが難しい。そのためには巧いやり方もある。まずはわたしたちを気の毒に思ってほしいとアメリカ人にお願いする。一方で、奴隷制度を正当化するこの国の説明と同じくらい古い神話を彼らに保証し安心させてやる――つまり「有色人種とは長らく苦悩をなめてきた驚嘆すべき存在で、重労働をするためにつくられ、長持ちし、扱いやすくできた者たちだ」という神話をアメリカ人に保証し安心させてやる。それも、アメリカ人がすでに心の底から信じていること、つまりわたしたちは「苦痛に鈍感」だということを、彼らに思いださせることによってね。「苦痛に鈍感」というのは*Racial Innocence*（二〇一一年）などを著しているハーヴァード大学の教授ロビン・バーンスタインから借用したのだけれど。自分たちが病気だと彼らに向かって言うとしたら、それは、「たとえ病気であろうとなかろうと、あいかわらず自分たち有色人種は高機能のマシンでいられる」ことを彼らに思い出させたうえでなければならない。

「この国にいたら心から落ち着くことはできない」とオクタビオが言う。「いくら貧しい移民でも、亡くなった家族を埋葬するために故郷にどうにかして送り返してやるもんだ。もう生きて幸せを感じることはなくても、最後にやっと安らぎを、安息の地を見出すだろう。死者が望むのはただ安息の地だよ」。おそらく今年を最後にグアテマラに戻ることになると彼は言う。ここに来たのは、故国で子どもたちを学校に通わせる金を稼ぐためで、その望みはかなった。一人は機械工になり、もう一人は法律を勉強していて、三人目はエステティシャンをしている。その娘のためにオクタビオは開店資金を援助した。「命を削って、削って、そこまでして働く者は、誰だって子どもたちのためにそうしてるんだ」と彼は言う。「子どもがいなけりゃ、なんだって命を削ってまでそうするのかい？」わたしの家族にとっての問題は、子どもたちが大人になってまずまずうまくやっていても、それでもまだパパのように命を削ってまで働き続けようとする場合には、一体どうなのかということね。

メルセデス・ソトと知り合ったのは、スタテンアイランドの日雇い労働者センター、ヌエストラ・カリェの所長ペドロ・イトゥラルデを介してだった。ペドロは彼女のことを、自分の知るかぎり最高の家政婦だと教えてくれたけど、これはたいへんな褒め言葉。彼女は五六歳だけど、もっとずっと年齢がいって見える。長い髪には白髪がところどころ混じっていて、丸みをおびた優しそうな顔。年配の移民について書いているとわたしが伝えると、彼女は大げさに息を飲み、それから、自分がアメリカでトシをとって橋の下で暮らすはめになる未来図を描いてみせた。その自分の描いた筋書きをわたしに語りながら、彼女が笑いころげる。「あたしを見てみんなが噂するでしょうよ」と彼女が言う。「そんなことさせるものですか。みんなひそひそ声でこう言い合うのよ。メルセデスを見た？ にっちもさっちもいかなくて、とうとう橋の下で暮してるんだって。景気がよかったのにあんなに落ちぶれちゃうなんて！ もう見る影もないわ！ それであたしが橋の下で暮してるからってみんな挨拶もしてくれなくなるの。そんなのお断り。あいつらにそんな楽しみをくれてやるもんですか」。

わたしを見ていると孫娘を思いだすと彼女が言う。小さくてひ弱そうで。というわけで、アレパの作り方を教えるからいついつの日の午後にスタテンアイランドの自分の家に来てみない、と彼女が誘ってくれたとき、わたしは迷わずイエスと言った。わたしには祖母がいなかったし、彼女は楽しそうな人だったから。

メルセデスと夫は一軒家の中の狭い部屋を借りていて、その家には二階に若いエクアドル人男性が四人、一階の彼女たちの部屋の廊下をはさんだ向かいには若いエルサルバドル人男性が一人住んでいる。メルセデスと夫はほかの住人とは年が何十も離れていて、この家では最年長。女性は彼女ただ一人。家には染み一つなく、彼女の部屋は隅々まで荷物が入っているがきちんと片づいている。今日のメルセデスはグロリア・ヴァンダービルトの濃紺のジーンズに、モックネックのセーターを着て、髪は後ろで一本の長い三つ編みにしている。彼女は親友のモニカも呼んでいて、一緒に料理をしてくれるという。モニカも五六歳（「それに書類があるのよ」とメルセデスが即座に言い添える）。二人は英語のクラスで出会って、それ以来親しくしている。モニカは髪をヘナで黒く染め、まぶたに黒のアイライナーのタトゥーを入れている。わたしの化粧は濃すぎると彼女がそれとなく口にする。

この二人はわたしに料理をさせてくれない。ラティーナの女性はいつだってわたしに料理をさせてくれない。以前、わたしは自分の育ちにまつわる自作の神話を信じていた。それは、両親が料理を一度もわたしに教えたことがないのは、わたしに良い主婦になる——それはママが何より恐れることだった——ためのスキルを教えたくなかったから、というもの。キッチンでお手伝いがしたいとわたしが言うと、決まって本を読みなさいと追い払われた。だから、わたしはこう言っていた。つまり、わたしの両親はフェミニストなのよ！　ところがもうわたしは悟ってる。周囲の人たちが一瞬で見破るわたしについての単純な真実——わたしは不器用で、注意散漫で、細かいことをおろそかにする雑な人間で、しょっちゅう転ぶし、すぐに怪我をする——のせいで、わたしはキッチンでどう見ても役立たずで、だから彼女たちはただわたしにそばで邪魔をしないでほしいだけなんだ。これまで年長のさまざまなラティーナのためにわたしが料理をしようとすると、きまってさっさと仕事を奪われてしまうのは、彼女たちがフェミニストの自警団で目を光らせているからじゃなく、彼女たちが完璧主義者だし、自分たちの仕事を手際よくできるから。どうしてわたしに料理を台なしにさせたりするといううの――ちやほやするためだけに手伝わせるの？

　モニカは自分の脇にアレパをみるみる積みあげていく。これをつくるには、白トウモロコシ粉、お湯、バター、塩、チーズをボールに入れてよく混ぜる。そしてしばらく冷めるまで置いておき、それからネバネバした生地を手にとってこねる。モニカがガラスコップを生地に押しつけて完璧な円を型抜きする。メルセデスは、チャンポラドと呼ばれる、濃厚なホットチョコレートにオートミールと糖蜜を混ぜたメキシコ料理をこしらえた。わたしが訪ねたときには、すでに鍋でコトコト煮えていた。

　メルセデスと夫のハシントは数年後にはリタイアするつもりだ。つまりアメリカで働くのはやめてメキシコに戻り、おそらくそこで、はるかにゆとりのある立場で働くつもりだ。庭師をしている夫は六二歳で、年下の者たちとしのぎを削るようになっていた。ひどい腰痛にも悩まされ、すぐに頭に血がのぼる。彼は長いこと医者に行くのを嫌がっていた――俺は大丈夫だからほっといてくれ！――けれどメルセデスが断固許さず、最後通告を突きつけたから、一回の診察が二〇ドルの地域の診療所に行った。「わがままもいいかげんにして」と彼女に言われた。「成人した子どもは、年をとったときにあんたの面倒を見ちゃくれないよ――とくに男の子はね、それでうちは息子しかいないんだから」。モニカも同意見。自分の家族の面倒も見なければならない成人した息子を持つ母親は心細く感じるものだと言う。ハシントがわたしたちと飲んだり食べたりしようとキッチンに顔を出した。彼はシャイで妻のジョークに静かに笑っていたけど、成人した子どもたちのことを話しだすと声が大きくなった。「あいつらに食べ物をくれと頼むなんてまっぴらだ」ときっぱり言う。おまけに子どもたちは要求ばかりしてくるし、両親への期待が大きすぎる。あるとき、メルセデスの息子が電話で母親に声を荒げたことがあったけど、それは母親に用があったのにどこにいたかわからなかったから。「あんたの家に住んで、あんたにスプーンでご飯を食べさせてもらう日が来たら、言うことを聞くだろうよ。けど、それまでは勝手にさせてもらうからね」と彼女は息子に言ってやった。

翌日の晩、タクシーで、ヌエストラ・カリェがクリスマスパーティを開いているスタテンアイランドの教会に向かった。ちょうどメルセデスがコミュニティへの貢献に対して表彰されているところだった。どのテーブルにも赤いビニールのテーブルクロスがかけられ、きらきらした雪の結晶の紙吹雪が撒《ま》かれている。わたしはモニカとハシントと一緒のテーブルについた。二人のスマホには自動的に聖書の言葉が大きめのフォントで送られてくるけど、それでもメッセージを読むのに二人とも画面を顔から遠く離さなければならない。わたしたちは皿にとったベイクト・ズィーティ（マカロニとソースをオーブンで焼いたキャセロール料理。イタリア風）を食べながら、フラシ天の枝角をつけたティーンたちがダンスをするのを眺めていた。バンドの生演奏もあり、ピンクのブレザーを着た男たちがアコーディオンを弾いている。よちよち歩きの子どもが一人、バンドとお揃いの小さなピンクのブレザーを着て、バンドとお揃いの小さなアコーディオンを抱えて、一緒に弾くふりをしている。メルセデスとハシントが二人のキリスト教結婚式の写真を見せてくれた。ごく最近、お役所での入籍から四二年たってあげた結婚式だという。白いプリンセスドレスを着てティアラをつけた彼女は、まるでティーンの花嫁みたい。わたしはテーブルをまわって、女たち全員のメークを褒め、それからエイジングについて話をしたい人はいないか訊いてみたけど、なんたってわたしは、あのローナン・ファロー（ミア・ファローの息子で弁護士。『ニューヨーカー』誌に寄稿した記事が#MeToo運動に発展し、二〇一八年のピュリッツァー賞を受賞）ってわけにはゆかない。すると一人の女性がわたしを呼びとめ、自分のことを話したいと言ってくれた。アルタグラシアは五〇歳近い女性で、ナチュラリストから手に入れたハーブで子宮嚢胞の自己療法を試みて失敗したあと、切除手術を受け、現在は恢復途中だという。彼女がわたしに聞かせたかったのは、メキシコにいたある女に騙されて金を盗《と》られた話で、その女からグリーンカードの審査を早く通してやると言われたんだけど、しばらくすると要求される手数料がどんどん高くなり、払わなければＩＣＥに突きだすと脅迫されたという。アルタグラシアはその女に総額一万二〇〇〇ドルを支払った。

病気を抱えているため、アルタグラシアは死ぬことが頭を離れず、メキシコに戻ろうかと考えている。「先週も家の近くのセブンイレブンで手入れがあってね。それにこないだバスに乗っていたら、白人の女が、ただそこに立っていただけのあたしに人種差別的な言葉を叫んできてさ。ここの人種差別にはもううんざりだから、死ぬときくらい自分の国に帰りたいよ。ここではあたしは邪魔者だし、自分が邪魔者扱いされているところでずっと暮らしたくなどないからね」。ちなみに彼女の老後の計画には子ども二人も関係するという。そして、現金に換えるため資源ごみを集めにいくのをたまに見かける女性のことを話しだした。こちらの女性は七〇歳で、生活のために資源ごみを集めている。若い頃に夫を亡くし、再婚もせず、子どももいない。アルタグラシアの話じゃ、この女性はまったくの天涯孤独で、異国の地で誰にも面倒を見てもらえずに死ぬしかない。だから何が言いたいかというと、年老いたときに面倒を見てくれる子どもがいることが大事ってことよ。

「自分の子どもがどんな大人になるかはわからないからね。良い子もいれば、悪い子もいるし、だからわたしの意見だけど、子どもは二人産むべきだね。そしたら、どっちか一人が良い子になるだろうよ。あたしには子どもが二人いて、あたしが手術を受けたあと、一人が忙しいときはもう一人がそばにいて世話してくれた」。後継《エアー》ぎと予備《スペアー》というわけだ。子どもたちがひどく負担に感じたりしないかと尋ねてみた。

「ひょっとしたらね」と彼女が言う。「でもそれが慣わしってもんだからね」。

翌日の朝早く、ヌエストラ・カリェを訪ねてみた。年配の男性が五人だけ、寒さから逃れて室内に座っていた。一人がパーティで見かけたわたしに気がついて、にっこり笑いながら声をかけてきた。「あんたのこと覚えてるよ。俺にインタビューしようとしたけど、あんたと話したくなかったんだ」。それはわたしよと認め、もう一度、話が聞けないか頼んでみた。男は椅子にふんぞり返って座り、チッと舌打ちすると、しばらく考えこんでいた。それから「お断りだ」ときっぱり言った。そこに座って自分で持ってきたコーヒーを飲みながら、彼と当たり障りのない話をしていたら、この場所をこれから掃除したいという女性に追い払われた。

外に出て、建物の正面に寄りかかっていたら、男たちがわたしのまわりに半円状に集まってきた。右側にいる六〇代の男性はニューヨーク・ヤンキースの真っ赤な野球帽に茶色のパーカーというこの寒さにしてはまったくの薄着だったが、彼が移民暮らしについて苦々しげに語りだした。自分はもうすっかりあきらめたと言い、口ではそう言っているのだが、それでも凍えるような朝の七時に皆と同じくこの場所にいる。すかさずまわりの男たちが、ひそひそ声の優しい口調で話に割って入ってきた。男たちは彼に助けを求めるよう諭している。黙って聞いていたら、だいたいのことがわかってきた。男はホームレスでアルコール中毒だった。男たちは彼に、立ち直るには、酒を飲んでつらさから逃げるのではなく、子どもの頃のトラウマと向き合うべきだと言い聞かせている。あんたみたいに賢くて、言葉の達者な男は知らないし、あんたがひどいざまになるのを見たくない、と彼らが訴える。お節介ってやつね。

教育者さながらに三人称で移民の苦悩について話す機会を男たちは得ていた。そのことがもたらした、いわばもののはずみに思えた。その男はかんかんになったが、男たちはやけに思いやりをもった態度で接している。男が去っていくと、自分は運が良かったと男たちが口々にわたしに話す。年老いた日雇い労働者は、たいてい最後には病気になり、惨めで一人ぼっちで、バツが悪くて人との付き合いも減ったために労働者センターにも顔を出さなくなり、どこか離れた街角で仕事をもらうんだそうだ。「だがそういった場所にあんたが一人で行くのはすすめないね」とインタビューを断った男が言う。「行きたけりゃ俺たちがついていってやるよ」。


わたしは弟より一〇歳年上だ。わたしは自分たちが「後継ぎ《エアー》と予備《スペアー》」みたいな立場にあるのかなとよく考える。この言葉を知っているのは、ママがヨーロッパの王族に夢中だから——ママはわたしがモナコ公国のシャルロット・カシラギに似ていると思っているけれど、かたやパパもよく似たもので、こちらはわたしをグレタ・トゥーンベリと同じ精神の持ち主だと思っている。わたしは……どちらとも違ってるんだけどな。弟はどんなときでも冷静で、優しくて、忍耐強くて、それから、ほとほと感心するし、心底ありがたいことに、精神疾患の兆候をいまだかつて見せたことがないから、両親は弟に感謝していて、弟が健康で元気なことに感謝していて、弟が予備《スペアー》として存在してくれていることに感謝していた。弟は間違いなくクレイジーじゃない。しかもブルックリンで生まれた——つまり弟はアメリカ市民なんだ。

家族の顔になること、狩猟者に、採集者になることがわたしの務めだけど、一方、弟の務めはただ宿題をやることだけだった。弟はヘンリー王子だ。彼の務めはただ……くれぐれもナチのコスプレ姿の写真を撮られないこと。それでも弟にはわたしより大きな務めもある。わたしは両親と同じく不法移民の立場の子どもだから、その務めはない。弟はとにかく二一歳にならなくてはいけない。

　アメリカで暮らしている、市民権を持つ者と持たざる者の混じった家族はどこもこのことを心得ている。不法移民である両親は、アメリカ市民である子どもが二一歳になると、その子に保証人《スポンサー》になってもらえ、グリーンカードを「順番を待つことなく」取得可能である（これはきょうだいなど家族の他のメンバーには当てはまらない）。両親がこのことに希望を託しているのは間違いないけど、二人がこの話を弟のいるところでしたことはない。けれど、わたしは年がら年中このことについて考えていた。共和党員は、不法移民の両親をアメリカ生まれの子どもたちが「錨《アンカー》のように」アメリカにつなぎとめてると差別的に語った。わたしはそれを知って弟を「わたしのかわいいアンカー・ベイビー」と愛をこめて呼ぶようになった。わたしはこの言葉を逆手にとったってわけ。弟の誕生日には、いつもディナーに連れだし、幸せそうに無邪気にスシを食べている弟の顔を見ながら、こう思っている。ああなんて素晴らしい熟成中のワイン。日に日に美味しくなるのね。

　ところが最近、すべてが変わった。アメリカ市民の子どもや配偶者を持つ不法移民がグリーンカードを申請するとＩＣＥに検挙されるという話が広く報じられ出した。[*5] 移民関係の弁護士は不法移民にたいし、子どもや夫や妻がアメリカ市民だからといっていっさい申請などしないようにと助言を始めた。

　イェール大学を卒業したばかりの二一歳のリカルド・レイエスは、こうした子どもの一人でアメリカ市民。棍棒で殴られた可愛い赤ちゃんアザラシみたいな顔と物腰の青年。両親は数十年間ロサンゼルスの衣料品業界で働いたあと、リンゴを収穫して生計を立てようと太平洋岸北西部に移った。「小学生の頃から母親が帰化について話すのを聞いていた」と彼が言う。最年長の子どもだったので、彼が最初にゴールラインに達することになる。彼と、同じく移民の親を持つイェール大学の友人数人が、数ヶ月のうちにそれぞれ二一歳になるから、皆その日を指折り数えて待っていて、講義が終わると、誰が最初に二一歳になるか興奮した口ぶりで話していた。ところが誕生日の朝に弁護士から、申請するのはリスクが高すぎると告げられた。クラスメートの中には、父親がグリーンカードの審査のための面接中に抑留され、全米規模の激しい抗議にもかかわらず国外退去させられた者もいた。

その話を聞いてよくよく考えたすえに、リカルドの母親はリンゴの収穫に体が耐えられなくなったら自分はメキシコに帰ると宣言した。父親は一九歳からこの国にいるからメキシコに戻ることなど考えたくないのだけど、結局は父も戻るだろうとリカルドは予想している。両親にきちんとした法的地位を与えられなくてリカルドはひどく落胆したが、それでも両親がメキシコに戻るなら退職後の生活を経済的に支援できると思い、自らを慰めている。彼はいまロサンゼルスに戻ってミドルスクールの教師をしている。「稼いだ金は自分のためには使わないな。必要なのはアパートの部屋代だけ。残りは両親のためにとっておくんだ」。わたしは彼を飲みに連れだし、ケミカルエンジニアリングに興味はない？　なんてことを尋ねてみた。でも彼がやりたいのは教師だというから、たとえ収入面でさほど期待はできずとも、その純粋な思いに頭が下がった。

それでもリカルドはまだ若いし、いまのところ両親もまだ働ける。この生活を続けて自分が先々どうなるかは彼にもまだわからない。わたしが移民を親に持つ子どもにインタビューしようと思ったのは、自分のための青写真を得たいからであり、つまり、わたし自身も途方に暮れ、怯えているからだった。そこで、もう少し年上の誰か、そうした経験をひとしきりしてきた人物を探すうちに、三六歳のミラ・エルナンデスに行き当たった。ミラはラティーナのジャーナリストで、地元のスペイン語新聞に記事を書いていて、うちのパパも彼女の記事の読者だ。ニューヨークで育ち、両親は不法移民だ。父親は日雇い労働者で、彼女は大人になるまで両親の家に住んでいたけど、かつかつの暮らしだった。ある月は自分の請求書と家賃を払うとナプキンを買う金も残っていなかったので、仕方なくトイレットペーパーをひと巻き買って、それで生理期間中をなんとかしのいだ。恥ずかしいし情けなかった。「こんな思いはもう二度とするものかと決めたの。いつかリタイアできるようにお金を貯めたいと思ったし、両親の心の健康や生活の質を守るために援助しようと思ってるわ」と彼女が教えてくれる。両親の基本的なニーズを満たすだけの援助では満足できない。両親には尊厳を失わずに生きてほしかった。だから、それを目標に彼女は働きはじめた。

その後、日雇い労働者として数十年働いた彼女の父親に、うつの兆候が見られるようになった。父親のこれまでの年月は、ただ仕事に行き、家に寝に帰り、また仕事に行き、家に寝に帰りの繰り返しで、人生に生きがいや楽しみは何もなかった。父親は老いていた。ストレスと不安に押しつぶされそうになっていた。人と話すのもやめてしまった。そんなとき、ミラはミニチュアカーの存在に気がついた。ホットウィール社のミニカーくらいのサイズだけど、まるで何分の一スケールといったように細部まで精巧につくられている。父親はまもなくおもちゃの小さな車を数十、数百と揃えだした。木工の腕があったから、仕事が終わったあとや週末など空いた時間に、せっせとミニカーを飾るための凝った木製の棚をこしらえた。車たちを小さな綿布で愛おしげに拭いてはきれいにした。少しでも傷があれば塗料で補修し、しょっちゅう車を並べ替えた。家にいるときに暇つぶしでやるのはこれだけだった。そんな父親の姿を見て悲しくなかったかとミラに訊いてみた。長い沈黙のあとに彼女はこう言った。「そうね、父はあのちっちゃな車で心の隙間を埋めていたから、父に何か気晴らしが見つかっただけで嬉しかったわ」。

長年頑張ったあげく、かなり年をとったミラの両親は、アメリカでこれ以上肉体労働を続けることができなくなってメキシコに帰った。ミラは両親を全面的に支え、月に二度仕送りをしている。給料の何割ぐらいを両親に渡しているのか尋ねると、ただ当然と思うことをしているだけだから、計算しようなどと思ったこともないという。

「ほら、二人はメキシコでは暮らし向きが良くなったのよ」とミラが言う。「アメリカでの暮らしにうんざりしていたしね。あっちでは両親も精神的にも安定しているし、自分の家もあるし、することもいろいろあって、友だちもいる。ここではただギリギリの暮らしをするために、家賃を遅れずに払うために、働き詰めだったもの。ここにいたらリタイアなんてできなかったろうけど、わたしが経済的に助けているから、向こうで両親はこっちでより落ち着いた気分で暮らせるの」。そのために経済的に楽ではないのはたしかだけど、両親からはいつも感謝され、お金を送ってほしいとあからさまに頼まれることもないという。「そうしないとわたしは後ろめたい気持ちになるでしょうね。でもそうする余力がわたしにあるのが嬉しいし、両親を助けてやれるのがとっても嬉しいのよ」と彼女は言う。

彼女の弟は何もしない。自分には面倒を見なくちゃならない家族がいるとその弟は言う。ミラの持論によると、ラテンアメリカの文化は、家族の世話や子育ては女性がするのが当たり前だという家父長制的な価値観に染まっているため、女性の方が年老いた両親の面倒を見る責任をより強く感じ、そうした価値観とうまく折り合いをつけられない女性も、きっぱり拒絶できない女性も、どちらも逃れられない精神的な重荷を感じてしまう。

わたしは弟に、年老いてゆく両親の世話を手伝う気がないなら、あんたのコーヒーに不凍液をこっそり入れてやるよとしじゅう言ってやった（不凍液にはエチレングリコールが入っているから甘いんだ。弟はわたしの淹れてやるコーヒーが、甘くてわたしの肌の色に合う薄めのコーヒーが好きなんだから）。あるとき、たぶん弟が一二歳くらいの頃に、弟のもらってきた成績表がそれはひどかった。彼の成績表は幼稚園で生まれて初めてもらってきたときからコミュニティカレッジに通っているときまで一貫してひどく悪かったから、とくに驚くことでもなかったが――人にはそれぞれ得意とするものがあって学業は弟の得意分野ではなかっただけ。それでも社会的流動性に重きを置く一家にとって、それは悪夢以外の何ものでもなかった――それでわたしはブチ切《ピスト》れた。弟に電話をかけ、ありったけの声で叫んでやった。アメリカ市民のくせにあんたはチャンスを棒に振ろうとしているんだ、あんたが大学に行かずに結局ベスト・バイ（世界最大の家電量販店）とかで働くことになったら、もう一生口をきいてやらないよ、ってね。「わかったのかい？　あんたと縁を切ってもこっちはちっともかまわない。試してみるかい？　こっちはお荷物が減るだけだし。あんたとはもう金輪際《こんりんざい》口をきいてやらないからね」。最近になって、あんなにひどいことを言って悪かったと謝ったら、弟はハハハと笑って、姉さんはパパとそっくりだから本気になどしてなかったよ、と言った。

パパがまだ車を運転できたとき――ということは免許を取りあげられて生気がなくなる前ということとね――毎年夏になると、パパはわたしをニュージャージー州のランド・オブ・メイクやロングアイランドのスプリッシャスプラッシュといったようなニューヨーク大都市圏にあるウォーターパークに連れていった。パパがそうしたのは、地元のテレビでウォーターパークのコマーシャルがやけに目につき、そこには自由奔放で無邪気な子どもたちが出てきていたから。ところが、わたしは自由奔放でも無邪気でもなかったから、それがパパにとってひどく気がかりで、それでわたしにもやってみるようしきりに勧めてきた。わたしはカナヅチだった。パパが教えてくれようとしたけど、わたしは水が怖くて仕方なかった。パパはすぐに怒るから、教え手としては失格だ。家でパパから長い割り算の問題をやらされて、答えを間違えたら、パパはわたしが解いていたページを、わたしの顔のすぐ前でびりびりと破きながら、お前はバカだと言い放った。水泳のレッスンでもパパは同じやり方を採用し、たいていものの数分で烈火のごとく怒って立ち去り、ママはパパのことなど気にすることないわよとわたしに言うのだった。友人たちは、大人になってもわたしが泳げないことを、わたしが自転車に乗れないことや、この国から出られないことと同じふうに受けとめている——わたしの一風変わったところ、といったようにだ。

わたしが水を怖がるのも、泳げないのも、パパがわたしをウォーターパークに連れてゆくのを断念させることはなかった。それどころか、いっそう不屈の精神でこの行事に取り組んだ。これが毎年夏にパパがやりたいことのすべてだった。売店の食べ物は高いからママが包んでくれたサンドイッチとおやつを持って、わたしたちは出かけた。わたしがなんとか我慢できた唯一の乗り物は「レイジーリバー」という、浮き輪に乗ってぷかぷか浮いていればいいだけのものだったけど、パパがわたしと乗りたがったのは長くて暗いチューブ状の乗り物で、これはクレイジーなループの中を猛スピードでぐるぐるまわりながら滑り降り、最後にプールの中に勢いよく吐きだされる、という代物。この手の乗り物には長蛇の列ができ、順番が近づくあいだ、みぞおちのあたりがきゅっと締めつけられ、お願いだからこれに乗せないでとわたしはパパに泣きついた。それでもパパは、きっと楽しいぞ、お前が楽しんでくれるのがいちばん大事だ、と言い張った。パパがひと足先に行き、下でわたしを待っていた。乗り物の最上段にのぼり、温かな木製の台に裸足で立つと、目の前に暗いトンネルがあって、そのなかを溢れんばかりの水が真っ暗な奥へとものすごい勢いで流れてゆく。係の人たちが、降りても平気？　と何度も何度も訊いてくれた。それでも、ここでやめたらパパの顔を見られないから、わたしはチューブの中に身を横たえ、両腕を十字に組んで、三つ数えて、それからえいやっと体を下に滑らせた。何年も経ってから、かかりつけの精神科医から、わたしの不安とアドレナリンは同じ「線路」を走っていて、だからこの二つがわたしのなかで始終こんがらがってしまうと言われた。暗いチューブの中でアドレナリンが駆けめぐったのか、それともパニック発作を起こしたのか自分でも判別ができない。ただ覚えているのは、息をはっと呑んだこと、肝まで冷えた気がしたことだ。そして次の瞬間、意識が戻って、気がついたらプールの中に吐きだされ、水中に沈んでいくところだった。

わたしは沈んだ。いつだって沈んだ。プールの中で立てるのはわかっていても、体が鉛になって、あらぬ方向に倒れこんだ。それでパパがいつだって手を伸ばしてわたしを宙にすくいあげてくれるが、わたしの長い黒髪は顔に張りついてしまう。息をしたいとあえぐまで長い時間水中にいたことはないけど、それでも肺の奥にいまも塩素の味を感じる。塩素の入ったプールの水の味がわたしは恋しい。それからパパがわざとわたしを絶体絶命の状況に追いこむんで、自分が無力だと感じながらも同時に自分は一〇〇パーセント安全だと感じるような、あのパパとのかけあいが恋しい。死ぬかと思っても、いつだってわたしは死なない。泳げなくて水中でパニックを起こす人間がプールに入れば危険なんだけど、それを知っていてパパはあえてやった。それも毎回わたしを助けてくれるために。それはいつだって大げさなやり方じゃなくて、パパはただわたしの両脇に手を入れて抱えあげると、「どうだ、楽しかっただろう?」と訊くだけ。つまり、パパが教えたかったのは、自分がわたしの父親で、さらにはわたしにとっての神だということ。わたしがパニックを起こして沈んでいくかぎり、そしてパパがわたしを救う力を持つかぎり、パパはいつまでもその座に座っていられる。

いつまでたってもわたしは泳げるようにならなかった。勇気を振りしぼって海に繰りだしてもせいぜい膝までで、それですらずーっと金切り声をあげていた。ところが、わたしが二九歳、パパが五四歳になる直前のこの夏までに、わたしたちの役どころはまったく逆転し、パパの自尊心が壊滅的に低くなったから、わたしはパパに自尊心を、わたしを救ってくれたあの力を取り戻してやれないかと考えた。むかしウォーターパークでおぼれかかった時と同様で、今度のわたしからの誘いもまた企んだものだった——七月半ばのある日、もちろん泳ぎ方を教えてもらう目的で、ビーチで午後を過ごそうとわたしはパパを誘ってみた。かかっても三時間といったところだろうし、飲むとしてもたぶんクロノピン一錠ですむだろう。

一緒に出かけたビーチは「ライトハウス・ポイント」と呼ばれる場所で、ニューヘイヴンからほど近く、ロングアイランド湾に面している。ロングアイランド湾は厳密に言えば入江で、ここでは大洋の塩水と川の淡水が混じり合っている。いかにもニューイングランド的な川が一六本、このあたりで大西洋に注いでいる。エマ・ラザラス[†]は、その湾について、「群衆」など視野にも収めぬ、あまり記憶に残されていない詩を書いている。

この湾は、スコット・フィッツジェラルドの『グレート・ギャッツビー』には「西半球でいちばん飼いならされた海水域」と描かれている。わたしは大学時代、この小説に出てくるロングアイランド島の架空の場所「イーストエッグ」と「ウェストエッグ」の座標を数字とN、Eを使ったタトゥーとして左胸に入れたのだけど、なぜかと言えばそれらはわたしの自分の手の届かないものへの執着を象徴していたから。でもいまはこの「ライトハウス・ポイント」のビーチが好きだし、それはここで黒や褐色の肌の色の家族がいつも魚を釣ったり砂のお城をつくったりして胸を張って堂々と生きているからだし、それから、死ぬなんぞご免だといわんばかりの黒や褐色の体に吹き寄せる海の香りのなかに、あともう一日生きてみたいとわたしに思わせてくれる何かがあるから。

パパはまず司祭が幼子《おさなご》に洗礼を施すみたいに冷たい水を両手ですくってわたしの体にかけた。凍えるほど冷たかった。パパの両腕も血の気を失っている。パパが海に来たのは七年ぶりだ。とりあえず最初の段階は、深い水の中で立っていられるようになることだよ、とパパが教える。満員の地下鉄のなかで、つかまるポールもなければドアにもたれることもできずに立っているようなものだ、そうパパが言う。両足をしっかりと広げて立ち、それから両手でバランスをとる。ガタガタ揺れる地下鉄

---

† エマ・ラザラスの詩は「ロングアイランド湾」(“Long Island Sound”) である。「群衆」は、自由の女神の台座に刻まれている名高い詩「新たな巨像」(“The New Colossus”) のなかの「自由を渇望する群衆」(Your huddled masses yearning to breathe free) を意識してのものである。ちなみに、「イーストエッグ」「ウェストエッグ」は、ロングアイランド島の小さな入り江をはさんで向かい合う、それぞれマナセットとグレートネックがモデルとされる。ロングアイランド島とロングアイランド湾をはさんで北のコネチカット州側に、著者の在籍していたイェール大学のあるニューヘイヴンやライトハウス・ポイント・ビーチがある。

に乗っているみたいに、重心を片方の足からもう片方の足に移してみろとパパが言い、わたしはパパがレタスを切りながら立っているときみたいな感じかなと想像する。パパはわたしの手をしっかり握ると、水がわたしの胸のあたりに来るまで海の中に入ってゆく。こんなに深いところまで入ったのは初めてだ。「さあ次は浮いてごらん」とパパが命じる。パパはわたしの両手をぎゅっと握ると、腹這いになって足を伸ばせるだけ伸ばしてキックしてみろと言った。絶対に手を離さないからとパパが約束する。パパに、わたしの体重は一四〇ポンドだと言って、まあそれは嘘で、気取った《ラ・ディ・ダー》だけなんだけど、そんなことは問題ないよとパパは言った。それを証明するために、パパはこのわたしにパパ自身の体を両手で抱えてみるようにと命じ、水中ではパパの全体重をわたしが支えられるんだと説明する。
「お前が俺の体重を抱えるのを水が助けてくれるんだ」。

　たしかにわたしにもできた。ま、水のおかげだけどね。今度はわたしの番ということで、絶対にわたしの手を離さないと誓ってとパパに頼んだ。いつもならパパには自分の母親にかけて誓うように言うけれど、それはパパが自分の母親を何より神聖なものと思っているのを知っているからで、とはいえわたしは彼女を悪魔のごとく思っているから、ここでいまあの人を持ちだす気にはなれない。しかたないから、パパの言うことをどうして信じられるのか訊いてみた。パパは大人になったわたしに向かって、自分は良い父親だからこそ生まれてこのかたずっとお前に嘘をついてきたし、お前に嘘をついたことを誇りに思っているし、自分は死ぬまでお前に嘘をつくだろう、なんて言ってたんだから、パパの言うことは何一つ当てにならない。わたしはパパの両手をかなりきつく握ったので、きっとあざになったはず。それでもパパはわたしの手を離さなかった。

　けれど、わたしは浮かなかった。わたしの体には浮力がない。「お前の体は何がなんでも沈もうとしているな」。パパはそうぼやきながら、胃のあたりでわたしを必死に持ちあげようとする。わたしの両足は水中でちぢこまってしまうからキックなどできないし、ちぢこまった両足がまるで磁石みたいにパパの体の方に吸い寄せられて、わたしは沈んでいく。といっても、どんどん下に沈んでしまうんじゃない。なにせ両足はパパの体の方に横に流れるていたらくだから。それでしまいにはわたしは水平でなく垂直な姿勢になっている。パパは、体の力を抜いて仰向けで浮かぶのがいかに簡単か手本を見せてくれた——ご覧《ミーレ》！　体がすっかり平らに伸びているだろう？　ところが、水の中で静止状態のわたしの体は、どうしても足をつけて立ち上がろうとしたがる。パパとわたしは、これがわたしの紛うかたなき事実なのだと同時に気づき、それでも二人してこの事実になんとか抗おうとしたものの、ついに二人の両の手足が力尽き、わたしたちは海からあがった。わたしは自然界の法則を甦らすことができなかった。

　砂浜に戻ると、わたしはパパに、あの遠い夏に屋根の上で、ずっと永遠に年をとらないでいてくれると約束したのも嘘だったのかと尋ねた。

ああ、そうだよとパパが答えた。

小さな約束を破ったら、大きな約束もいずれ破ることになる。そうパパが言ったでしょうが。

たしかにな。だが、もう破ったりしないよ。

ママはビーチブランケットに寝そべり、背中の傷跡のまわりの肌を灼いて肌の色を濃くしようと背をお日様に向けている。ママは振り返ってパパを見ようともせず、パパもママを見なかった。いまとなってわたしにも思いあたる。両親はこの日、一緒に水の中にためらいがちに歩いていって、いくらか離れて立っていたのを別にすれば、ずっと互いに口もきかなかった。二人はともに腐臭を放ちながら浮いている二匹の死んだ魚みたいに見えた。二人ともそのままでいるつもりだったんだ――死んで、腐臭を放ち、ただ浮いているだけ。それはパパが週末ごとにバレーボールの試合を見に行っていたわけではないと皆がわかったあとでさえ、それからわたしがパパを問い詰めて、パパは白状したもののそれをママのせいにしたあとでさえ、変わらなかった。わたしが二人を別居させたんだ。パパはある晩、ママと弟が教会に出かけているあいだに家を出たから、わたしは弟には愛情のこもったメッセージをスマホで送ってあげてね、とパパに言い聞かせた。弟はあの晩さぞかしつらい思いをしただろうから。

移民の家族についての調査はあるけれど、子どもたちがその調査の結果を自分たちにとっての予言ととらえるわけじゃない。わたしはもっと心しておくべきだった。わたしが話をした大勢の人たちが同じことを語っていたんだから。ついにそれがわたしの家族にも起きているんだ――わたしのサッカーチーム、この世で最高のチームに。わたしがパパに出ていくように頼んだ少し前に、パパは弟にこう話していた。「父さんは、お前とカーラのためだけに生きるのに疲れたんだよ。今度は自分が幸せになる番だ」。それからパパはやり方を間違えて、あとに残した何人かの人生をめちゃくちゃにしたんだけど、それでもパパの言い分ももっともだった。今度はパパが幸せになる番なんだ。さあこれでママは、三一年たったいま、自分を幸せにしてくれるものを遠慮なく探すことができる。三一年のうちの三〇年はここアメリカで、二人して不法移民として生きてきたんだ。母はいまヨガに通っている。このあいだはなんとホットドッグを食べた。

この本を書くためにインタビューを行った人びとのほぼ全員に、何か後悔していることはないかと尋ねたが、皆多くは語ってくれなかった。彼らがこの国で過ごした日々を思い出すというのは、後悔を語ることにはつながらない。わたしたちが自らの意志で、あるいは強制され、あるいは棺桶に入ってこの地を去らなきゃならなくなったときになって思い出すものも、後悔を語ることにはつながらないだろう。だって、こうしたことがあったのだから……。赤ん坊の口から初めて英語の言葉が飛びでたときの母親の瞳の輝き、わたしが世界最高の大学でもらったラテン語で書かれた卒業証書を手渡したときのパパの嗚咽、四ヶ月隠れていたあとに秋の寒空のもとレオネルが教会の外に踏みだした一歩、ニューヨークのどの高級レストランの奥にも必ずいるメキシコ人の料理人たち、母親に嫉妬させるほどハイチ人の子守を好きになったアッパー・イーストサイドの赤ん坊たち、靴底をすり減らして砂漠を越えたあとアメリカ側で日雇い労働者が浴びた最初の冷たいシャワー、死にたいと願ったホアキンの背を押して山を登らせてくれた二人の若者たち、そして十字架にかけられたイエス・キリストその人——「あなたがたによく言っておく。わたしの兄弟であるこれらの最も小さい者のひとりにしたのは、すなわち、わたしにしたのである」（マタイによる福音書二五・四〇）。

# 謝辞

この本はシンディ・スピーゲルとジュリー・グラウがいなければ日の目を見なかったはずです。またエミ・イッカンダには、その忍耐と知恵と勇気に、この風変わりな小さな本とわたしの風変わりな小さな声を応援してくれたことに心から感謝します。わたしのエージェントのピーター・スタインバーグには、すべてを実現してくれたこと、それからわたしみたいなフリークをいつも信じてくれたことに感謝します。セシル・フローレス、あなたは最高よ。とりわけ感謝したいのはクリストファー・ジャクソンで、彼はわたしに怒りからではなく明晰さをもって物を書くやり方を教えてくれました。わたしの脳を彼の脳と同じにできるならロボトミー手術を受けたっていいし、麻酔なしでもいいわ。

ティーンエージャーの頃から何年ものあいだ、わたしを見守ってくれた編集者やメンターには、わたしに最初のチャンスを与えてくれたことに感謝します。セオドア・ロス、サシャ・フレア＝ジョーンズ、ベン・メトカーフ、ジム・ダオ、リュー・スペース、レイチェル・ローゼンフェルト、ディナ・トルトリチ、ニキル・サヴァル、カーラ・ヴァンダービジルといった人たちです。

これまでの人生で幾度か、わたしにはどうしても支えを必要としたときがあって、スーザンとチップ・フィッシャー、ジェイソン・ライト、エルズワース家とサンガー家、ジェシカ・スウィッツァー・プリスカが献身的に愛情深く接してくれました。その優しさにはいくらお返ししようと思っても返しきれません。

ローリーン・パウエル・ジョブズはわたしの仕事とわたしの夢を支援してくれたことに感謝です。エイミー・ロウとピーター・ラットマンとアレックス・サイモンにも感謝します。

メグ・ホワイトにもです。

イェール大学では、アレグラ・ディ・ボナヴェントゥーラに何もかもお世話になりました。いちばん親しくさせていただいたアドバイザーでメンターのキャスリン・ダドリーからは、いま生きている人たち、すでに亡くなった人たち、そして世に生まれることのなかった人たちに対し、いかに共感をもって物を書くかを教わりました。アルバート・ラグナは、わたしがそれにふさわしくなるまで褒め言葉を控えてくれました。ローラ・ウェクスラーは物事を常識にとらわれず大局的に考えるよう、わたしを励ましてくれました。サリー・プロミーはわたしに揺るぎない信頼を寄せてくれました。メアリー・リューはわたしが自分に愛想を尽かしたときも、わたしを見捨てずにいてくれました。そしてグレンダ・カルピオ、アリシア・シュミット・カマチョ、スティーヴ・ピッティはわたしに道筋をつけてくれました。

ブラッド・ウェストン、パム・アブディ、スコット・ネメス、ホナス・クアロンそしてリッチー・カーン、皆ありがとう。

サム・バウムは貧困層出身の女の子をずっと信じてくれました。

わたしが多くを学んだ活動家の方々――ゴンサロ・メルカド、アウローラ・サウセード、ジョン・

ジャイロ・ルーゴ、バネサ・スアレス、チャルラ・ニッチ、そしてジニー・キング——には、あなた方の世界にわたしを受け入れてくれたことに感謝します。

ダン・バーガーとジョナ・ヴォースパン＝スタインに感謝します。

わたしの友人たち、ステファニー・ロドリゲス、クリストファー・クラマリッチ、ピエール・ベラスタイン、シェルビー・キニー＝ラング、アニー・バッドマン、ミラ・リポールド＝ジョンソン、キャロリー・クリムチョック、キャロル・アンダーソン、モイラ・ドネガン、ニコ・オラルテ＝ヘイズ、アダム・ベルクウィット、ジョルディ・オリベレスに感謝します。

わたしの隣人のアン、デイヴ、タル、トーヴァ、そしてビッツィ、ルナ、オスカー、ニッケル、アニー、マコ、サル、ファイフ、そしてボブキャットに。わたしを気にかけてくれてありがとう。

ブライアン・フランケル博士に感謝します。

アルロイ家、ツェマック家、バーシン家、ローラー家、ストーヴァル家、フィッシュストローム家に、そしてトワイラ・シルヴァ、アニー・ローゼンタールに、とりわけケーテ、デイヴィッド、そしてブッカに感謝します。

おじのダーウィンに——あなたはわたしを大いに励ましてくれる存在よ。あなたとあなたの息子たちがこれからの年月に成し遂げることにわたしは目が離せないわ。毎日、少しでもあなたみたいになれるよう努力しているの。あなたはわたしのヒーローよ。ケネスとジュリアン——頑張ってね。

わたしのリスちゃんたちもありがとうね。

わたしの弟、デレクに——砦を守ってくれることに、忍耐強く、賢明でいてくれることに、そしてわたしたち家族を支える礎《いしずえ》でいてくれることに感謝するわ。あなたは選ばれし者よ。松明《たいまつ》を運ぶのはこれからあなたの仕事よ。あなたはフロドでわたしはゴラムなんだから。

ＴＺＢ（パートナー）とフランキー・ロダム（わんちゃん）、わたしが選んだ家族よ。あなたたちは愛というものが喜びに満ちたものになりうること、相手を傷つける必要のないものだと教えてくれたわ。あなたたちはわたしの安全な居場所。わたしを癒してくれてありがとう。

ママに。別の人生を送るはずだったあなたに別の未来をあげるために、わたしは自分の力でできることをすべてやるつもりよ。わたしがいまのわたしでいられるのはあなたのおかげ。そして毎日変わらずあなたが強くて激しい女性でいてくれることを、わたしは誇りに思うわ。

最後に、パパに――自分のせいで粉々にくだけてしまった父親の心を自分の心の中に持ちつづけるのがどんなことか、父さんは知ることがないわね。わたしは世界中を幾度でもまわって、会う人会う人に伝えたいと思うわ。あなたの心がどれほどの重みを持ち、どれほど素晴らしく、そして、それを知ったのがどれほど誇らしいことかを。

# 訳者解説

本書は、Karla Cornejo Villavicencio, *The Undocumented Americans*, 2020 の全訳です。

池田は、最終講義の際に一つのプランを発表しました。それは、アメリカの黒人、ヒスパニック、アジア系、そして長い間関わってきた日系についての翻訳を進めるというものでした。黒人については、タナハシ・コーツの『世界と僕のあいだに』（全米図書賞）を、日系については原著者からの依頼でパメラ・ロトナー・サカモトの『黒い雨に撃たれて』をすでに出版しています。そして今回ヒスパニックについての本書『わたしは、不法移民』を刊行する運びとなりました。アジア系については、キャシー・パク・ホンの『マイナー・フィーリングス』（仮題、全米批評家協会賞）をこれから準備しようかと考えています。

アメリカとメキシコの国境は三一四一キロメートル。先進国とそうでない国とのあいだの国境でこれだけ長いものはむろん他にありません。この国境をめぐるさまざまな問題は日本の読者にもなじみの深いものでしょう。たとえば、大統領選挙の国内問題の争点を考えてみましょう。人種問題、妊娠中絶、銃規制や法と秩序、ＬＧＢＴＱ、経済対策などと並んで「ヒスパニック移民対策」はつねに選挙の行方を左右するものでした。大統領が代わる度に、あるいは州の知事がレッドかブルーかでも、移民対策は変わります。わが国でも、メキシコ領内を通って国境に押し寄せる中南米諸国からの人間たち、抑留キャンプで親と離れ離れにされる子どもたち、トランプのヒスパニック移民への野卑な攻撃や「タイトル42」……いろいろな記事が、いろいろな映像が、新聞記事やテレビには現れます。ただ、長期間居住しているヒスパニックの不法移民をどのようなプロセスで合法移民化するのか、あるいは閉め出そうとするのかは、アメリカにとってきわめてcontroversialな課題ですが、わが国ではあまり取り上げられないような気がします（アメリカ最大のマイノリティであるヒスパニックの人口は二〇二〇年で六二一〇万人。自然増が著しく、アメリカ生まれのヒスパニック、英語を流暢に話すヒスパニックが今や主流となっています。出自もメキシコ、プエルトリコ、キューバといった三大コミュニティから多様化していますし、大学在学経験のあるヒスパニックの比率も上昇しています。こうした人口動態的な面をおさえ旧来のステレオタイプ化は避けたうえで、本書に登場するような不法移民たちのことを考えたいと思います）。

　著者のプロフィールをご覧いただければおわかりのように、一九八九年エクアドルで生まれたカーラは、四歳から「不法移民」としてアメリカに居住していました。不法移民としてハーヴァード大学に進学した初めての学生のなかに含まれます。二〇一六年一一月八日、トランプが大統領選挙に当選しました。黒人、アジア系を含めアメリカの有色人種の失望や当惑は当然大きなものでした。なかでも不法移民が、それこそ恐慌をきたしたのは不思議ではありません。DACA（本文一一頁側註）の撤廃による強制送還を恐れるカーラにも、匿ってやろうという申し出がいくつもきます（「みんなあたしをアンネ・フランクにするつもりなのよ」（本文一二頁））。その翌日の朝、仕事でハドソン川に出て、自由の女神の台座の近くで彼女は本書を著すことを決意します。彼女の分類では「クリエイティヴ・ノンフィクション」の傑作がこうして誕生します。

　カーラはニューヨーク市の五つある行政区（ボロウ）のなかでも、初めはブルックリン、それからはずっとクイーンズに住んでいました。カレッジに進んでからは、ケンブリッジ（マサチューセッツ州）、ニューヘイヴン（コネチカット州）と移ります。本書の経糸《たていと》は、カーラの成長（彼女は学歴を過度に信奉するソシアルクライマーでもあります）と心の裡《うち》の光景でしょう。一歳で両親にエクアドルに借金のかたとして置いてゆかれ、四歳でファミリー・レユニオンを果たします。両親へのアンビヴァレントな感情、英語を解さぬ両親のインタープリターや介添えとしての務め。パターナリズムのヒスパニック社会ですから、娘として老いてゆく両親を扶養せねばという義務感、そしてファザコン。そうしたものに加え、彼女は既成の権威（信仰も含めて）に反発し、既成の価値観（異性と結婚し子どもをもうける。ということも含めて）に背いた生き方を選びます。彼女はメンタルな病気のコレクターです（「わたしは診断名が大好きだ。自分について理解が得られるから」（本文八三頁））。薬に依存します。アルコールを飲みます。自殺念慮を抱えながらも前向きに（と池田には思えます）生きてゆきます。

　本書の緯糸《よこいと》はルポルタージュです。エピグラフのジョーン・ディディオンの文ではありませんが（ちなみに池田はディディオンの作品を二冊訳しています。一冊は全米図書賞を受賞した『悲しみにある者』でしたが、これもありきたりなノンフィクションではありませんでした）、「トポス」の選択は重要です。本書の二つの地図は、著者の許諾を得て池田が挿入しました。まず注目すべきは、国境をはさんだアメリカ側の四州がカーラの訪問先に一つも含まれていないことです。それどころか、章タイトルにあたる六つの地名（グラウンド・ゼロも地名と数えましょう）は、どれもが東部標準時間帯に収まっているのです。いわゆる「ウェットバック」（本文一六九頁）の実態を報じようとしたのではないことがわかります。

そもそもカーラは宣言しています。長くなりますが引用しましょう。

> だから、ここには「ドリーマーたち」の話はいっさい出てこない。……わたしが伝えたいのは、日雇い労働者や掃除婦、建設作業員、犬の散歩係や配達人として働く人たちの物語だ。……わたしは、仕事を脇に置けば誰にだって強い個性があるという前提で彼らについて知りたかった。……〔本書は〕アンダーグラウンドの人びとについて何か読みたいと思う読者のための本であり、出てくるのは、ヒーローとは無縁の、行き当たりばったりに選んだ、さまざまな個性の持ち主だ（本文一四頁）。

つまり、カーラの取材対象は、彼女の父親のようなインビジブルな「不法移民一世」なのです（「俺たちがインビジブルな存在なのはこの〔職業〕紹介所に来るしかない事情のせいだ……高齢だとか……病気だとか……あのいまいましい書類のせいだ。」（本文一九〇頁））。

章ごとに浮かび上がる問題点を覗いてゆきましょう。「第1章　スタテンアイランド」では英語を解さない、そして書類を持たない日雇い労働者への搾取の実態です。また、ハリケーン・サンディの後片付けに日雇い労働者がどれほど貢献し、それなのにすぐに忘れられたかも描かれます。「第2章　グラウンド・ゼロ」にも通底するものがあります。九・一一のあと、危険を顧みずに瓦礫の山を除去し、その後、長い間健康被害に苦しんだのは不法移民が多かったのです。しかも九・一一は、そんな彼らに酷な運命を押しつけます（「アメリカ人のアンチテーゼは移民であり、世間から見たらわたしたちは被害者にはなれないから、わたしたちは容疑者になった。というわけで九・一一は、移民の状況を永久に変えてしまった。」（本文六〇頁））。「第3章　マイアミ」では医療の恩恵を被れないことから、「代替医療」やブードゥーやサンテリアといった「民間宗教」に走らざるをえない不法移民の姿や、家政婦たちの仕事の実態が描かれます。「第4章　フリント」ですが、この市はGMの撤退の後の公共サービスの低下、とりわけ「水汚染」と深刻な長期的健康被害が世界中を賑わすニュースとなりました。この地の出身者のマイケル・ムーアの『華氏一一九』（二〇一八年）をご覧になった方も多いかと思います。「第5章　クリーヴランド」では、父親が強制送還された妻子が出てきます。同じ章にはニューヘイヴンのイェール大学キャンパスの外側にある「教会アジール」（本文一六三頁）に潜む不法移民が二人出てきます。「子ども嫌い」のカーラが疑似家族を味わったり、教会で過ごしているエクアドル人男性との交情を匂わせたりします。「第6章　ニューヘイヴン」では、（不法）移民の親を持つ子どもの屈折が描かれます。家父長的だったカーラの父親が九・一一のあおりで社会的に去勢されてゆくなかで、なんとか父親に権威を取り戻させようとビーチで泳ぎを教えてもらうシーンには、コミカルななかにも切ないものが漂います。父親と、フェミニズムに目覚めた母親は、この段階でもう実質的に別れてしまい、最終的に家族は解体してしまいます。

カーラは記録者・報道者に留まることができません（「スーダン飢饉のときに大きなハゲワシが痩せ衰えた幼児に近づく瞬間を写したあの写真だ。……写真は一九九四年にピュリッツァー賞に輝いたが、その数ヶ月後にカーターは自殺した。」（本文一六八頁））。彼女はこう記します。

わたしはジャーナリストじゃない。ジャーナリストはわたしがしたようなやり方で個人的なかかわりを持つことは許されない。ジャーナリストはわたしの知るかぎり、自分たちが書く話の顛末をわたしのように乱暴に変えたりはしない。わたしは水を送る。わたしは移民関係の弁護士とともに戦う。わたしは資金集めをする。わたしは強制送還を止めるべく超自然の霊たちと取り引きする。わたしは、移民の子どもが両親のために面倒ごとをなんとかしようとするように、彼らの両親の面倒ごとをなんとかしようとする（本文一四五頁）。

ここで三点を指摘しておきます。①タナハシ・コーツと同じように、カーラの場合も、ヒップホップの影響を受けています。カーラはそもそも音楽関係の寄稿から、ライターとしてのキャリアを始めています。たとえば、次のような箇所はラップの影響かなという気がしますが、いかがでしょうか。本書の一四四頁の「ときには銃を撃って撃って撃って……（上を含め総計四一回撃ってが繰り返される）」とか、八九 - 九〇頁の母親を連れて行った医者相手の想像上の威張りくさった長台詞《ながぜりふ》。②移民政策については、カーラは歴史的な変遷を追ったり、細かなカテゴライゼーションや正確性を追求するのには熱意が薄く、個々の移民の経験に寄り添った記述を優先しています。翻訳の表現に気を遣った箇所については一応カーラに知らせましたが。③カーラは、不法移民とはいえ、二〇一二年オバマ大統領の行政命令によるＤＡＣＡの取得者（前述のドリーマーにあたります。更新制でした）のなかに含まれます（「ハーヴァード大学の最終学年のとき〔二〇一〇年〕、一度だけニュースサイト『デイリー・ビースト』に匿名のエッセイを書いたことがあった。……わたしが不法移民だということにまつわる話。……それはＤＡＣＡ以前のことだ」（本文一〇頁））。さらに、原著の刊行された年の二〇二〇年一〇月現在のプロフィールでは「グリーンカード所持者」であると記されていました。今回、あらためて問い合わせてみると、「いまはアメリカ市民である」という返答がありました。

ここで側註と凡例で触れた二人に言及しておきます。まず、側註で触れた一九五九年生まれのジェフリー・アダチさん（本文一六七頁）。サンフランシスコのパブリックディフェンダーの長を長年務めたことで知られる彼は、まことに多彩なタレントの持ち主でした。そのうちの一つに若書きの小説がありました。サクラメントの書店で入手した*Maniwala Boy*, 1982の主人公一家の物語の舞台は、サクラメント近郊のウォールナット・グローヴから始まり、ロサンゼルス、そしてマンザナー収容所へと移ります。ジェフはやがてアジア系（に限りませんが）の法曹家の指導的地位につくことになりますが、交流が生じたのは、彼がまだ三〇代に入った頃でした。人種主義はアメリカのあらゆる機構・コミュニティ・そして局面に存在する、と断言する彼は、日系人強制収容（彼の両親、祖父母らは被収容者でした）のトラウマからさまざまな改革を志向しました……法執行官の側の暴行・不当逮捕の糾弾、人種主義の撲滅、年金・健康保険制度改革などいろいろな方面でクルーセダーだったと言えますが、undocumented immigrant の権利擁護やサンフランシスコの sanctuary 化にも大きな役割を果たします。二〇一九年二月に急逝しましたが、知人の一人は三月四日の vigil の様子をKALWで聴くようにと知らせてくれました（https://www.kalw.org/show/crosscurrents/2019-03-04/jeff-adachis-legacy-an-army-of-public-defenders）。ちなみに、*Maniwala Boy* はジェフの快諾を得て後年『タダシの青春』（一九九九年）として邦訳を出しました。

また、凡例（本文七頁）で触れた岡本信照さん（京都外国語大学教授）にはスペイン語の表記につきご教示をいただきました。昨夏もカリフォルニアに調査に出かけたスペイン語史の専門家ですので、お目にかかっても興味深い話をいろいろうかがえました。

池田の悪いクセで編集の上村和馬さんにはいつもながら原稿を送る際に書き込みをしてしまいます。

たとえば、「グラウンド・ゼロ」の「一週間たって下請け業者から最初の給料分の小切手をもらった。一二時間交替で働いて一日六〇ドル。ときには一二時間を超える日もあった。だが小切手を換金しようとしたら不渡りになっていた。」（本文五二頁）のあとには《あんまりじゃねえか！》。本書で一六冊目の共同作業の上村さんは慣れっこでしょうけど。また、これも毎回のことですが、池田詩穂には、リサーチや整理でいろいろと手伝いを頼みました。

池田の友人や知人のほとんどはアメリカで年単位で生活した経験を持ちます。ヒスパニックについて思い出すことを尋ねた彼ら彼女らにとっても、ヒスパニックはインビジブルだったようです。むろんアファーマティヴアクションによる雇用についていろいろ言及はありましたが、日常生活ではヒスパニックの仕事の場（たとえば、オフィスの掃除人とかレストランの給仕とか自宅の庭師とか……）以外での接点はなかなか思いつかないというのが大方の答えでした。分断が叫ばれるアメリカですが、それ以前に寸断されたコミュニティだなというのは、以前からアメリカ人の知人を現地に訪ねてゆく度に感じるところではありましたが。紙幅に余裕があるので最後にいくつか述べておきます。①イタリア系のボストニアンの友人はムスリムではありませんが、池田の仕事部屋の近くの東京ジャーミーを好んでいます。美しく、気持ちの落ち着くモスクです。近年日本にモスクはいくつもできているんだよと言って、太田市、伊勢崎市に案内したことがあります。コロナ禍前でしたが、太田市のガストアルバイターの国籍数は六〇を超えることや、労働者間のヒエラルヒーが「在留の法的資格」と「語学力」によってある程度決定されている様子を知ってもらえました。今回翻訳をしながら一人頷くことが何度もありました。②日本のテレビでヒスパニックを頻繁に見かけるのは、ＭＬＢかもしれません。ロベルト・クレメンテはヒスパニックのジャッキー・ロビンソンでしょうけど、日本での知名度が劣るのは初の有色人種でなかったためでしょうか。③一九八七年夏のことでした。友人の濱本幸宏とたまたま入ったウエルズファーゴ・バンクの支店にジャック・ロンドンの生誕の地という碑銘を見つけた日の夕方、「チカーノ」の五人組が野外で食事をしているところに出くわしました。スタインベックの描く食事風景みたいだね、と言い合いながら近づき、なかで一人だけ英語を話せる人間と夜遅くまで話しこみました。俺たちはmigrant workerだけど、ここしばらくはstoop laborじゃないんだ、レモン畑で働いてるんだからね、とのことでした。翌日広大なレモン畑に行き、電動ベルトでレモンの木を揺さぶり実を下に敷いたネットに受け止め収穫するところを見せてもらいました。No insects here. と彼が呟いたことをうそ寒く思い出します。

ただ一人のメンターだった海保眞夫氏が亡くなって今日で二〇年目にあたります。病を得てからの数年間、「翻訳は池田君に任せましたよ。日本の読者に紹介するに足る本を訳してください」と何度も何度も口にされたことを思い出します。

池田年穂

四月一二日に記す

# 原　註

## 第１章　スタテンアイランド

＊１　Ben Adler, "Brooklyn's Median Household Income Is Less Than $45,000," *Slate,* January 9, 2014, http://www.slate.com/articles/business/moneybox/2014/01/new_york_city_census_data_manhattan_and_brooklyn_are_much_poorer_than_you .html; United States Census Bureau, "Bronx County (Bronx Borough), New York, V2017," https://www.census.gov/quickfacts/fact/table /bronxcountybronxboroughnewyork /PST045217; United States Census Bureau, "New York County (Manhattan Borough), New York, V2017," https://www.census.gov/quickfacts/fact/table /newyorkcountymanhattan boroughnewyork /BZA210216; United States Census Bureau, "Queens County (Queens Borough), New York, V2017," https://www.census.gov/quickfacts/fact/table /queenscountyqueensboroughnewyork /PST045216; United States Census Bureau, "Kings County (Brooklyn Borough), New York, V2017," https://www.census.gov /quickfacts /fact /table /kingscounty brooklynboroughnewyork /PST045217.

＊２　David Colon, "Brexit Has Staten Island Councilman Calling for Secession, 'Regardless of Cost,' " *Gothamist,* June 27, 2016, http://gothamist .com /2016/06/27/k_bye.php.

＊３　John O'Connor, "An Outlier in City Politics, Staten Island at the Center of National Political Trends," WNYC, December 28, 2017, https://www.wnyc.org/story/outlier-city-politics-staten-island-center-national-political-trends/.

＊４　Ray Sanchez, "Protests After N.Y. Cop Not Indicted in Chokehold Death; Feds Reviewing Case," CNN .com, December 4, 2014, http://www.cnn.com/2014/12/03/justice /new-york-grand-jury-chokehold/index.html.

＊５　Andy Humm, "Behind the Hate Crimes on Staten Island," *Gotham Gazette,* August 23, 2010, http://www.gothamgazette.com/civil-rights/583-behind-the-hate-crimes-on-staten-island.

＊６　Frank Donnelly, "Staten Island Hate Crime Suspect Indicted on Robbery, Assault Charges After Allegedly Beating Up Mexican Immigrant," SILive.com, August 6, 2010, updated January 3, 2019, http://www.silive.com/northshore/index.ssf /2010/08/suspect _in _ staten _island _hate.html.

＊７　Nicole Bliman, "NY Police: 4 Face Hate Crime Charges in Beating of Mexican Man," CNN.com, April 10, 2010, http://www.cnn.com/2010/CRIME/04/10/hate.crime.arrests/index.html.

＊８　Joseph Berger, "For Day Laborers, Used to Scraping By, Hurricane Creates a Wealth of Work," *The New York Times,* December 30, 2012, https://www.nytimes.com/2012/12/31/nyregion/day-laborers-find-steady-work-after-hurricane-sandy.html.

＊９　Hector Cordero-Guzman, Elizabeth Pantaleon, and Martha Chavez, "Day Labor, Worker

Centers & Disaster Relief Work in the Aftermath of Hurricane Sandy," School of Public Affairs, Baruch College, October 30, 2013, p. 3, https://www.dropbox.com/s/vnspe6ir243jpz7/Aftermath%20of %20Hurricane%20Sandy%20Report-FINAL.11.4.13.pdf ?dl=0.

＊10　Ibid., pp. 4–5.

＊11　The CAP Immigration Team, "Top 5 Negative Impacts of Arizona's 'Papers Please' Law," *American Progress,* April 20, 2012, https://www.americanprogress.org /issues/immigration/news/2012/04/20/11425/top-5-negative-impacts-of-arizonas-papers-please-law/.

＊12　Special Initiative for Rebuilding and Resiliency, "Chapter 1: Sandy and Its Impacts," in *A Stronger, More Resilient New York* (New York: Government of New York City, 2013), p. 11, http://www.nyc.gov/html/sirr/downloads/pdf/final_report/Ch_1 _SandyImpacts _FINAL_singles.pdf.

＊13　Daniel A. Farber and Jim Chen, *Disasters and the Law: Katrina and Beyond* (New York: Aspen Publishers, 2006), p. 141.

＊14　Joel Roberts, "Report: Katrina Cleanup Too Expensive," CBS News, May 4, 2006, https://www.cbsnews.com/news/report-katrina-cleanup-too-expensive/; Isadora Rangel, "Republican Attack Ads Blast Randy Perkins' Company," TCPalm.com, October 27, 2016, https://www.tcpalm.com/story/news/politics/elections/2016/10/27/randy-perkins-company-ashbritt /91214744/.

＊15　Jarret Renshaw, "Democratic Lawmakers Say AshBritt Has Poor Environmental Track Record," *The Star-Ledger,* March 7, 2013, updated March 30, 2019, https://www.nj.com/politics/index.ssf/2013/03/democratic_lawmakers_say _ashbr.html.

＊16　Laura Petrecca, "Majority of Superstorm Sandy Deaths Were from Drowning," *USA Today,* May 23, 2013, https://www.usatoday.com/story/news/2013/05/23/superstorm-sandy-deaths-red-cross-cdc-drowning/2354559/.

＊17　Adam Jeffery, "Five Years On: A Look Back at the Destruction Caused by Superstorm Sandy," CNBC.com, October 30, 2017, https://www.cnbc.com/2017/10/30/five-years-on-a-look-back-at-the-destruction-caused-by-superstorm-sandy.html.

＊18　https://ndlon.org/after-hurricane-sandy-day-laborers-play-central-role-in-cleanup-rebuilding-2/.

＊19　"Este fin de semana sepultaron a Ubaldo Cruz en Xayacatlán," *Puebla Noticias,* November 12, 2012, http://www.pueblanoticias.com.mx/noticia/este-fin-de-semana-sepultaron-a-ubaldo-cruz-en-xayacatlan-28383/.

## 第2章　グラウンド・ゼロ

＊1　Celeste Katz and J. K. Dineen, "Rescued from Debris," *New York Daily News,* September 12, 2001.

＊2　Ford Fessenden, "A Nation Challenged: Ground Zero; Fire Dept. Has Pinpointed 700 New

Human Remains," *The New York Times,* March 26, 2002.

* 3 Roger N. Clark et al., *Images of the World Trade Center Site Show Thermal Hot Spots on September 16 and 23, 2001* (Denver: U.S. Department of the Interior, U.S. Geological Survey, 2001).

* 4 Jonathan Beard, "Ground Zero's Fires Still Burning," *New Scientist,* December 3, 2001, https://www.newscientist.com/article /dn1634-ground-zeros-fires-still-burning/.

* 5 Paul J. Lioy, *Dust: The Inside Story of Its Role in the September 11th Aftermath* (Lanham, Md.: Rowman & Littlefield, 2010), pp. 44, 96, 253–54.

* 6 Rupa Bhattacharyya, *Seventh Annual Status Report and Third Annual Reassessment of Policies and Procedures,* September 11th Victim Compensation Fund, February 2019, https://www.vcf.gov/pdf/VCFStatusReportFeb2019.pdf.

* 7 Associated Press, "Death of Mexican 9/11 Worker Raises Questions," CBS News, January 16, 2012, https://www.cbsnews.com/news/death-of-mexican-9–11-worker-raises-questions/.

* 8 Elizabeth Llorente, "On Sept. 11, a Mexican Firefighter Followed His Instincts and Ran into the Twin Towers," Fox News, September 27, 2011, updated January 4, 2017, http://www.foxnews.com/politics/2011/09/08/mexican-immigrant-has-no-regrets-about-risking-his-life-to-help-on-sept-11-even.html.

* 9 Ted Hesson, "Five Ways Immigration System Changed After 9/11," ABC News, September 11, 2012, http://abcnews.go.com/ABC_Univision/News/ways-immigration-system-changed-911/story?id=17231590.

* 10 Anthony DePalma, *City of Dust: Illness, Arrogance, and 9/11* (Upper Saddle River, N.J.: Pearson FT Press, 2010), pp. 180, 192.

* 11 Amy Waldman, "A Nation Challenged: Mementos; With Solemn Detail, Dust of Ground Zero Is Put in Urns," *The New York Times,* October 15, 2001, https://www.nytimes.com/2001/10/15/nyregion/nation-challenged-mementos-with-solemn-detail-dust-ground-zero-put-urns.html.

* 12 Alexandra Délano, Benjamin Nienass, Anna Lisa Tota, and Trevor Hagen, "Making Absence Present: The September 11 Memorial," in *Routledge International Handbook of Memory Studies,* eds. Anna Lisa Tota and Trevor Hagen (New York: Routledge, 2016), p. 405.

* 13 Michael Raisch, "September 11th Delivery Bike Memorial," Raisch Studios, http://www.raischstudios.com/911-messenger-bike/.

* 14 "Mexicanos del 9/11: La tumba del olvido," *Huffington Post,* September 11, 2012, https://www.huffingtonpost.com/2012/09/11/mexicanos-world-trade-center_n _1872849.html.

* 15 Wilbert Torre, "Los mexicanos olvidados," *El Mundo,* September 10, 2006, http://archivo.eluniversal.com.mx/internacional/51524.html.

## 第3章　マイアミ


＊1　"Miss Earhart Flies to Miami," *The New York Times,* May 24, 1937.

＊2　Bill Chappell, "A Father and Daughter Who Drowned at the Border Put Attention on Immigration," NPR, June 26, 2019, https://www.npr.org/2019/06/26/736177694/a-father-and-daughter-drowned-at-the-border-put-attention-on-immigration.

＊3　William Wan, "What Separation from Parents Does to Children: 'The Effect Is Catastrophic,'" *The Washington Post,* June 18, 2018, https://www.washingtonpost.com/national/health-science/what-separation-from-parents-does-to-children-the-effect-is-catastrophic/2018/06/18/c00c30ec-732c-11e8-805c-4b67019fcfe4_story.html?fbclid=IwAR2TZtOIZSTk1QX1pgmrSI9ggEelQfo8dbVtf80fKLH8KICU20ApnD_TMu0&utm_term=.e52cf1a5bcdb.

＊4　Thomas Kaplan and Robert Pear, "House Passes Measure to Repeal and Replace the Affordable Care Act," *The New York Times,* May 4, 2017, https://www.nytimes.com/2017/05/04/us/politics/health-care-bill-vote.html; Lily Herman, "Getting Treated for Rape Could Be Considered a Preexisting Condition Under the GOP's Health Care Plan," *Allure,* May 4, 2017, https://www.allure.com/story/sexual-assault-pre-existing-condition-republican-health-care-plan.

＊5　Robert Pear, "G.O.P. Health Bill Would Leave 23 Million More Uninsured in a Decade, C.B.O. Says," *The New York Times,* May 24, 2017, https://www.nytimes.com/2017/05/24/us/politics/cbo-congressional-budget-office-health-care.html.

＊6　Daniel Chang, "With High Uninsured Rate, Miami-Dade Faces Health Crisis, Report Says," *Miami Herald,* April 13, 2016, http://www.miamiherald.com/news/health-care/article71640637.html.

＊7　Richard Schiffman, "Wary of Mainstream Medicine, Immigrants Seek Remedies from Home," *The New York Times,* November 13, 2015, https://www.nytimes.com/2015/11/15/nyregion/wary-of-mainstream-medicine-immigrants-seek-remedies-from-home.html.

＊8　Anahí Viladrich, "Botánicas in America's Backyard: Uncovering the World of Latino Healers' Herb-healing Practices in New York City," *Human Organization* 65, no. 4（Winter 2006）: 407–19（p. 409）.

＊9　Mambo Chita Tann, *Haitian Vodou: An Introduction to Haiti's Indigenous Spiritual Tradition*（Woodbury, Minn.: Llewellyn Publications, 2012）; Alfred Métraux, *Voodoo in Haiti*（Pickle Partners Publishing, 2016）,

＊10　Lizette Alvarez, "58,000 Haitians in U.S. May Lose Post-Earthquake Protections," *The New York Times,* May 20, 2017, https://www.nytimes.com/2017/05/20/us/haitians-us-earthquake-immigration-protections.html.

＊11　Martin Vassolo, "Scared to Death: Miami Haitians Fear Family Separations if Protected Status Expires," *Miami Herald,* July 24, 2018.

＊12　Rosie Gray, "Trump Defends White-Nationalist Protesters: 'Some Very Fine People on Both Sides,' " *The Atlantic,* August 15, 2017, https://www.theatlantic.com /politics/archive/2017/08/trump-defends-white-nationalist-protesters-some-very-fine-people-on-both-sides/537012/.

＊13　Uki Goñi, "40 Years Later, the Mothers of Argentina's 'Disappeared' Refuse to Be Silent," *The Guardian,* April 28, 2017, https://www.theguardian.com/world /2017/apr/28/mothers-plaza-de-mayo-argentina-anniversary.

＊14　Rick Bowmer, "Legal Experts Warn Immigrant Families: Beware of 'Notario' Scams," NBC News, November 30, 2014, https://www.nbcnews.com/news/latino/legal-experts-warn-immigrant-families-beware-notario-scams-n256671.

＊15　Beenish Ahmed, "Queer Haitians Find a Refuge in Vodou," *The Advocate,* October 31, 2016, https://www.advocate.com/current-issue/2016 /10/31/why-queer-haitians-are-turning-vodou.

＊16　Richard Steven Conley, "Cuba," in *Historical Dictionary of the Clinton Era* (Plymouth, UK: Scarecrow Press, 2012), p. 55.

＊17　Julia Preston, "Tension Simmers as Cubans Breeze Across U.S. Border," *The New York Times,* February 12, 2016, https://www.nytimes.com/2016/02/13/us/as-cubans-and-central-americans-enter-us-the-welcomes-vary.html.

＊18　Alan Gomez, "Obama Ends 'Wet Foot, Dry Foot' Policy for Cubans," *USA Today,* January 12, 2017, https://www.usatoday.com/story/news/world/2017/01/12/obama-ends-wet-foot-dry-foot-policy-cubans/96505172/.

## 第４章　フリント

＊１　Associated Press, "Another Official Facing Manslaughter Charge in Flint Water," WTOP.com, October 9, 2017, https://wtop.com/business-finance/2017/10/another-official-to -face-manslaughter-charge-in-flint-water/.

＊２　Keith Bradsher, "G.M. to Close Car Factory, Delivering Big Blow to Flint," *The New York Times,* November 22, 1997, https://www.nytimes.com/1997/11/22/business/gm-to-close-car-factory-delivering-big-blow-to-flint.html; Peter Bourque, "Remembering When GM Employed Half of Flint, Michigan," *Arizona Daily Star,* August 2, 2009, https://tucson.com/lifestyles/remembering-when-gm-employed-half-of-flint-michigan/article_e4176079–2b6b-591e-bd13–3ca041c9dcf2.html.

＊３　Anna Clark, "Flint Prepares to Be Left Behind Once More," *The New Republic,* March 3, 2016, https://newrepublic.com/article/131015/flint-prepares-left-behind.

＊４　United States Census Bureau, "Flint City, Michigan, V2017," https://www.census.gov/quickfacts/fact/table/flintcitymichigan/PST045217.

＊５　Dominic Adams, "Here's How Flint Went from Boom Town to Nation's Highest Poverty Rate," *MLive,* September 21, 2017, updated January 19, 2019, https://www.mlive.com/news/

flint /index.ssf /2017/09/heres_how_flint_went_from_boom.html.
* 6 Anna Clark, "Flint, Michigan Has an Ambitious New Plan to Fight Blight," *Next City,* March 16, 2015, https://nextcity.org/daily/entry/flint-michigan-blight-plan-cost-metrics.
* 7 Tony Dukoupil, "National Guard Deployed in Flint Water Crisis," MSNBC, January 13, 2016, updated January 27, 2016, http://www.msnbc.com /msnbc/national-guard-deployed-flint-water-crisis.
* 8 Erica Hellerstein, "The Forgotten Victims of the Flint Water Crisis," *Think Progress,* January 28, 2016, https://thinkprogress.org/the-forgotten-victims-of-the-flint-water-crisis-c57395f2983e/.
* 9 "Lead Poisoning Effects," Mt. Washington Pediatric Hospital, http://www.mwph.org/programs/lead-treatment/effects.
* 10 United States Environmental Protection Agency, "Basic Information About Lead in Drinking Water," EPA.gov, accessed August 2, 2018, https://www.epa.gov /ground-water-and-drinking-water/basic-information-about-lead-drinking-water.
* 11 Jacey Fortin, "Michigan Will No Longer Provide Free Bottled Water to Flint," *The New York Times,* April 8, 2018, https://www.nytimes.com/2018/04/08/us/flint-water-bottles.html.
* 12 Adrienne Mahsa Varkiani, "Michigan Won't Give Flint Free Bottled Water, Even Though Lead Pipes Are Still in Use," *Think Progress,* April 8, 2018, https://thinkprogress.org/michigan-wont-give-flint-free-bottled-water-d959e 535b79b/.
* 13 Michael Cooper, "Officers in Bronx Fire 41 Shots, and an Unarmed Man Is Killed," *The New York Times,* February 5, 1999, https://www.nytimes.com/1999/02 /05/nyregion/officers-in-bronx-fire-41-shots-and-an-unarmed-man-is-killed.html.

## 第5章　クリーヴランド

* 1 Daniel L. Young, "We Were Never Welcomed Home in Willard," *Norwalk Reflector,* March 22, 2017, http://www.norwalkreflector.com/Letter-to-the-Editor/2017/03/22/Forum-Young.
* 2 Miriam Jordan, "One Ohio Town's Immigration Clash, Down in the Actual Muck," *The New York Times,* June 18, 2017, https://www.nytimes.com/2017 /06/18/us/willard-ohio-migrant-workers.html.
* 3 United States Census Bureau, "Quick Facts: Willard city, Ohio, V2017," https://www.census.gov/quickfacts/fact/table/willardcityohio/PST045217.
* 4 Migration Policy Institute, "Deportation of a Parent Can Have Significant and Long-Lasting Harmful Effects on Child Well-Being, as a Pair of Reports from MPI and the Urban Institute Detail," Migration Policy Institute, September 21, 2015, https://www.migrationpolicy.org/news/deportation-parent-can-have-significant-and-long-lasting-harmful-effects-child-well-being-pair.
* 5 Lisseth Rojas-Flores, Mari L. Clements, Josephine Hwang Koo, and Judy London, "Trauma

and Psychological Distress in Latino Citizen Children Following Parental Detention and Deportation," *Psychological Trauma: Theory, Research, Practice, and Policy* 9, no. 3 (May 2017): 352–61.

＊6　Nina Shapiro, "A Washington County That Went for Trump Is Shaken as Immigrant Neighbors Start Disappearing," *The Seattle Times,* November 9, 2017, updated November 15, 2017, https://www.seattletimes.com/seattle-news/northwest/fear-regrets-as-pacific-county-residents-go-missing-amid-immigration-crackdown-police-chief-neighbors-kind-of-in-shock-after-immigration-arrests-in-pacific-county-immigration-crack/.

＊7　Colleen Long, Frank Bajak, and Will Weissert, "ICE Issuing More Immigrant Ankle Monitors. But Do They Work?" Associated Press, August 25, 2018, https://www.apnews.com/dfcdc6302e154753a526c04706df45d6.

＊8　Benjamin Woodring, "Liberty to Misread: Sanctuary and Possibility in *The Comedy of Errors,*" *Yale Journal of Law and the Humanities* 28, no. 2 (2016).

＊9　Bill Keller, "Kevin Carter, a Pulitzer Winner for Sudan Photo, Is Dead at 33," *The New York Times,* July 29, 1994.

＊10　https://www.american immigrationcouncil.org/research/facts-about-individual-tax-identification-number-itin.

## 第６章　ニューヘイヴン

＊1　Alexia Fernández Campbell, "Trump Says Undocumented Immigrants Are an Economic Burden. They Pay Billions in Taxes," *Vox,* updated October 25, 2018, https://www.vox.com/2018/4/13/17229018/undocumented-immigrants-pay-taxes.

＊2　Migration Policy Institute, "Profile of the Unauthorized Population: United States," https://www.migrationpolicy.org zdata/unauthorized-immigrant-population/state/US.

＊3　Karla Cornejo Villavicencio, "The Psychic Toll of Trump's DACA Decision," *The New York Times,* September 8, 2017, https://www.nytimes.com/2017/09/08/opinion /sunday/mental-health-daca.html.

＊4　Elisha Fieldstadt, "ICE Came for Their Neighbor, so These Tennesseans Formed a Human Chain to Protect Him," NBC News, July 23, 2019, https://www.nbcnews.com/news/us-news/ice-tries-detain-man-tennessee-home-neighbors-form-human-chain-n1032791?fbclid=IwAR3PPeOXZY6fZ1QqQI1Ylnk4uXDGsLQWECR9vKIw7MVaqRa0QQNooWX0788.

＊5　Viviana Andazola Marquez, "I Accidentally Turned My Dad In to Immigration Services," *The New York Times,* October 24, 2017, https://www.nytimes.com/2017/10 /24/opinion/ice-detained-father-yale.html; Noah Lanard, "Married Immigrants Seeking Green Cards Are Now Targets for Deportation," *Mother Jones,* April 20, 2018, https://www.motherjones.com/politics/2018 /04/married-immigrants-seeking-green-cards-are-now-targets-for-deportation/.

［著者］
カーラ・コルネホ・ヴィラヴィセンシオ（Karla Cornejo Villavicencio）
1989年エクアドルで生まれる。4歳でアメリカに渡る。両親とともに不法移民として暮らす。10代から、音楽記事をはじめとして、新聞・雑誌に寄稿する。2011年ハーヴァード大学卒業。イェール大学大学院でアメリカンスタディーズを研究。ABD（博士号取得に必要な研究論文以外完了）。オバマ政権下でDACA取得者となる。現在はアメリカ市民権を取得済み。
2010年に『デイリー・ビースト』に匿名で発表した「わたしはハーヴァード大学在学中の不法移民」が注目を集めた。2016年のトランプの大統領選出の翌日に執筆を決断した本書（自身は「クリエイティブ・ノンフィクション」と位置づけている）は2020年の全米図書賞ノンフィクション部門のショートリストに入り、ベストセラーとなる。

［訳者］
池田年穂（いけだ　としほ）
1950年横浜市生まれ。慶應義塾大学名誉教授。タナハシ・コーツやティモシー・スナイダーの作品のわが国における紹介者として知られる。移民問題や人種主義に関心が深く、訳書も数多い。タナハシ・コーツ『世界と僕のあいだに』（黒人）、アダム・シュレイガー『日系人を救った政治家ラルフ・カー』（日系移民）、ユエン・フォンウーン『生寡婦』（中国系移民）などテーマも多岐にわたる。また、2022年のマーシ・ショア『ウクライナの夜』のように、ウクライナ問題は2014年のティモシー・スナイダー『赤い大公』から継続して追求しているテーマである。

わたしは、不法移民
——ヒスパニックのアメリカ

2023年6月23日　初版第1刷発行

著　者————カーラ・コルネホ・ヴィラヴィセンシオ
訳　者————池田年穂
発行者————大野友寛
発行所————慶應義塾大学出版会株式会社
〒108-8346　東京都港区三田2-19-30
TEL〔編集部〕03-3451-0931
〔営業部〕03-3451-3584〈ご注文〉
〔　〃　〕03-3451-6926
FAX〔営業部〕03-3451-3122
振替 00190-8-155497
https://www.keio-up.co.jp/
装　丁————耳塚有里
印刷・製本——中央精版印刷株式会社
カバー印刷——株式会社太平印刷社


Printed in Japan　ISBN 978-4-7664-2896-4